Bernhard Hoëcker
Tobias Zimmermann

AM SCHÖNSTEN ARSCH DER WELT

Bekenntnisse eines Neuseelandreisenden

BASTEI LÜBBE TASCHENBUCH
Band 60739

1. Auflage: November 2012

Dieser Titel ist auch als Hörbuch und E-Book erschienen.

Originalausgabe

Copyright © 2012 by Bastei Lübbe GmbH & Co. KG, Köln
Textredaktion: Dr. Matthias Auer, Aulo Verlagsservice
Fotos im Innenteil:
Seite 14, 30, 50, 83, 103, 155, 188, 202, 204, 210, 215, 225, 235,
237, 241, 243, 244, 258, 259, 271 © Bernhard Hoëcker;
Seite 52, 53, 62, 82, 98, 104, 121, 128, 130, 134, 142, 148, 179,
182, 205, 230, 273, 277, 279, 283, 291, 295 © Renate Dittmann;
Seite 40, 51, 158, 181, 247, 276, 278 © Tommy Krappweis;
Seite 131, 282 © puzzle-tv/Tommy Krappweis;
Seite 275 © puzzle-tv/Alexander Grabmann
Illustrationen im Innenteil: © Volker Dornemann,
außer Seite 56 unbekannter Urheber via Wikipedia und
Seite 89 unbekannter Urheber via www.nzetc.victoria.ac.nz
Titelbild: © Manfred Esser, Bergisch Gladbach;
© Bildagentur Huber/Spila Riccardo;
© corbis /Clayton; © 2012 Thinkstock
Umschlaggestaltung: © Kirstin Osenau
Satz: Guido Klütsch, Köln
Gesetzt aus der DTL Documneta T
Druck und Verarbeitung: GGP Media GmbH, Pößneck
Printed in Germany
ISBN 978-3-404-60739-6

Sie finden uns im Internet unter
www. luebbe.de
Bitte beachten Sie auch: www.lesejury.de

Der Preis dieses Bandes versteht sich einschließlich
der gesetzlichen Mehrwertsteuer.

Inhalt

Einleitung von Bernhard 7

1 | DIE ANKUNFT: »Ein Europa-Krümel auf der Südhalbkugel« 13

2 | NINETY MILE BEACH: »30 Handtücher zu viel«............................33

3 | WAIPOUA: »La Le Lu für Pflanzen« 73

4 | AUCKLAND: Rundflug auf die Stadt..109

5 | ROTORUA: Von fremder Kultur durchdrungen 133

6 | HELL'S GATE: Kochen einmal anders....................................157

7 | MARLBOROUGH SOUNDS: Göttliche Kratzer............................201

8 | WHALE WATCHING: Apnoetauchen von wahren Profis...............215

9 | MILFORD SOUND: Auf der Suche nach der Suche........................233

10 | HERR DER RINGE: Ein Nazgul auf zwei Rädern 263

11 | QUEENSTOWN: Abschied von einem legendären Land...................285

Danksagung..299

Einleitung von Bernhard

 Im Jahr 2011 traf es sich, dass einige findige Neuseeländer in Deutschland für ihr Land werben wollten. Man kam auf mich als Testimonial. Erst war mir nicht klar, warum. Aber dann erinnerte ich mich, dass ein Schulkamerad im Auswärtigen Dienst unseres Landes tätig ist. Dessen Frau unterrichtet Kinder in Botswana und hat dort eine argentinische Kollegin, deren Bruder in São Paulo an der neuseeländischen Botschaft arbeitet. Von dort ist es nicht mehr weit

TROTZT DEN GEFAHREN DER WILDNIS: BERNHARD H.

TROTZT DEN GEFAHREN DES SCHREIBTISCHS: TOBI Z.

nach Wellington. Meine Abenteuerlust, auf dem letzten Stufentreffen Thema, wird er weitergegeben haben, und ein Mitarbeiter im dortigen Ministerium für Tourismus bekam Wind davon.

Oder die von den Neuseeländern beauftragte deutsche Werbeagentur hat den deutschen Prominentenmarkt erforscht. ... Aber das halte ich für unwahrscheinlich.

Nach Neuseeland zu reisen, war schon immer ein Traum von mir, daher musste ich nicht lange nachdenken und sagte zu.

Ich ging davon aus, dass die ganze Kampagne, vor Ort gedreht würde. Der gesunde Menschenverstand brachte mich zu dem Schluss, dass man bei Werbung für so etwas wie einen Schokoriegel nicht dorthin reisen muss, wo Kakao angebaut wird. Den könnte man mir auch bequem vor die Haustür schütten. Aber mit einem Land geht das nicht so einfach... Ich musste also hin.

Es war eine Internet-Werbekampagne geplant, bei der die Besucher einer Website erst Vorschläge über Ziele und Aufgaben machen konnten, und sich anschließend für jeden Tag aus drei dieser Vorschläge durch Abstimmung ein Ziel ergab. Die Idee war, dass ich durchs Land reisen und – während ich so von Ort zu Ort, von Aufgabe zu Aufgabe tingelte – Neuseeland von möglichst vielen Seiten zeigen würde.

Das war eine Art des Reisens, die ich mir sehr gut vorstellen konnte. Schon immer bin ich gerne mit anderen unterwegs gewesen und ließ mich dabei von deren Ideen treiben, aber ein ganzes Land so zu erleben, das war noch eine Spur ausgefallener und damit spannender.

Ich liebe die Improvisation auf der Bühne – und erst recht im wahren Leben. Da ich weder an göttliche Vorsehung noch ans Schicksal oder eine andere Art von Vorbestimmung glaube, sondern den Zufall als essenziellen Bestandteil unseres Daseins sehe, war ich von der Idee der Werbeagentur also sehr angetan. Es reizte mich, dass so wenig Planung wie nur irgend möglich bei diesem Projekt vorgesehen war. Damit rannten die Werbemenschen bei mir offene Türen ein – auch wenn es zu jeder »spontanen« Idee ein mehrseitiges Paper gab, in dem alle möglichen Zufälle aufgeführt waren.

Ich halte es mit anderen Dingen auch so: Eines der Bücher, die ich gerade lese, sollte immer eines sein, das ich niemals selbst aussuchen würde.

Bis zur Abfahrt war noch viel zu tun. So fand etwa ein Fotoshooting statt, mit dessen Bildern die Internetwerbebanner gestaltet werden sollten.

Unterdessen starteten wir ein Gewinnspiel, bei dem die Besucher der Website Vorschläge für meine Aufgaben einreichen konnten. Diese kommentierte ich in einem Video-Blog.

Insgesamt kamen mehrere Tausend Vorschläge zusammen, die erst einmal sortiert werden mussten .

Erstens nach moralischer Machbarkeit: Wenn da ein Vorschlag lautete: »Laufe nackt durch Auckland und teste die Toleranz der Kiwis«, dann wurde das als moralisch zweifelhaft gestrichen.

Ein zweites Kriterium für die Beurteilung der Vorschläge war die technische Machbarkeit: »Absolviere einen Bungee-Sprung, aber ohne Gummiseil!«

Okay, machbar war das, aber wollte man danach Bilder von mir sehen?

Es gab auch Vorschläge, die wir aufgrund der zeitlichen Begrenzung der Reise leider verwerfen mussten, wie den folgenden: »Nimm dir ein Kanu und fahre einmal um die Nordinsel.«

Es sollte eben alles an einem Tag zu schaffen sein.

Die verbliebenen Vorschläge wurden als eine Art Ortswolke über die Karte gelegt, auf der neun markante Basisorte ausgewählt wurden. Letztendlich blieben drei Vorschläge pro Tag und Camp übrig. Diese standen dann 24 Stunden zur Abstimmung, und wir erfuhren um 12h mittags (Ortszeit), für welchen Vorschlag sich die User in Deutschland entschieden hatten.

Im Oktober war es endlich so weit, und das Team für die Neuseelandreise wurde aufgestellt:

Ich, das war, beziehungsweise BIN ich.

Renate, die als meine persönliche Agentin arbeitet und mich begleiten sollte. Damit war sie helfende Hand und Fahrerin, kümmerte sich um Maske und Kostüm und war eigentlich immer zur Stelle, wenn Hilfe gebraucht wurde. Außerdem hatte sie für alle im Team ein offenes Ohr. Tommy, der als Regisseur mitkam, um in Bild und Ton zu beweisen, dass ich die gestellten Aufgaben auch erfüllt hatte. Er besitzt einen sehr schrägen Humor, der mir sehr entgegenkommt. Gleichzeitig kann er auf unvergleichlich spontane Weise visuell Geschichten erzählen.

Alex, der Kameramann, der mit stoischer Ruhe alles filmen würde, auf das Tommy zeigte.

Elke, die als Werberin überhaupt erst auf die Idee gekommen war, diesen Neuseelandtrip mit mir umzusetzen. Sie würde ständig an ihrem Laptop sitzen, um jeden Geistesblitz sofort in die Elektronik einzufüttern.

Jakob, der ebenfalls in der Kreativabteilung der Werbeagentur sein Geld verdiente und meist eine der kleineren Kameras führte, um hier und da noch ein Detail einzufangen. Außerdem brachte er sich ständig mit neuen Ideen ein, die Tommy sehr zupass kamen, weil er sie dann als seine eigenen verkaufen konnte.

Claudia, die sich als Produktionsleiterin mit voller Energie auf die Organisation von Buchhaltung, Drehgenehmigungen und Logistik werfen würde.

Dann war noch Katie dabei: Als Mitarbeiterin von »Travel New Zealand« war sie der »Kunde« in persona und wachte mit

Argusaugen darüber, dass die Ausführung unseres Auftrags zum Wohle ihres Landes geschah.

Und zu guter Letzt gehörte natürlich auch Tobi mit zum Team, der seit Langem mein Co-Autor, Techniker und Wissenslexikon zum Anzapfen ist. Leider konnte ich ihn nicht mit nach Neuseeland nehmen, da die Größe der Gruppe begrenzt war – und da ich eh schon zu viel Handgepäck dabeihatte, sah ich auch keine praktikable Möglichkeit, ihn mit zu schmuggeln. Aber im Geiste nahm ich ihn mit. Wir hatten schon so viele gemeinsame Touren hinter uns, dass mir seine fundierten Erklärungen und wortreichen Ermunterungen eigentlich immer im Ohr klingen.

Deshalb war ich auch sehr gespannt, ob er was zu meinem Reisebericht zu sagen hat. Und das hatte er.

1 | DIE ANKUNFT

»Ein Europa-Krümel auf der Südhalbkugel«

Endlich ist es so weit! Wie lange habe ich auf diesen Moment gewartet. Neuseeland war immer schon mein Wunschziel, und nun bin ich da. Und es ist genau so, wie ich es mir vorgestellt hatte: Eine flauschige weiße Wolke steht am sonst azurblauen Himmel. Am Horizont kann ich Berge erkennen; schroffe Felsen, deren Spitzen mit Schnee bedeckt sind, recken sich gen Himmel. Davor ein See, auf dem ein paar Boote ihre Segel gehisst haben. Am rechten Ufer entdecke ich einige Maori, die vor einem ehrwürdigen, alten Versammlungshaus miteinander reden. Auf der linken Seite zieht sich ein unbeschreiblich grüner Wald den Berghang hinauf. So viele verschiedene Pflanzen habe ich noch nie auf einem Fleck gesehen! Vögel drehen ihre Kreise über dem dichten Blätterdach. Ich staune andächtig, der Anblick nimmt mich für einen Augenblick vollkommen gefangen. Ja, so schön ist Neuseeland.

Zumindest auf dem Bild direkt vor mir in der Ankunftshalle des Flughafens in Auckland.

Seit Wochen warte ich darauf, diese Landschaft zu sehen, diese Luft zu atmen, fremde Laute zu hören, lokale Spezialitäten zu kosten. Das Erste, was meine Ohren vernahmen, war jedoch die Lautsprecherdurchsage des Flugkapitäns nach der Landung, der erste Geruch das körpereigene Odeur von zwanzig Passagieren, die sich nach zehn Stunden Flug neben mir die Gangway hinunterbewegen. Das Erste, was ich schmecke, ist, ehrlich gesagt ... nichts. Weil mein Mund nach 24 Stunden Klimaanlage so trocken ist wie ein drei Jahre altes Puddingteilchen. Und das Erste, was ich sehe, ist ein Hai. Direkt und in Überlebensgröße hängt er am Ausgang des Flughafens. Hätte es kein knuffiger Kiwi oder drolliger Pinguin sein können?

Ich komme aus der Luft, lande auf dem Boden und das Erste, was ich sehe, ist: ein Hai. Danke, Neuseeland!

Zu mehr bin ich noch nicht in der Lage, denn es kommt mir vor, als ob mein ganzer Körper in Aufruhr wäre. Es drückt und zieht nach dem langen Flug allerorten, und ich habe das Gefühl, dass mein Gehirn »Voran, voran!« schreit, während meine Beine viel zu schwer sind, um sich überhaupt in Bewegung zu setzen. Und meine Augenlider scheinen mit diesen kleinen Edelstahlgewichten in Form bunter Früchte behängt zu sein, die meine Mutter gern im Sommer an die Tischdecke des Gartentischs klippste, um diese mit sanfter Kraft gen Erdmittelpunkt zu ziehen.

 Trotz des nasskalten Novembers, der Köln meteorologisch von der nördlichsten Stadt Italiens in die südlichste Metropole Norwegens verwandelt, wird mir ganz warm ums Herz,

wenn ich deinen Bericht von der sommerlichen Rückseite der Erde verfolge, Bernhard.

Ich gebe reumütig zu: Tief drinnen versetzte es mir einen kleinen Stich, dich ohne meine treusorgende Begleitung ziehen zu lassen.

Mitten in der aufkeimenden Verzweiflung hatte ich noch versucht, mich als unverzichtbaren geisteswissenschaftlichen Beirat ins Neuseeland-Team zu befördern. Leider vermochte ich als nächstliegende Referenz nur auf meine musikethnologischen Arbeiten zum Thema mongolischer Epengesang zu verweisen, weswegen wohl niemand der verantwortlichen Marketing-Experten ein Budget für diese Position zur Verfügung stellen wollte. Bei allem Eifer hatte ich mich wohl unzureichend auf die zentrale Frage »Wofür?« vorbereitet.

Nachdem wir gemeinsam die Weltmeere durchschifft haben, mit einem Haufen Altmetall auf Rädern gen Orient gecruist sind und auch jüngst dem Hindukusch unsere Aufwartung machten, bleibt mir also bei dieser Exkursion nur der Blick ins Logbuch deiner Reise. Danke, dass du mich auf diesem Weg teilhaben lässt an deinem Abstecher in die Welt der Kiwis, Schafe, Hobbits und Werbeindustrie.

Apropos, was musste ich da in deinen ersten Zeilen lesen? An deinen Augen hingen Gewichte? Habt ihr versehentlich bei der CIA eingecheckt und seid mit Stopover Guantanamo Bay geflogen?

Ich gebe zu, dass die Müdigkeit mir nicht die Möglichkeit ließ, meine Gefühle in passende Worte zu kleiden. Aber natürlich baumelten an meinen Augen keine Gewichte herum. Dennoch fühlte es sich schon gegen Ende des Fluges so

an. Vielleicht war auch einfach nur die Sensorik extrem sensibel und registrierte jeden kleinen Fehler. So wurde bereits das Zerbeißen der linken Zungenseite beim zweiten Tomatensalat über der Tasmanischen See zu einer äußerst schmerzhaften Erfahrung.

 Das für deine Verhältnisse ungewohnt fleischabstinente Verkosten von Nachtschattengewächsen zehn Kilometer über dem Pazifik zwischen Australien und Neuseeland gibt mir die Gelegenheit, kurz darauf hinzuweisen, dass die Tasmansee namentlich an den Seefahrer Abel Tasman erinnert. Der Holländer war dort bereits in den Jahren 1642 und 1643 unterwegs und entdeckte neben Neuseeland auch Tasmanien. Er setzte allerdings nur an einem einzigen Tag den Fuß auf neuseeländischen Boden. Versuche, sich den Maori höflich vorzustellen und ganz nebenbei die Möglichkeiten einer schnellen Okkupation auszuloten, scheiterten und wurden von diesen mit der Massakrierung von vier niederländischen Matrosen beantwortet. Infolge dessen beschränkte sich Abel Tasman auf die Kartografierung von der sicheren See aus. Danach war erst mal 123 Jahre Sense mit europäischem Besuch auf Aotearoa. Der nächste und wagemutigere Entdecker kam mit der »Endeavour« längsseits gesegelt: Kapitän James Cook.

Am Flughafen wollen wir eigentlich schnellstmöglich durch die Passkontrolle und zum Gepäckband. Wie ich weiß, werden wir danach draußen in der Empfangshalle des Auckland International Airport von der Dame empfangen werden, die unsere Ansprechpartnerin im Land ist. Sie würde uns die zwanzig Kilometer in die Stadt hineinfahren, mit uns einige Besorgungen erledigen und dann 230 Kilometer weiter nach Paihia fahren, wo unsere erste Unterkunft liegt. Und das ist es, worauf ich mich freue, denn wie gesagt bin ich unglaublich gespannt darauf, das Land hinter den Flughafenmauern zu sehen, um herauszufinden, ob es so ist, wie ich mir es vorgestellt habe: Hobbits und Schafherden, Maoris mit Speeren und ein Segelschoner, der vor der Küste ankert.

Aber noch bevor wir so etwas wie eine Schlange am Einreiseschalter bilden können, werden wir erst einmal von den Zollbeamten aus der Gruppe der Fluggäste herausgefischt. Zu viel aufwändig aussehendes Gepäck: Koffer, versehen mit bunten Klebebändern, eine große Rolle fürs Stativ, eine kleine Tasche für Akkus, noch ein Koffer für Lampen, ein anderer für die Tonaufnahmegeräte. Um dem Kameramann kein Übergepäck aufzubürden, läuft das ganze technische Gepäck über die Tickets der gesamten Gruppe und so hat jeder neben den üblichen Reisetaschen und Handgepäckstücken einige technische Utensilien dabei.

Dennoch wird nur Kameramann Alex als Verantwortlicher abgeführt.

Von Zollbeamtinnen.

In meinem nächsten Leben will ich Kameramann werden.

Im Gegensatz zu dem, was man allseits über Erfahrungen bei Grenzübertritten in die Vereinigten Staaten hört, haben wir es hier mit sehr freundlichen Mitarbeitern des Staatsdienstes zu tun. Und von den elf Personen in Uniform sind neun weiblichen Geschlechts.

In meinem nächsten Leben möchte ich dann doch lieber direkt Zollbeamter in Neuseeland werden.

Vielleicht habe ich auch besonderes Glück und komme dort in die Abteilung für Schuhsohlenreinigungsfachsachbearbeiter – so wie der Mann, der zur größten Herausforderung unserer Einreise werden sollte.

Denn nachdem das Röntgengerät die zwischen Unterhose und Netzwerkadapter verpackten Wanderlatschen in Renates Rucksack herausgefiltert hat, muss ich sie sofort auspacken.

Als ich die Schuhe sehe, erinnere ich mich wieder daran, dass Renate und ich noch im Flugzeug über sie gesprochen hatten.

Mit dem Einreiseformular in der Hand habe ich mich in den Gang gelehnt, um die hinter mir sitzende Renate akustisch zu erreichen.

»Ich hab hier bei ›Do you have hiking-shoes?‹ jetzt mal ›nein‹ angekreuzt«, vergewisserte ich mich. »Die sind ja bei dir im Rucksack.«

»Ich hab hier bei ›Do you have hiking-shoes« auch ›nein‹ angekreuzt«, antwortete sie. »Weißt du, wenn du einmal ›ja‹ sagst, musst du dauernd Sachen erklären. Kriegt eh keiner mit, und es geht dann schneller.«

Während ihr Wort »erklären« in der Erinnerung mit dem Echo »... klären ... klären ... klären« in meinem Kopf verhallt, werde ich plötzlich des Schildes gewahr, das 400 Neuseeland-Dollar als Strafe für falsch deklarierte Einreisegüter anbietet.

Der Mann hinter dem Durchleuchtungsgerät wirft einen genauen und wenig später sogar tiefschürfenden Blick auf mein Profil. Also das meiner Schuhe. Er findet ein kleines Stück Lehm. Und das ist strengstens verboten.

Natürlich hatte ich die Schuhe im Vorfeld bereits benutzt. Alleine schon deswegen, weil ich aus Gründen der Bequemlichkeit das ganze Jahr über in Wanderschuhen herumlaufen könnte.

Ein paar Tage vor Antritt der Reise hatte ich meine Lieblingsfußbedeckung schweren Herzens Renate ausgehändigt, weil sie mich darum bat. Da sie auf dieser Reise nicht nur meine Agentin, sondern auch meine persönliche Begleitung ist, verlasse ich mich vollkommen auf sie.

Ich neige dazu, mein Leben hin und wieder aus den Augen zu verlieren, und so ist es sehr gut, jemanden an meiner Seite zu wissen, der alles unter Kontrolle hat. Das fängt bei so Dingen an wie Terminen, geht weiter bei Telefonnummern, Adressen und Zeitplanungen, und bei diesem Projekt bis hin zur Gesichtsretusche. Sprich: Sie kümmert sich um die Maske, also pudern, abdecken und entglänzen. Und natürlich darum, meine Garderobe und das Styling zu organisieren. Außerdem ist Renate für Erinnerungen à la »Denkst du an xyz?« zuständig. Dabei ist »xyz« durch alles Mögliche zu ersetzen wie: »das Interview geben«, »den Hund füttern« oder »Tobi abholen«.

Leider hat sie im Falle meiner Treter das »xyz« nur durch »die Schuhe vorher mir geben« ersetzt und dabei vergessen »aber vorher sauber machen« zu sagen. So kamen die Vollederwanderletten in den Genuss ihrer persönlichen Reinigung, als ihr auffiel, dass sich noch der ein oder andere Krümel Erde auf den Sohlen befand.

Ein kleines Stück europäischen Erdbodens muss ihr dabei entgangen sein. Versteckte es sich doch knapp unterhalb des linken Ballens.

»MMMhhhh...«, murmelt der Mann in Uniform. »Maybe there is a plant...«

Stirnrunzelnd nimmt er den Schuh unter die Lupe, um ihn auf Pflanzenreste zu untersuchen. So genau habe ich mir die Fußbekleidung noch nie angesehen, und ich hoffe, dass der Hersteller keine geheimen Botschaften in Schuhsohlen versteckt. Wer weiß, auf welch schräge Ideen Illuminaten so kommen.

»Yes, maybe there are plants«, sagt er noch einmal und blickt vom Schuh hoch.

Ich begreife nicht vollständig, welcher Setzling auf solch engem Raum eine Heimat finden könnte.

»I have to clean it«, sagt er.

Dann geht er mit dem Schuh in den hinteren Bereich der Zollkontrolle und beugt sich mit ihm über eine Mülltonne. Aus der

Entfernung sehe ich, wie er mit spitzen Fingern die drei deutschen Sandkrumen herauspopelt.

Als er zurückkommt, sagt er freundlich, das habe er gerne gemacht und die 400 Neuseeland-Dollar seien dann fällig.

Also, normalerweise. Heute habe er aber seinen »I-Like-Germans-Day«.

Wir lachen, und ich bin froh, diese erste Klippe umschifft zu haben.

Nachdem es mir ausgesprochen merkwürdig vorkam, dass der Neuseeländer Zölle auf dein gebrauchtes Wanderschuhwerk erhebt, das (wie ich weiß) seinem Gesamtzustand nach zu urteilen auch dem Ötzi gehört haben könnte, musste ich erst einmal gründlich im Netz recherchieren, um diesen Teil deines Berichts in seiner Gesamtheit zu erfassen. In Wirklichkeit geht es wohl vielmehr um den Schutz der heimischen Fauna vor fiesen Zivilisationskrankheiten wie der Maul- und Klauenseuche. Zeitgemäß reist der gemeine Virus heutzutage offensichtlich lieber mit dem Flugzeug, heimelig eingekuschelt im Profil land- und forstwirtschaftlich kontaminierter Besohlung, anstatt sich in verlottertem Nagegetier auf eine längere Schiffsreise zu begeben.

Geschafft, alle haben die Pass- und Zollkontrolle hinter sich. Alex mit dem Kamera-Equipment, ich mit den Schuhen und Renate mit mir. Hinter uns her juckeln Jakob und Claudia von der Werbeagentur, die ganz brav und mit einem beständigen Lächeln im Gesicht überall gewartet haben. Vor dem Ausgang treffen wir auf Tommy, unseren Regisseur, der bereits einen Tag zuvor angereist ist. Mit ihm haben wir einen kreativen Mann im Team, der schon große Fernsehproduktionen gemeistert und die

Größten der Branche vor der Kamera hatte: Chili das Schaf, Briegel der Busch und Bernd das Brot.

Tommy hatten wir kurz zuvor schon fast abgeschrieben, denn er hätte um ein Haar gar nicht ins Land einreisen dürfen. Diese Schreckensnachricht hatte uns – gepriesen sei der Flughafen-Hotspot – bereits beim Zwischenstopp in Singapur auf den mobilen Endgeräten erreicht:

```
    Von: Tommy Krappweis
     An: Bernhard Hoecker
         [bernhardinneuseeland@bernhardhoecker.de]
Gesendet: Dienstag, 1. November 2011 16:12
```

```
Es ist immens wichtig, dass ihr Jungs und Mädels
sehr klar wisst, was ihr in Neuseeland zu tun
beabsichtigt. Nicht, damit ihr wisst, was ihr
hier tut, sondern damit die Kollegen des hiesigen
Bundesgrenzschutzpolizeidingens das wissen.
  Ich habe nämlich mit diesen Kollegen eine
laaange Zeit verbracht – einfach nur aufgrund der
Tatsache, dass man auf dem Einwanderungszettel-
chen als Zweck der Einreise »vacation« oder »work«
ankreuzen kann.
  Ich habe »vacation« angekreuzt, aber nicht da-
mit gerechnet, dass der Beamte an der Passkont-
rolle mir die Frage stellen würde: »So, wo geht's
denn für Sie von hier aus hin und was machen Sie
dann dort, Thomas?«
  »... hmmmweißnochnichsogenau ...«, antwortete ich
überrumpelt.
  Angesichts unseres Konzeptes ist das ja auch
die Wahrheit, aber er musste das natürlich
```

komplett anders verstehen. Ab ging's zum Verhör.

Erst einmal blieb ich bei der Behauptung, ich sei hier, um »vacation« zu machen. Schließlich wusste ich ja nicht, ob es mein Problem vergrößerte, wenn herauskäme, dass ich unsere Arbeit in Neuseeland verheimlicht hatte. Andererseits konnte ich auch nichts Substanzielles über den launigen »holiday trip« erzählen, den ich mit meinem Kreuzchen bei »vacation« vorgeschoben hatte. Genauso wenig konnte ich eine Urlaubsanschrift nennen, geschweige denn einen Ort, den ich aufzusuchen begehrte, noch was ich mir dort ansehen würde oder was mich überhaupt an Neuseeland interessiert. Wer mich kennt, der weiß, dass mich gar nichts interessiert, weil ich einfach kein neugieriger oder wissbegieriger Mensch bin. Ich will arbeiten und dabei Spaß haben. Alles andere ist mir egal.

Dann fragte mich der Verhörkollege, wie ich mich eigentlich im Land fortbewegen wolle. Darüber hatte ich mir natürlich keine Gedanken gemacht, weil ich ja nicht wirklich auf Urlaubsreise war.

Also erzählte ich ihm, dass ich beabsichtige zu fliegen, entweder mit Flugzeug oder Helikopter, und natürlich auch mal mit dem Zug. Spätestens nach dieser Aufzählung angeblich flugfähiger Verkehrsmittel hielt mich der Mann für a) einen Halbidioten, b) einen Lügner oder c) gefährlich. Bin ich alles nicht, wobei ich mir bei a) seit der Befragung nicht mehr so sicher bin. Auf jeden Fall war ich d) müde.

Und in diesem Zustand begann ich diese bizarre Situation sogar zu genießen. Also nicht wirklich.

Aber das Ganze kam mir auf einmal so absurd vor, dass ich lachen musste. Das war jedoch der Situation nicht dienlich. Im Gegenteil. Das brachte den Beamten auf eine weitere Möglichkeit: e) Drogenmissbrauch meinerseits.

Es war meiner Lage jedenfalls nicht dienlich, dass ich anfing zu lachen, oh nein, ganz im Gegenteil. Denn die einzig stichhaltige Erklärung für mein Verhalten war nun: Drogenmissbrauch.

Nun ja, die Vacation-Geschichte wurde immer dünner, und so gab ich sie schließlich schweren Herzens auf. Nach einer aufrichtigen Entschuldigung bemühte ich mich dann nach Kräften zu erklären, warum ich wirklich hier war.

Das jedoch klang für den armen Kerl in der Uniform noch viel unglaubwürdiger als meine bisherigen Lügenkonstrukte.

Nach einer ziemlich langen Pause sah er mich an und sprach dann langsam und ohne zu blinzeln, was mich durchaus beeindruckte.

»Okay, Thomas. Sie wollen mir erzählen, dass Sie einen ›deutschen Comedian‹ … filmen … während er … quer durch unser Land ›gevoted‹ wird? Können Sie das beweisen? Und wenn das alles seit einem Jahr geplant wurde, warum ist Ihr Flug erst vor wenigen Tagen gebucht worden? Ich meine, was für eine Art von ›Organisation‹ ist das denn bitte?«

Ich erzählte ihm, warum wir den Flug so oft hatten verschieben und neu buchen müssen und dass ich Probleme mit meinem Reisepass gehabt hatte. Spätestens dabei muss dem Beamten aufgegangen sein, dass er vor dem fleischgewordenen Verhör-Albtraum saß.

Da ich ja weder einen Drehplan noch das Konzept in Papierform bei mir trug und im Verhörzimmer mein Handy nicht benutzen durfte, war ich nicht in der Lage, meine Behauptungen durch Daten zu untermauern.

Und ich war inzwischen so müde, dass ich in einen tiefen Schlaf fiel, während mehrere Beamte sich um einen Laptop scharten, um dort auf meine mehrfachen Buchstabierversuche hin nach Bernart Hocsckker zu googeln, der New Zealand besucht.

Nachdem sie Bernhard endlich im Netz gefunden und mein Gepäck gründlich mit allen möglichen Geräten durchleuchtet hatten, um doch noch eventuell Verbotenes zu finden, erklärte mir ein freundlicher Sicherheitsangestellter, dass ich das Kreuzchen doch richtig gesetzt hatte. »Work« wäre nur dann zutreffend, wenn ich das Geld direkt in Neuseeland verdient hätte.

Aha.

Außerdem gab man mir mit auf den Weg, dass das Hobbit-Set nicht weit sei, und ich solle doch auf jeden Fall irgendwas dort filmen. Sei toll da. Echt. Amazing. Marvellous. Brilliant.

Nachdem das ausgestanden ist, bleibt mir vorerst nur eines zu tun: Ich werde endlich schlafen gehen.

Neben Tommy, der inzwischen einigermaßen ausgeruht aussieht, steht eine junge Frau. Das muss die Mitarbeiterin des neuseeländischen Tourismusverbands sein. Sie scheint sehr nett, begrüßt uns freundlich in gemächlichem Englisch, damit wir sie verstehen können. Ich kann aus später noch zu nennenden Gründen an dieser Stelle nicht verantworten, ihren Namen zu nennen. Nur so viel: Sie hat lange Haare, und diese sind nicht blond.

»You won sam Fashing Chaps?«, fragt sie dann freundlich.

Leichte Verwirrung macht sich in der Runde breit. Okay, zwei von uns kommen aus Köln, aber direkt mit dieser Faschingsnummer um die Ecke zu biegen, finde ich dann doch zu direkt. Und was sollen wir mit arschfreien Beinkleidern fürs Reiten? Wir fragen nach.

»No, Fashing Chaps!«, sagt sie geduldig.

Hm... irgendwie hat die Wiederholung nicht zu mehr Information innerhalb des Aussagekomplexes geführt.

Doch zum Glück haben wir jemanden dabei, der sprachlich Erste Hilfe leisten kann: Katie. Obwohl erst 24 Jahre alt, ist sie als Mitarbeiterin des neuseeländischen Tourismusverbandes mit unserem Reisevorhaben betraut, was bedeutet, dass sie jede Bildeinstellung und jedes Wort über Neuseeland mit skeptischem Blick überwachen soll. Außerdem hat sie ständig ein Handy am Ohr, um die Logistik des gesamten Unterfangens zu regeln.

Jetzt allerdings nicht. Mit einem strahlenden Lächeln im Gesicht erwartete auch sie uns bereits und kann nun die Worte der anonymen Langhaarigen sofort übersetzen. Damit wird neuseeländisches Englisch zu verständlichem Englisch:

»Fish and Chips!«, erklärt Katie und verschränkt die Arme vor der Brust.

Somit wissen wir, dass es ihr nicht ums alberne Verkleiden geht, sondern dass sie sich Sorgen um unser leibliches Wohl macht. Wir lehnen dankend ab.

Dann sagt Renate, dass es aber sehr schön sei, hier in Aotearoa.

»What?«, sagt die Anonymisierte.

»Aotearoa!«, wiederholt Renate

Der neuseeländische Blick zeigt sehr viel Unverständnis, das schon fast Bedauern mit den »armen Deutschen« ausdrückt.

Aotearoa ist der Maori-Name für Neuseeland. Zumindest der unter den Maori wohl am weitesten verbreitete. In deren Mythologie entdeckte die Tochter des legendären Stammesfürsten Kupe am Horizont ein weißes Etwas, als sie mit ihrem Vater im Schiff auf Entdeckungsreise war. Sie erhob die Stimme und rief: »He, ao! He, ao!« Was so viel bedeuten sollte wie: »Eine Wolke, eine Wolke!« Also bildete sie sich vermutlich zwei Wolken ein. Gut, nach langer Zeit auf See fällt es einem wahrscheinlich schwer, Dinge als das wahrzunehmen, was sie sind. In Wahrheit hatte sie nämlich statt zwei Wolken eine Insel erspäht: die Great Barrier Insel, heute noch Aotea genannt, was wiederum »weiße Wolke« bedeutet.

Dieses Wissen hätte ich bei einer Mitarbeiterin der neuseeländischen Tourismusbranche eigentlich als bekannt vorausgesetzt, insbesondere, da sie, wie wir kurz zuvor erfahren haben, aus Auckland stammt, das nur knapp 90 Kilometer von der Great Barrier Insel entfernt ist.

Wir verzichten auf Nachfragen und begeben uns zu den fahrbaren Untersätzen, die zu unserem neuen Fuhrpark gehören.

Für den gesamten Aufenthalt haben wir ein Wohnmobil und ein normales Auto zur Verfügung. Ersteres, um auf längeren Strecken halbwegs bequem unterwegs sein und arbeiten zu können, das andere, um Mobilität höheren Grades zu erreichen.

Renate steigt mit Elke, der Werberin, die sich diese ganze Kampagne ausgedacht hat, und der immer lächelnden Claudia, die für die Aufnahmeleitung vor Ort verantwortlich ist, ins Wohnmobil, mit dem sie ein paar Besorgungen machen wollen: Lebensmittel, Getränke und was man sonst noch so unterwegs braucht.

Die langhaarige Neuseeländerin (ich halte sie bewusst immer noch anonym, um ihre Persönlichkeitsrechte zu schützen!) schickt sich unterdessen an, noch etwas zu tun, das sie nicht beherrscht. Autofahren. Das allerdings ahnen Tommy, Katie, Alex und ich noch nicht, als wir zu ihr in den Schicksalswagen steigen. Wir wollen ins Stadtzentrum fahren, um einen Kostümverleih aufzusuchen.

Das macht mich glücklich. Selbst in der Ferne bleibst du deinen rheinischen Wurzeln treu. Die erste Anlaufstelle ist nicht etwa ein maorischer Kulturverein, sondern das örtliche »Rent a Faschingskostüm«. Herrlich! Hattest du gar die Absicht, den Menschen auf der anderen Seite der Erde deine Vorlieben für karnevalistisches Brauchtum nahezubringen und hast nur dein Lappenclown-Kostüm in der Heimat vergessen? Oder war es deine Absicht, dir schon mal für den nächsten Rosenmontagsumzug ein Maori-Kostüm zu besorgen? Fellumhang, Spucke-Tattoo fürs Gesicht und Plastik-Speer. Das ist doch eine dieser wundervollen Traditionen in eurem Karneval, die sich mir als narrenfern sozialisiertem Mitglied der Gesellschaft nur schleppend vermitteln: sich stilsicher als wilde Eingeborene maskieren und simultan vier Tage Komasaufen. Drei Mal Aotearoa Alaaf!

Es mag verwundern, warum man in einem fremden Land, in einer anderen Hemisphäre angekommen, erst mal in einen Kostümverleih latscht. Aber teilweise waren bereits im Vorfeld Ideen zur visuellen Umsetzung der eingereichten Vorschläge entstanden, die durch eine optische Anpassung meinerseits, sprich: eine zur Situation passende Verkleidung, auf witzig getrimmt werden sollten.

»das sieht lustig aus«, meint Tommy übrigens jedes Mal, wenn ich einwerfe, dass dies einfach albern ist. Und das sagt er in seiner unnachahmlich geduldigen, ruhigen, aber kompromisslosen und komplett von Dynamik befreiten Sprechart, die ich hier durch fehlende Satzzeichen und Kleinschreibung kenntlich mache.

Jeder normale Mensch würde sagen: »Du stellst dich JETZT dortHIN, sonst habe ich kei-ne-Mög-lich-keit, dich ins Bild zu kriegen!« und dabei unterschiedliche Lautstärken, Geschwindigkeiten und Silbenbetonungen zu einer Satzmelodie formen.

Tommy hingegen wiederholt die Worte einfach so lange in ein und derselben Tonlage, bis ich gehorche:

»du stellst dich jetzt dorthin sonst habe ich keine möglichkeit dich ins bild zu kriegen«

»Aber, Tommy, da ist alles nass.«

»du stellst dich jetzt dorthin sonst habe ich keine möglichkeit dich ins bild zu kriegen«

»Tommy, ich habe Sonne im Gesicht und muss blinzeln.«

»du stellst dich jetzt dorthin sonst habe ich keine möglichkeit dich ins bild zu kriegen«

»Tommy, dass ist mitten auf der vierspurigen Schnellstraße...«

»du stellst dich...«

Die Bilder sind am Ende natürlich grandios.

Die Fahrt zum Kostümverleih beginnt damit, dass die persönlichkeitsgeschützte Fahrerin im Mietwagen sitzt und nicht starten kann, weil der Schlüssel nicht aus seinem Plastikverschluss herauskommt. Alex, unser Kameramann, hilft ihr schließlich, den Metallstift aus dem Plastikknubbel herauszuprökeln. Spätestens daran erkenne ich, dass der Wagen mit Startautomatik versehen ist. Es bedarf keines Schlüssels mehr, aber zur Not ist einer im Plastikgehäuse verkeilt. Deshalb konnten wir den Wagen auch öffnen, ohne einen Knopf zu drücken und uns über das Dü-Düd zu freuen; der Wagen erkennt einen einfach nur durch »Nähe«. Selbst im Besitz eines Wagens, der mit einer solchen Technik ausgerüstet ist, meine ich nur: »Versuch doch mal den Startknopf…«

»…ja, rechts…«

»…da steht Start/Stop drauf…«

»…richtig! Erst die Bremse…«

»…den Automatikhebel auf P…«

Na also, geht doch. Nachdem wir glücklich auf der Straße sind, piepst es im Auto. Die Frau am Steuer bittet uns darum, die Gurte anzulegen. Aber hat das Piepsen wirklich mit dem Rücksitz zu tun? Ich gebe zu, in Neuseeland ist alles anders, da ist in unserem Sommer Winter, während unserer Nacht Tag, und die fahren links. Warum sollte da der Gurtwarner nicht auch nur für hinten gelten? Schließlich sind Fahrer und Beifahrer schon angeschnallt. Aber selbst nachdem wir drei uns in laienhaftem Bondage probiert haben, piepst es weiter. »Schnallt euch bitte an!«, wiederholt die Aotearoa-Begriffs-Ignorantin ihre Aufforderung etwas nervös.

Okay, nachgesehen, Gurtstecker und Gurtsteckplätze neu zugeordnet.

Pieeeep!

Irgendwann löst sie dann endlich die Handbremse.

Zu guter Letzt versucht die junge Frau noch, den Wagen einer Versicherungsleistung zuzuführen. Beim Ausparken auf dem Parkplatz des örtlichen Kostümverleihs.

Als sie rückwärts fährt, wundere ich mich, dass das hinter uns stehende Fahrzeug im Bildschirm, der im Armaturenbrett integriert ist, immer größer wird. Die Rückfahrkamera, eine an sich gute Erfindung, scheint hier allerdings mit einer automatischen Vergrößerung zu arbeiten, die das zu vermeidende Objekt näher ranholt.

Es dauert eine Sekunde, bis mir klar wird, dass sie einfach nur sehr schnell auf den Wagen zufährt, der hinter uns steht.

»Stopp!«, rufe ich, und der Sachschaden ist gering.

Die zwei Versuche, uns nach der Einkaufstour im fließenden Verkehr umzubringen, lasse ich mal weg.

Etwas mitgenommen treffen wir uns alle später auf einem großen Parkplatz wieder und fahren in Kolonne mit dem Wohnmobil und unserem SUV ins Hotel nach Paihia. Einzige Sehenswürdigkeit, die wir unterwegs ansteuern: eine Raststätten-Toilette. Aber selbst die sind hier schön in die Landschaft eingebettet.

Ich liebe Panorama-Aufnahmen, sie zeigen so viel von der Landschaft - oder halt von unserer Karawane mit Klo.

Wie angenehm, nach 50 Minuten Zug zum Flughafen, 12 Stunden Flugzeug, 4 Stunden Wartehalle, nochmals 9 Stunden Flug und 2 Stunden Autoskooter durch Auckland endlich entspannt mit dem Wohnmobil über die engen kurvigen Straßen Neuseelands zu fahren. Vier Stunden lang. Ich kann es gar nicht mehr deutlich wahrnehmen, denn ich bin zu müde, um meine Augen

schnell genug zu fokussieren. Aber der total euphorische Jakob ruft ständig: »Schau mal hier!« und »Da!« und: »Sieht das da nicht toll aus?«

Nachdem wir uns im Hotel etwas ausgeruht haben, findet

nur noch ein kurzes Abendessen mit Besprechung des nächsten Tages statt.

Durch einen Nebel von verzerrter Wahrnehmung dringen lediglich Satzfetzen in mein Bewusstsein.

»... Sonne und Wind, das passt ...«

»... den Hubschrauber schräg über den Strand ...«

»... kriegt der nicht hin ...«

»... erklärst du ihm das ...?«

Ich habe keinen Hunger. Immerhin verweigert mein Körper des Nächtens und insbesondere morgens die Nahrungsaufnahme. Und da ihm keiner mitgeteilt hat, dass es bereits Abend ist, wähnt sich der Metabolismus durch den Jetlag noch am Vormittag. So schaffe ich noch nicht einmal einen halben Salat, finde schnell den Weg ins Hotelzimmer und kippe einfach ins Bett.

 Oh, welch Ungemach dir doch widerfuhr! Während ich, herbstlich gestimmt, tagelang durch tiefe und triste Pfützen zwischen Supermarkt und Schreibtisch pendelte, blieb dir nur diese physisch und psychisch extrem fordernde Reiserei. Einen ganzen Tag lang musstest du dich in der Business Class einer der nettesten Airlines verlustieren und vermutlich in diversen VIP-Lounges der Flughäfen herumlümmeln. Dann durftest du es dir auf der Rückbank eines großzügig bemessenen Reisegefährts bequem machen und, gegen die Ermattung ankämpfend, aus dem Fenster die großartige Landschaft der traumhaften Inselwelt begutachten. Sei dir meines Mitgefühls gewiss! Falls du dein Leben ändern möchtest, ich kann ja schon mal eine Anzeige aufgeben: »Erfolgsmüder Comedian und Globetrotter sucht neues Betätigungsfeld, vornehmlich von zu Hause.«

2 | Ninety Mile Beach
»30 Handtücher zu viel«

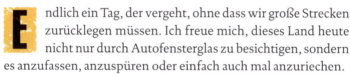ndlich ein Tag, der vergeht, ohne dass wir große Strecken zurücklegen müssen. Ich freue mich, dieses Land heute nicht nur durch Autofensterglas zu besichtigen, sondern es anzufassen, anzuspüren oder einfach auch mal anzuriechen.

Heute geht es direktemang zu meiner ersten Aufgabe. Da wir ja Werbung für Neuseeland machen, gibt es einige sprachliche Restriktionen, an die ich mich während der Aufnahmen halten muss. Ein eisernes Gesetz besagt also, dass das, was ich hier mache, natürlich nicht als »Aufgabe« oder »Pflicht« bezeichnet werden darf, weil das nicht nach Freiwilligkeit klingt, sondern nach Zwang. Elke und Jakob von der Werbeagentur lauschen ganz genau, ob das, was ich sage, neuseelandtourismusgerecht ist.

Im Laufe der vergangenen Wochen habe ich mich daher durch hartes Training von vielen sprachlichen Wendungen verabschieden müssen, die mir lieb und teuer waren:

»Heut muss ich...«

Möööp! Du musst nicht, du willst.

»Weil Peter X. das gewünscht hat, mache ich...«

Mööööp! Nicht weil er das gewünscht hat, weil du dir das wünschst...

»Soll ganz toll sein...«

Mööööööp! Soll nicht, ist!

Also begeben wir uns zur ersten Aufga… möööp! – zur ersten Herausforderung: »Leg am Ninety Mile Beach mit Handtüchern deinen Namen in den Sand!«

Ja, das hätte ich schon immer mal machen sollen … äh, wollen. Aber jetzt mal unter uns: Ich hasse Strand. Der besteht aus Sand. Und Sand hängt nachher überall am und im Körper.

Aber von den über 4 000 Vorschlägen waren für jeden Tag eben drei ausgewählt worden, die rein zeitlich und räumlich möglich waren. Und dann haben die User in Deutschland in den 24 Stunden vorher per einfachem Voting darüber abgestimmt, was ich genau zu tun habe. Wir machen uns also auf den Weg zur 115 Kilometer entfernten Westküste.

Der Strand ist, wie der Name schon sagt, sehr, sehr lang. Auch wenn die hier ein wenig großzügig mit Vermessungstechnik umgehen. Denn der 90-Meilen-Strand zieht sich leider nur 55 Meilen die Küste entlang, hinter dem Scott Point im Norden ist Schluss mit Sand. Falls also jemand vorhaben sollte, sich ab Kilometer 56 zu verabreden, findet das Treffen leider im Pazifik statt. Und da gibt's Haie.

Um beim Dreh nicht in solcherlei missliche Lagen zu geraten, brauchen wir einen Experten. Da wir als deutsche Arbeitstouristen natürlich keine Ahnung von den Details des Landes haben und froh sind, wenn unsere satellitengestützte Navigation uns zum Ziel führt, vertrauen wir auf unsere stets gut gelaunte Neuseelandfachfrau Katie. Seltsamerweise ist sie hier keine große geografische Hilfe, denn sie arbeitet normalerweise von London aus für »Travel New Zealand«. Damit ist sie für siebenhundert Millionen Europäer zuständig. Derzeit aber speziell für acht Deutsche. Und man wächst ja mit seinen Aufgaben. Und diese machen sie im Grunde zu einem Tourismus-Schießhund, immer auf der Jagd nach eventuellen Fehlgriffen unsererseits. Schließlich soll Neuseeland so dargestellt werden, wie es ist: fantastisch. Und nicht so, wie ich mich gerade fühle: jetlagig. Ich habe aber schon herausgefunden: Sobald ich mich bewege, ist das Müdigkeitsgefühl verschwunden. Organisationstalent Katie hat just jemanden aufgetan, der sich seinen Lebensunterhalt mit der Vermietung von Spaßgeräten wie Kajaks, Tauchausrüstungen und Quads verdient und uns vor Ort unterstützen wird – mit seinem Fahrzeug, seiner Ortskenntnis und vor allem mit seinem Wissen. In Ahipara werden wir ihn treffen.

Zugegeben, an dieser Stelle musste ich schon etwas schmunzeln. Genau genommen habe ich jetzt einen halben Liter Apfelschorle in Nase, Nebenhöhlen und auf der Tastatur. Alpin-Bernhard, dessen euphorischstes Prädikat für Strandurlaub »laaangweilig« lautet, verschlägt es bei seiner ersten Aufgabe, Verzeihung Erlebnis, in den größten Sandkasten der Insel. Dabei hast du doch schon schlechte Laune, wenn deine Tour-Garderobe zur Dekoration mit einem Einmachglas voller Sand und Muscheln versehen

ist. Als Hobby-Nordfriese habe ich dafür natürlich nur wenig Verständnis. Bin ich doch jahrzehntelang nach Amrum gepilgert, um mich an den Weiten des Kniepsands zu entspannen. Aber 10 Quadratkilometer Strand, die an der breitesten Stelle 1,5 Kilometer bis zur tosenden Nordsee bieten, sind natürlich ein Nichts gegen die 88 Kilometer, die du am Startpunkt deines neuseeländischen Trips vorfandest. Toll! Also für mich ist allein die Vorstellung einer solchen Sand-Ansammlung köstlich...

Aber wieso sorgtest du dich, ab Meile 56 nur noch Wasser und somit den ein oder anderen Hai vorzufinden? Gönnst du es denen etwa nicht, ein Stück dieser traumhaften Küste mit dir zu teilen? Oder lese ich da einen Anflug von Furcht vor den scharfzahnigen Knorpelfischen zwischen und in deinen Zeilen? Zu deiner Beruhigung kann ich dir mitteilen, dass du dort ohne Weiteres ein erfrischendes Bad hättest nehmen können. Rein statistisch gesehen ist es um ein Vielfaches wahrscheinlicher, aufgrund eines Bienenstiches zu krepieren als an den Folgen eines Haiangriffs.

Zum Vergleich: Allein in Deutschland ist die Gefahr, der todbringenden Laune eines unkontrollierten Haushaltsgerätes zu erliegen, laut Gesundheitsbericht des Bundes, mit durchschnittlich neun Toten p.a. sehr viel wahrscheinlicher als ein haibedingtes Ableben. Meidest du deswegen Stabmixer und Dampfsauger? Ich schon, jedenfalls seit ich mit zwölf Jahren zum ersten Mal einen Kurzgeschichtenband von Stephen King gelesen habe.

Weltweit gibt es gerade mal zwischen 50 und 75 Haiattacken im Jahr, wovon dann jedoch nur durchschnittlich 10 einen tödlichen Ausgang nehmen. Für den Menschen jedenfalls. Für Haie sieht die Bilanz wesentlich schlechter aus. Vorsichtige Schätzungen gehen von 60

Millionen Tieren aus, die jährlich den ungleichen Kampf gegen den Menschen verlieren.

Auf was für einen Höllentrip haben sie dich dort überhaupt geschickt? Während sich deine expeditorischen Vorgänger noch mit übellaunigen Menschenfressern (jedenfalls behaupteten die Entdecker das später), der Unbill der Naturgewalten und anderem Kinderkram herumärgerten, musstest du leibhaftig kämpfen. Mit Handtüchern. Und deinem Namen. Hattest du die Handtücher selbst von den Liegen deines 5-Sterne-Hotels gemopst? Haben es Willenskraft und Geistesgegenwart überhaupt noch zugelassen, an das Trema auf dem »ë« zu denken?

 Vielen Dank, Tobi, dass du dir so viele Sorgen um meine körperliche Unversehrtheit machst. Habe gerade mal bei Google die Stichwörter Haiattacke und Neuseeland eingegeben. 152.000.000 (in Worten: einhundertzweiundfünfzig Millionen) Einträge wurden gefunden. Okay: circa ...

Aber ich gebe dir recht: Ein Großteil der Funde dürfte auf die Suche nach »Neuseeland« zurückgehen. Wenn man eine präzisere Recherche mit der Wortkombination »Neuseeland Haiattacke« vornimmt, sind es noch zwei. Einer war 2008, einer 2010. Das sind im Schnitt alle zwei Jahre einer. 2012 ist keiner zu erwarten, da es zur Bestätigung dieser Regel einer Ausnahme bedarf. Also ist 2011 dran, da war noch nichts. Gegen Ende des Jahres wird ein Angriff der Revolvergebissträger also immer wahrscheinlicher, zumal dann dort Frühling ist ...

Bin ich paranoid?

Zu deiner letzten Frage: Ja!

Was für ein Abenteuer. Ich wusste, dass man hier in Neuseeland die Form von Abgeschiedenheit finden würde, die man zu Hause nur selten genießen kann:

Wir fahren gerade seit 2 ½ Stunden über holprige Landstraßen von Paihia zur Ahipara Bay. Wer einen Blick auf die Karte wirft, darf uns mit Recht dort vermuten, wo das von Westen kommende Strandband nach Norden abknickt. Im Auto ein paar Gedanken in die Tasten zu pressen, erweist sich als

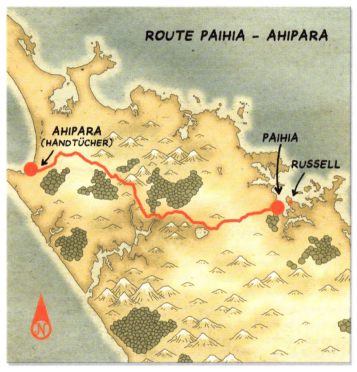

schwierig, denn die Straßen führen durch sehr abgelegene, hügelige Gegenden. Nach zehn Minuten steigt bereits leichte Übelkeit in mir auf. Und nach der elften geht gar nichts mehr.

Katie steuert das Wohnmobil, während Regisseur Tommy von der Seite unentwegt auf sie einredet.

»Und dann mach ich ja was mit Handpuppen, so für Kinder«, sagt er.

Sie reagiert ganz höflich. »Yes? Oh, amazing!«

»Und zwar ist das ein Brot ...«, erklärt er, von seiner eigenen Erzählung ganz mitgerissen.

»Amazing!«

»... das immer depressiv ist!«

»AMAZING!«

Ja, sie sind so höflich, die Neuseeländer. Und immer entspannt. Aber ich verstehe nicht, warum Tommy bei anderen so begeistert reden kann und bei mir immer in seinen meditativen Singsang verfällt.

Ich selbst hocke hinten am Tisch, brav angeschnallt, wie sich das für gute deutsche Verkehrsteilnehmer gehört. Mir gegenüber sitzt Jakob, der in der Werbeagentur für kreativen Input zuständig ist, sozusagen als Creative Cooperator for Creative Cooperation Services. Er ist die Seele des ganzen Projektes. Ein ruhiger Typ, mit einem Hang zur Begeisterung, der nur hin und wieder seine Stimme erhebt. Dann erschrecken sich alle und springen in den nächsten Graben. Nur Tommy sagt: »gute idee machen wir so«

Ausgeschlafen bin ich wenigstens, da ich den Jetlag dadurch überlistet habe, dass ich am Vorabend pünktlich um 23 Uhr im Bett gewesen bin. Plus siebeneinhalb Stunden Schlaf, macht das als Aufwachzeit 6:30 Uhr, und das wiederum ist unsere Abfahrtszeit. Somit beginnt der Tag für mich zur normalen Ortszeit, auch wenn mein Körper durch die Zeitverschiebung von Kopf bis Fuß auf Abend eingestellt ist. Also für meinen Körper.

Wie bereits erwähnt, hätte man meinen Allgemeinzustand am vorangegangenen Abend allerdings nicht gerade als fit bezeichnen können. Das erste gemeinsame Team-Essen fand in einem Restaurant namens 35° statt. Es liegt, wie der

Name schon sagt, exakt auf dem 35sten Längengrad. Süd. Es gab klassische neuseeländische Einwandererküche. Englisch. Viele und vor allem dicke Fleischstücke. Eigentlich ist das eine Art der Ernährung, der ich nicht gerade abgeneigt bin, aber zu jenem Zeitpunkt stand mir der Sinn eher nach etwas Leichtem. Einem Salat. Mit dicken Fleischstücken. Als die Kellnerin an den Tisch kam, musterte sie mich von oben bis unten. Statt: »Can I take your order, Sir?« sagte sie: »Uuuuaaa, ich kenn dich!«

Da ist man gerade mal 40 Stunden um den Globus gereist, und am Ende der Welt trifft man eine deutsche Kellnerin. »Ich hab 'nen Kiwi kennengelernt und bin ihm gefolgt«, erklärte sie ihre Anwesenheit.

Der musste schon ein Früchtchen sein, dachte ich.

»Kann ich ein Autogramm haben?«, fragte sie.

Natürlich gab ich es ihr.

Ich schrieb »Tommy« und malte 'ne Backware als Handpuppe. Schön, in der Fremde zu sein.

Dem Planungsgespräch für den nächsten Tag konnte ich kaum folgen, da ich leider regelmäßig mit dem Gesicht in den Salat fiel. Zum Glück war ich so müde, dass ich die Gabel falsch hielt und immer wieder wach wurde, wenn die Zinken sich in meine Augäpfel bohrten. Jetzt weiß ich, warum Gabeln im christlichen Mittelalter als Teufelszeug verboten waren.

Der Jetlag haut mich um. Vielleicht war auch einfach der Akku leer, bei beiden. Frage ans Layout: kann man den Bauch wegretuschieren?

Offenbar hat sich der mickrige Dreizack bei deinem Versuch, in seiner Gegenwart wegzudösen, ansatzweise in deinen Hauptspeicher gebohrt und einige Faktenstränge zertrennt. Die Gabel war mitnichten im Mittelalter verboten, es waren damals einfach sehr wenige in Umlauf. Lediglich bei Hildegard von Bingen und in wenigen anderen Quellen lassen sich daher Behauptungen finden, dieses Besteckteil sei von gottloser Natur. Zu Beginn einer schleichenden Verbreitung des mittlerweile als nützlich anerkannten Tischwerkzeugs war es eher ein »Gender-Problem«. Martin Luther und Erasmus von Rotterdam befanden das Gerät als »weibisch« und somit ablehnenswert unmännlich. Später meinte der mit dem Mittelalter beschäftigte Autor Ernst Schubert darüber hinaus, dass es die Mistforke und nicht die Gabel gewesen sei, die als Accessoire des Teufels verunglimpft wurde.

Dank meiner Weck-Gabel merkte wenigstens keiner, was mit mir los war. Hunger hatte ich sowieso nicht. Wie gesagt bin ich ein Nicht-Frühstücker, aus biologischen und ideologischen Gründen. Der Körper an sich befindet sich nachts in einer Phase, in der er kein Hungergefühl erzeugt. So was wie natürliches Fasten, und das setzt mein Körper morgens einfach fort. Hunger bekomme ich erst ab elf oder zwölf Uhr, dann darf es aber auch direkt ein Schnitzel sein.

Meine innere Uhr war nach der Reise genau um zwölf Stunden verstellt, also fand das Abendessen aus Sicht meines Körpers um acht Uhr morgens statt. Aber ich hatte ja die Körpernacht durchgemacht. Deshalb bekam ich nicht genug Appetit, um richtig, aber doch zu viel Hunger, um nichts zu essen. Glücklicherweise musste ich mir keine Gedanken machen, ob es sich lohnen würde, etwas zu bestellen. Ich war immerhin eingeladen. Keine Ahnung mehr, von wem, aber als ich, vor Müdigkeit schielend, zu Renate, meiner treusorgenden Begleitung, blickte, nickte sie nur mit dem Kopf und bedeutete mir zu gehen. Vielleicht hab ich mich ja damit selbst eingeladen.

Am nächsten Morgen hatte ich so viel Hunger wie sonst nur abends um sechs. Wenn man den Tag über nichts gegessen hat.

Jetzt, hier im Wohnmobil, habe ich nach all den Stunden, die ich schon hier bin, endlich einmal die Ruhe und Muße, das Land auf mich wirken zu lassen.

Mein Blick schweift über den Rand meines Laptops, der vor mir auf dem kleinen Tischchen steht, und während wir so durch die Gegend juckeln, spazieren meine Gedanken davon, und ich sehe mich auf einmal wie aus der Vogelperspektive. Wahnsinn! Ich bin auf der anderen Seite der Welt. Weiter weg kann man nicht sein. Waren das einst Reisen von mehreren Monaten, braucht man dafür heutzutage nur noch Stunden oder Tage. Die Welt rückt zusammen, und Kontinente, die jahrmillionenlang keinen Austausch miteinander hatten, sind jetzt per Flugzeug verbunden. Und ich sitze hier in einem weißen Wohnmobil und blicke durchs Fenster auf eine unendlich grüne Landschaft.

Irritierend ist für mich der Verkehr. Hier wird links gefahren, was einen rechtsverkehrgeprägten Menschen leicht dazu verführen könnte, zuerst brav nach links zu schauen, was aber falsch ist. Zwar kriegt man so keinen LKW ins Auge, dafür besteht bei jeder Straßenüberquerung ein erhöhtes Risiko, niedergebrettert zu werden.

Auch ist man verleitet, dem Fahrer an jeder Kreuzung ins Lenkrad zu greifen, weil man denkt, er sei im Begriff, auf die falsche Spur abzubiegen. Dies würde jedoch unweigerlich dazu führen, dass man sich an der Seitenscheibe die Finger bricht, weil der Fahrer ja wiederum rechts von einem sitzt.

Die Ursache für den skurrilen Brauch, Autos falsch zu bauen und umgekehrt zu nutzen, hat mit der englischen Kolonialvergangenheit zu tun. Überall dort, wo diese Inselbewohner ihre Schiffe schnell genug in den Sand gesetzt haben, fährt man heute links. Die Engländer machen das bekanntlich, weil sie ein Seefahrervolk sind. Wenn sie das Ruder rechts hielten, konnten sie links besser sehen, wie sie anlegen mussten.

Im Gegensatz zu den Franzosen, welche für den Rest der Eroberungen verantwortlich waren. Bei denen handelte es sich um ein Straßenvolk. Das erkennt man an den traurigen Chanson-Texten, die irgendwie immer nach nächtlichem nassem Kopfsteinpflaster klingen. Auf der Straße ritt man links aneinander vorbei, um nicht aus Versehen mit dem Schwert, das man in der Rechten trug, den Kopf des Entgegenkommenden abzuschlagen.

Aber eigentlich ist es mir egal, ob der Wagen französischen oder englischen Bautraditionen folgt, mir bietet sich eh nur der seitliche Blick aus dem Fenster, und hier ist kaum einer mit dem Schwert unterwegs.

Auf Northland erwartet den Besucher eine üppig grüne Landschaft, die es, was ihre gefällige Hügelartigkeit angeht, ohne Weiteres mit dem Schwarzwald oder der Voreifel aufnehmen kann. Dabei erstaunt und begeistert es mich, dass ich hin und wieder eine Palme oder einen Riesenfarn am Straßenrand ausmache. Letztere gehören zu den ältesten Pflanzen der Erde. Die gab's schon vor 400 Millionen Jahren, als wir noch basale Tetrapoden waren. Interessanterweise schließt sich der Kreis der Evolution in Bonn, denn da steht so ein Farn am Haupteingang des Palmengartens des Botanischen Instituts. Ich fühle mich also wie zu Hause, nur bin ich mir dessen grade nicht bewusst, weil mich die Flut der Eindrücke in ihren Bann schlägt – und weil ich einfach noch nie im Palmengarten in Bonn war...

Die Bäume sehen auch anders aus als bei uns in Deutschland. Nicht, dass sie nicht wie Bäume aussähen. Ich kann es zwar nicht genau beschreiben, aber sie fühlen sich anders an. Und ich sage das, ohne sie berührt zu haben. Bin ich plötzlich esoterisch geworden?* Irgendwie ist das Grün anders, die Blätter fallen anders, die Stämme sind irgendwie anders braun. Es ist einfach toll, und ich kann stundenlang hinsehen, wie bei einem Film, den man schon oft gesehen hat, bei dem einem aber auf einmal tausend neue Sachen auffallen.

Dann kommen wir an Viehweiden vorbei. Nicht, dass das an sich was Besonderes wäre, immerhin leben hier in Northland knapp 150.000 Leute, und die wollen ja auch was zum Scheren haben.

Aber auf diesen Weiden sehe ich hölzerne Gebilde.

Ich halte das Ganze erst für Stätten, an denen einst oder auch heute noch uralte Rituale gepflegt werden. Eingezäunte Wege führen wie in einem Schneckengewinde immer enger nach innen auf eine Rampe zu. Und dann entsteht in mir ein Bild von Schafen. Einer ganzen Herde Schafe, die von fleißigen Hunden zu diesem Gebilde getrieben werden und dann, immer enger zusammengepfercht, ihren einzigen Ausweg in dieser Rampe sehen, durch die nur ein Tier passt. Ihm bleibt nur ein beherzter Sprung von der Rampe auf die Weide, wenn es der Enge entkommen will. Und da wird mir klar: Dies hier ist eine der berühmten Schafzählstellen, hier findet eine andere Art von Hammelsprung statt als der, den wir Deutsche aus dem Bundes-

---

* Esoterik bedeutet »inneres Wissen«, das nur einem eingeweihten Personenkreis zugänglich ist. Wenn man davon ausgeht, dass es sich um Geheimwissen handelt, amüsiert es mich jedes Mal, wenn ich an Zeitschriftenständern vorbeikomme, die voller Esoterikmagazine sind, in denen die Geheimnisse gegen Geld veräußert werden.

tag kennen, wenn Ungeschorene versuchen, aus einer uneindeutigen Situation zu entkommen, indem sie eine eindeutige Mehrheit schaffen.

 ... und dafür verlassen die Abgeordneten auf Veranlassung des Bundestagspräsidenten den Plenarsaal und sind dann gehalten, diesen wieder durch eine von drei Türen zu betreten. Eine »Ja«-, eine »Nein«-, oder eine »Ich-möchte-mich-da-lieber-nicht-festlegen«-Tür. Die eintretenden Herden werden händisch gezählt. Dieses Verfahren kommt immer dann zum Tragen, wenn eindeutige Mehrheiten durch die herkömmlichen Verfahren, wie Handzeichen und Erheben/Sitzenbleiben, nicht festgestellt werden können. Warum gerade diese schafige Bezeichnung für das Verfahren sich eingebürgert hat, ist strittiger, als es in den meisten Publikationen zu lesen ist. Allerdings wurde sie bereits über einer Abstimmungstür im alten Reichstag mit einer Szene aus Homers Odyssee illustriert. Dort streicht der Zyklop Polyphem seinen Schafen über den Rücken und bemerkt dabei nicht die bäuchlings klammernden Gefährten des Odysseus. Anders als die polemischen Kritiker unserer Volksvertreter vielleicht annehmen mögen, ist es den Abgeordneten offensichtlich lieber, ihre Abstimmungen mit ganzem Körpereinsatz zu vollbringen. Bereits 1874 scheiterte die Einführung einer ›elektrischen Abstimmungsmaschine‹ von Siemens am Veto der Parlamentarier wegen der Unwürdigkeit einer solchen Gerätschaft für das hohe Haus. Der Deutsche Bundestag berichtet auf seinen Internetseiten, dass Anfang der 1970er Jahre ein weiterer Versuch unternommen wurde, das Verfahren zu digitalisieren und die elektronische Stimmabgabe mittels des ›AEG 60-10-

Digitalrechners‹ durchgeführt werden sollte. Druckkontakte in den Sitzen sollten eine Manipulation verhindern. Schon drei Jahre später wurde die Maschinerie wegen technischer Probleme wieder außer Betrieb genommen. Seitdem springen die Schafe wieder ihren Leithammeln oder ihrem Gewissen folgend durch die jeweiligen Türen.

Die Häuser, an denen wir vorbeifahren, entsprechen alle dem klassischen englischen Kolonialstil. Da fragt man sich, woher der Bernhard wohl den »klassischen britischen Kolonialstil« kennt. Kenn ich nicht. Aber genau so stelle ich mir die Häuser der ganzen alten Engländer vor, wenn sie an einer Stelle gebaut haben, wo sie eigentlich nicht hingehörten, und keine Steine zur Verfügung hatten: Zweigeschossige Bauten aus Holz, deren Tür in der Mitte der breiteren Seite auf eine große Veranda führt, wo der Betrachter unwillkürlich nach dem Schaukelstuhl Ausschau hält, auf dem der alte Mann sitzt, der vor 90 Jahren hier mit seinen Eltern die erste Sickergrube ausgehoben hat.

Das älteste Exemplar dieser Gattung »Haus« steht übrigens hier in Northland in Kaikiri: das Kemp House.

Es wurde zwischen 1821 und 1822 erbaut. Nun ist es ein Museum, und wir konnten leider nicht hin, da ich eine Aufgabe erledigen – MÖÖÖP! Nein! – mir einen Wunsch erfüllen wollte.

Die doch recht junge Geschichte des britischen Neuseelands wird mir im Schnelldurchlauf von Katie vermittelt. Sie erzählt von der glorreichen Vergangenheit Neuseelands und erwähnt dabei ein Hotel in Rotorua, in dem wir später auf der Reise auch wohnen werden. Dieses Gebäude sei echt alt, 1880 irgendwas. Wow, denke ich. Immerhin sind Häuser dieser Altersklasse in Deutschland nun wirklich nichts Besonderes. Allein, Renate wohnt in einem alten Weberhaus, das war zu dieser Zeit schon 150 Jahre alt.

Wie du oben bereits vermutetest, wunderte ich mich in der Tat, woher du den englischen Kolonialstil zu kennen glaubtest. Zugegeben, ich weiß da auch nicht sonderlich gut Bescheid, habe aber den entscheidenden Vorteil, nicht in einem neuseeländischen Wohnmobil zu sitzen und nur auf die spärlichen Informationen einer Offline-Datenbank zurückgreifen zu können. Statt meine Augen durch den Anblick schier unendlicher grüner Hügelkurven und kraftvoll strotzender Wälder zu ermüden, sitze ich im Arbeitszimmer. Draußen regnet es noch immer Katzen und Hunde, wenn ich einmal auf ein englisches Idiom zurückgreifen darf.

Deine Fantasie hat dir übrigens keinen Streich gespielt. In der Tat zählt die Bay of Islands zu den Gegenden in Neuseeland, wo viele dieser typischen Bauten der ersten britischen Siedler entstanden sind. Der Mangel an steinernem Baumaterial und finanziellen Mitteln, um dieses zu beschaffen, führte dazu, dass man die Häuser aus dem Holz der Urwälder errichtete. Vor allem das Holz der Rimu-Harzeibe und des Kauribaums wurden dafür verwendet. Stilistisch fühlte man sich allerdings der architektonisch gerade in Großbritannien vorherrschenden Mode des Regency verbunden. Das Ziel waren feine Proportionen im klassizistischen Gewand. Bei dem sich auch gotische Formen fanden. Und ein ganz klein bisschen Barock vielleicht. Ein hübsch eklektizistischer Mix! An diesem Punkt wird mir ebenfalls wieder bewusst, wie relativ Zeit doch ist. Nicht nur im physikalischen Sinne, sondern auch in der Wahrnehmung von kultureller Historie. In vielen Ländern der Erde, die in den »Genuss« einer systematischen Kolonialisierung durch die Staaten des alten Europas kamen, wird der Blick des fasziniert dreinblickenden Touristen auf alte kolonialistische Gemäuer gelenkt. Mehr oder weniger prachtvolle Bauten erwecken den Eindruck, hier lägen die zu bewundernden kulturellen Wurzeln von Rio de Janeiro, New Orleans oder jeder anderen für diesen Stil bekannten Stadt. Bei aller Ehrfurcht vor den Früchten historischer Bautätigkeit versuche ich mir direkt gewahr zu werden, dass diese Gebäude eher Neubauten auf dem Zeitstrahl der Zivilisation sind. Nicht die ursprünglichen zivilisatorischen Zeugnisse der Region bekommt man hier zu sehen, sondern die kulturellen Mitbringsel der Kolonialherren. Häppchenweise exportierte Heimat. Freuen wir uns am Rhein über uralte Gemäuer aus römischer bis mittelalterlicher Zeit, sind die kolonialen Bauwerke einfach einige Hundert Jahre jünger und vieles, was dort zuvor existierte, eliminiert.

Das schmälert bei mir den Respekt, wenn mit Stolz auf den historischen Kern einer solchen Stadt hingewiesen wird, ohne zu erwähnen, was dafür weichen musste. Ich versuche dann das Präsentierte in die richtige zeitgeschichtliche Schublade zu verfrachten. Und die ist relativ weit oben unter dem Besteckfach. In den großen Fächern weiter unten, wo die Vasen und Kasserollen der Großeltern verstaut sind, ist kein Platz mehr. Ich bringe es nie über mich, diese Dinge zu entsorgen.

Endlich kommen wir an, und mein Herz geht auf. Als ich das Wohnmobil verlasse, weht mir vom nahe gelegenen Meer eine frische Brise entgegen. Der unverkennbare Geruch von Salzwasser dringt in meine Nase. Und trotz meines doch recht distanzierten Verhältnisses zum Strand an und für sich, spüre ich neue Energie in meinen müden Knochen.

Wir sind nicht direkt bis ans Meer gefahren, obwohl das hier interessanterweise problemlos ginge, da der Strand Teil des offiziellen Straßennetzes ist. Wenn auch mit einer Geschwindigkeitsbegrenzung von 100 Kilometern pro Stunde – mehr darf man auf der Coast Road nicht fahren.

Nein, wir parken erst einmal vor dem Büro des Freizeitanbieters. Und da sehe ich sie schon: die Quads! Ich ziehe meinen Reißverschluss höher, setze die Sonnenbrille auf, schiebe die Schirmmütze nach vorne und – setze mich wieder in den Wagen.

Und das nur, weil Claudia, die Produktionsleiterin im Team, die immer ein Lächeln im Gesicht hat, sagt:

»Du bist nicht versichert. Wenn was passiert, fällt der ganze Dreh ins Wasser.«

»wir hatten das mal bei bernd das brot«, ergänzt Tommy.

Ich bin ja schon weg.

»das ist eine handpuppe«, dreht er sich nun zu Katie, »da hat der puppenspieler…«

»Amazing!«, unterbricht sie ihn.

Am Strand beginnen sogleich die Vorbereitungen, um die Aufgabe des heutigen Tages zu erfüllen: meinen Namen mit Handtüchern in den Sand zu legen. Im Vorfeld war völlig unklar, wie viele Handtücher wir wohl brauchen würden. Jetzt wird überlegt, hochgerechnet und geraten. Ich baue derweil eine kleine Tabelle mit vielen Einsen und lasse den Computer dann die Summe berechnen:

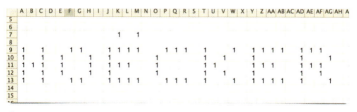

ohne Worte

»Erster!«, rufe ich. »Wir brauchen 80!«
»was«, fragt Tommy.
»80 Handtücher.«
»wofür«
»Den Namen.«
»woher ...«
»Also, ich habe eine Tabelle gemacht und dann jeweils ...«
»wir haben aber nur 30«
»Was?«
»handtücher«
»Wofür?«
»deinen namen«
»Oh.«

Wir haben gerade einmal 30 Handtücher, und das auch noch in zwei Größen. Ich kann also mit meiner tollen Berechnung nichts, aber auch gar nichts anfangen. Und bis auf ein »danke bernhard« kam auch nicht besonders viel seitens der Regie.

So sieht er sich gerne: Die Haare im Wind, den Naturgewalten ausgesetzt und eine Kamera daneben, das ist Tommy.

Dafür habe ich aber eine andere, völlig abgefahrene Idee: Es gibt eine Totale, in der man sieht, wie ich die Buchstaben lege und immer die ganz vorn befindlichen Handtücher aufhebe, um sie an den noch fehlenden Teil des nächsten Buchstabens anzulegen. Wenn man jetzt die Aufnahme in Highspeed, also ganz schnell, also so huihuihui abspielt, wäre der Schriftzug wie auf einer LED-Anzeige zu sehen und würde sich quasi durchs Bild scrollen.

Das war Tommys Idee...

So wird's gemacht, und der Dreh bereitet unglaublich viel Spaß. Also dem Team. Denn während ich die ganze Zeit Handtücher hinlege, aufsammle und woanders wieder hinlege, darf natürlich niemand durchs Bild laufen, keiner darf mich bespaßen, mir Getränke reichen oder gar amüsanten Smalltalk mit mir führen.

Renate im Anflug auf das Set.
Ich bin mit meinem Namen gerade fertig geworden.

Es wird aber telefoniert, getrunken, gespaßt, und das heitere Treiben spielt sich nur wenige Meter von mir ab. Und ich? Japse beim Handtücherlegen.

Mit Alex, meinem kongenialen Kameramann, habe ich zuvor überlegt, wie lange ich für die Aktion brauchen würde. Er tippte auf 15 Minuten, ich dachte weniger, sagte aber aus Höflichkeit 20. Nach 30 Minuten schwitze ich so sehr, dass die Handtücher das Wasser nicht mehr aufzunehmen vermögen, welches aus meinem Körper fließt. Meine kuschelige Softshell-Jacke kann ich natürlich nicht ausziehen, denn ich habe sie schon am Anfang des Drehs getragen. Deswegen würde ich nun eigentlich gerne noch einmal ohne Jacke von vorn anfangen, was aber nicht geht, und so treibe ich meine Körpertemperatur unerbittlich weiter an den Siedepunkt heran. Und bin gerade mal beim Buchstaben »C«, es fehlt also noch das halbe Wort! Als ich endlich fertig bin, lasse ich mich einfach in den Sand fallen. Alex, der ein Freund von Bildern völlig fertiger Menschen ist, fängt meinen Zusammen-

Ich bin geneigt, jedes kleinste Detail dieses Landes einzufangen und der Nachwelt davon zu berichten.

Auf dieser Straße boten sich einst Prostituierte den männlichen Promenadengängern an. Das ist heute zwar nicht mehr so, aber ich komme mir total frivol vor, einfach einen Baum zu berühren. Mit der Hand und so.

bruch mit seinem Okular ein. Als er es mir im Display zeigt, muss ich zugeben, dass es gigantisch aussieht, wie ich aus dem Bild kippe und dabei den Blick freigebe auf das weite Meer und den strahlend blauen Himmel. Vielleicht nehmen wir das als Ende unseres Beweis-Videos?

Ich schiebe diesen Gedanken weg, schäle mich aus der Jacke und ruhe aus.

Da höre ich ein Wupwupwupwupwup. Stimmt, den hatte ich ganz vergessen. Für den Dreh war ein Hubschrauber gebucht worden, der es uns ermöglichen sollte, ein paar beeindruckende Aufnahmen aus der Luft zu machen.

Während ich mich langsam erhebe, setzt der Helikopter auf dem Sand auf.

Tommy nickt mir mit einem trockenen »bernhard noch mal da hinten« zu.

Mein Blick wandert von Tommy zu den Handtüchern, von den Handtüchern zum Team.

Tommy errät meine Gedanken. »du musst die handtücher alleine tragen«, sagt er. »es dürfen keine Fußspuren zu sehen sein«

Ich hebe die Handtücher auf.

»bernhard jacke«

So scheucht mich Tommy 500 Meter den Strand hinauf, damit weder der Rest des Teams noch die Spuren des ersten Drehs im Bild zu sehen sind, wenn wir nun noch ein paar schöne Luftaufnahmen machen.

Und obwohl ich Strand ja eigentlich nur semiunterhaltsam finde, ist dieser kleine Spaziergang irgendwie schön. Der Wind im Gesicht. Das Geräusch der sich brechenden Wellen im Ohr. Sand in den Socken. Das hat man in den Bergen einfach nicht.

Alex setzt sich derweil in die Maschine, die sich sodann in die Lüfte erhebt. Tommy bleibt am Boden und macht ein paar Making-of-Aufnahmen.

Mir geht durch den Kopf, dass die Bilder bestimmt unglaublich aussehen. Der Strand, das Wasser, die grüne Landschaft und dann die weißen Buchstaben auf dem Boden. Wahrscheinlich täuscht das elegant darüber hinweg, dass es für mich beim Drehen windig und anstrengend war. Einmal zerschießt mir der Hubschrauberpilot mein ganzes Tuchdesign, als er mit den Rotorblättern ungünstige Winde erzeugt. Aber das Team hat es auch nicht leicht: Die müssen ihre flache Hand über die offenen Cola-Dosen halten.

Während die Luftzirkulationen mir feinste Sandkörner in die letzten unbefleckten Teile meines Körpers wehen, schwöre ich mir: Wenn ich gleich wieder im Hotel bin, bewege ich mich keinen Meter mehr nach draußen. Und das Erste, was ich tun werde, ist duschen. Im Handstand, damit Wasser wirklich jede Körperöffnung reinigen kann.

Doch aus dem Plan, es sich gemütlich zu machen, wird nichts. Zurück im Hotel entscheiden Werbeagentur und Kunde, doch noch einmal hinauszugehen und Stimmungsbilder von mir aufzuzeichnen. Die gehören zwar inhaltlich nicht mehr zur Tagesaufga… Tageswollung, aber zeigen weitere Eindrücke der Gegend und können in späteren Zusammenschnitten verwendet werden.

Ich denke zunächst einmal aus voller Überzeugung: schade.

Da trifft man eine Entscheidung, und dann werfen andere sie um. Aber ich habe mich für diese moderne Form der Leibeigenschaft entschieden und füge mich gern.

Dass sich das so gestalten würde, war mir bereits klar, als wir in Neuseeland ankamen und ich vom Flieger in ein Auto, in einen Kostümverleih, in ein Wohnmobil geschoben wurde.

Das Konzept führte mich an diesem Morgen dann an den Strand, und der Wunsch von Werbeagentur und Kunde nach mehr Bildern treibt mich jetzt erneut aus dem Hotel. Obwohl ich weiß, dass mir am nächsten Morgen wieder eine anstrengende Aufgabe bevorsteht … MÖÖP bevorstehen will, freue ich mich auf den kleinen Ausflug. Einmal in Bewegung, fällt Müdigkeit meistens schnell von mir ab.

Tommy selbst hat sich in seine Kemenate zurückgezogen und bearbeitet die Stunden an Filmmaterial, um daraus das einminütige Kurzvideo über die Aufgabe des Tages zu kreieren.

Der Rest des Teams macht sich auf den Weg, um noch ein paar Bilder einzufangen, die wir vielleicht in einer längeren Filmfassung der Reise unterbringen würden. Und so lassen wir den Abend

Hier könnte ich stundenlang in den Sonnenuntergang laufen. Bis es platsch macht.

in Russell ausklingen. Und obwohl ich eigentlich lieber so vor mich hin vegetiert hätte, um den restlichen Jetlag das tun zu lassen, was er mit mir tun will, lohnt sich der Ausflug.

Das kleine Städtchen – ich gebe zu, ich habe keine Ahnung, ob die überhaupt Stadtrechte besitzen, daher sagen wir also besser mal Örtchen – erreichen wir mit dem Fährschiff von Paihia aus, einem Ort auf der anderen Seite der Bucht. Den Sonnenuntergang im Rücken bietet sich uns ein wunderschöner Blick über die Bay of Island. Trotz seiner gerade mal 1 200 Einwohner hat dieser Ort eine spannende Geschichte, wie auf einer Tafel am Hafen zu lesen ist.

Die Maori und die Briten waren sich anfänglich nicht grün. Es klingt verrückt, aber die Siedler fragten die ortsansässige

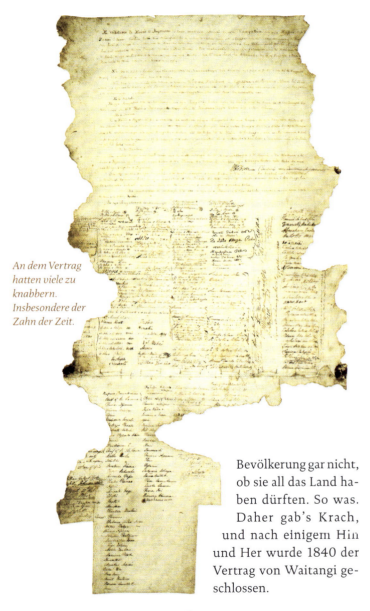

An dem Vertrag hatten viele zu knabbern. Insbesondere der Zahn der Zeit.

Bevölkerung gar nicht, ob sie all das Land haben dürften. So was. Daher gab's Krach, und nach einigem Hin und Her wurde 1840 der Vertrag von Waitangi geschlossen.

Dieser Vertrag hat eine enorme Bedeutung für das Zusammenleben der Maori und der Pākehā, der weißen Einwanderer. Und zwar bis heute!

Die britische Krone schickte Kapitän William Hobson 1840 nach Neuseeland, um mit den Maori zu verhandeln. Neuseeland sollte möglichst schnell britische Kolonie werden. So würde man die Maori vor Enteignungen und Angriffen von bösen Franzosen, Portugiesen und anderen Konkurrenten auf dem Koloniallämdermarkt beschützen können, wollte man ihnen klarmachen. Dass die britische Leibwache mit dem Verlust der eigenen Souveränität und einer groß angelegten Landnahme durch die Kolonisatoren einhergehen sollte, verschwiegen die Gentlemen von der Insel am anderen Ende der Welt geflissentlich. Man hoffte auf diese Weise Spannungen zwischen den Maori und den nicht gerade bescheidenen Einwanderern aus England vorzubeugen. Als Begrüßungsgeschenk sollten die bisherigen Hausherren Neuseelands die britische Staatsbürgerschaft bekommen, und im Gegenzug waren sie gehalten, nicht gleich jeden frech gewordenen Siedler aus Großbritannien zu massakrieren.

Hobson lud sofort nach seiner Ankunft auf der Insel am 29. Januar möglichst viele Stammeschefs und wichtige Vertreter zu einem Treffen ein. Schlussendlich waren es fast 200 Maori, die dem Aufruf folgten. In wenigen Tagen wurde gemeinsam ein Vertrag erarbeitet und von Reverend Henry Williams ins Maorische übersetzt. Das war natürlich nicht so ganz einfach, da das maorische Vokabular für die trickreichen Floskeln royaler Juristen nicht ausreichte. So ist es auch nicht verwunderlich, dass die Verhandlungen für die beiden Parteien unterschiedliche Schwerpunkte und Bedeutungen hatten.

1:0 für die Briten an dieser Stelle im Wettbewerb, würde ich sagen.

Am 5. Februar versammelte man sich erneut. Reverend Williams trug den Inhalt des Vertrags vor und fügte blumige Erläuterungen zu jedem Punkt hinzu. Das ganze Projekt sei ein unglaublicher Glücksfall für die Maori, teilte er ihnen mit. Durch den Pakt würde die britische Königin sie direkt vor den Übergriffen raffgieriger Siedler aus Europa schützen können. Nachdem Maori, Missionare, Siedler und die Vertreter der Krone sich bis zum Morgen des 6. Februar an den Vor- und Nachteilen des Vertrags in Streitgesprächen aufgerieben hatten, stimmten alle Anwesenden dem Vertrag zu. Die Maori waren in ihrem Gefühl bestärkt worden, ein für sie heiliges Bündnis mit der englischen Königin einzugehen.

Beide Seiten waren im festen Glauben, sie hätten die richtige Entscheidung getroffen. Dafür bekommt jede Seite einen Punkt, also 2:1.

In der Folge wurden Kopien des Vertrags erstellt, und Hobson begab sich auf große Neuseeland-Tournee, um weitere Unterschriften zu sammeln. Immerhin wussten die Engländer nicht, ob ihre bisherigen Verhandlungspartner für das komplette neuseeländische Territorium eine Vollmacht hatten. Da vernünftige Kopiergeräte noch nicht erfunden waren, mussten die Papiere natürlich von Hand vervielfältigt werden. Dabei konnte es schon mal passieren, dass einzelne Paragraphen nicht mehr so ganz dem Original entsprachen.

Wegen des Kopier-Monopols auf der einen Seite und der daraus resultierenden Machtposition: 3:1 für die Briten.

Hobson ging relativ großzügig mit den Machtbereichen der Stammesfürsten um. Gerne sprach er einem Chef die Zuständigkeit für eine ganze Region zu. Das ehrte diesen und ersparte gleichzeitig das Kontaktieren weiterer Vertragsbefürworter, bedeutete aber auch, dass viele Stämme noch nicht einmal von dem Vertrag gehört hatten, nach dessen Richtlinien sie nun handeln sollten.

Abseits! Aber die Gegner haben es nicht bemerkt: 4:1.

Gleichzeitig wurden die Kopien von geheimen Gesandten der Krone zur Ansicht verteilt. Sie hatten sich als fliegende Händler getarnt und machten den Stämmen großzügige Geschenke, wenn diese versicherten, dass sie den Vertrag später unterzeichnen würden.

Korruption ist äußerst effektiv und zählt mehrfach: 7:1.

Heutige Forschungen haben zudem ergeben, dass wesentlich weniger Häuptlinge den Vertrag gesehen haben konnten, als von den Gesandten behauptet wurde.

Urkundenfälschung = dreistes Foul – der nicht vorhandene Schiedsrichter hat's wieder nicht gesehen: 8:1.

Einigen Siedlern war der Schmusekurs gegenüber den Maori jedoch sowieso suspekt, und sie riefen kurzerhand einen eigenen Staat aus. Eigentlich hatten sie keine Chance, ihr Anliegen durchzusetzen, sorgten damit aber erfolgreich für neuerliche Verärgerung in allen Lagern.

Eigentor des Gästeteams: 8:2.

Bevor die Siedler noch mehr Aufruhr verursachen konnten, rief Hobson am 21. Mai 1840 die britische Souveränität über ganz Neuseeland aus. Dieser Tag gilt bis heute als offizielles Gründungsdatum des Landes.

Bis dahin waren nun aber viele Versionen des Vertrags in Umlauf, die gerade in der Übersetzung für die Maori oft voneinander abwichen. Beide Seiten gingen also von unterschiedlichen Abmachungen für ihre gegenseitigen Beziehungen aus. Dies und die Tatsache, dass viele Unterschriften gekauft wurden oder fingiert waren, führten schnell zu Spannungen. Die Auseinandersetzung wurde zusehends unsportlicher.

Die Tatsache, dass die britische Regierung den unzufriedenen britischen Siedlern maorisches Land zusprach und damit den Vertrag unterwanderte, trug nicht unbedingt zur Konfliktlösung bei. Die folgenden handfesten Auseinandersetzungen gipfelten in den Neuseelandkriegen, auch »The Land Wars« genannt, die sich fast 30 Jahre hinzogen.

Ein Patt war längst nicht mehr möglich. Die Stimmung war aufgeladen, beide Seiten waren komplett auf Krawall gebürstet und gingen mit unglaublicher Aggression aufeinander los. Da es mir angesichts der vielen Opfer pietätlos erscheint, möchte ich auf die weitere Punktevergabe verzichten.

Übrigens waren nicht nur neuseeländische Siedler in den Kampf verwickelt, sondern auch noch mehrere Schiffsladungen von Soldaten, die als zusätzliche Akteure von der britischen Krone geschickt wurden. Geht man noch näher ans Geschehen heran, wird es gar noch komplizierter: Nicht immer kämpften nur Maori und Pākehā gegeneinander. In manchen Regionen verbündeten sich Siedler mit den Maori, da sie wirtschaftlich bestens voneinander profitierten. Maorische Söldner kämpften für die Krone. Und einige Siedler versuchten mit diplomatischen Mitteln Frieden zu erwirken, um nicht länger in einem Land voller Aggression und Gewalt leben zu müssen.

Wenn man diese Verwicklungen ignoriert und sich darauf beschränkt, den Zwei-Parteien-Streit zu betrachten, kann man nur zu einem Ergebnis kommen: komplette Niederlage für die Erstbewohner der Inseln. Neben unzähligen zu beklagenden Menschenleben verloren sie Tausende von Quadratkilometern ihres Landes. Der Konflikt war damit allerdings noch lange nicht beendet. Nach hundert Jahren der Unterdrückung und Benachteiligung begann sich der Widerstand ab Mitte des letzten Jahrhunderts wieder neu zu formieren. Mit einem entscheidenden Unterschied: Man protestierte überwiegend gewaltfrei!

Der Druck hatte Erfolg: 1975 wurde unter der neuen Labour-Regierung das Waitangi Tribunal gegründet. Es beschäftigt sich seitdem mit wachsendem Erfolg für die Maori damit, die Benachteiligungen, die sich für sie aus diesem alten Vertrag und seiner Nichtachtung durch die Briten ergaben, gerichtlich zu regeln. Endlich gibt es eine Instanz, die den ganzen Fall noch einmal aufrollt. Vor dem Tribunal können Ansprüche und Beschwerden geltend gemacht werden. Es hat seine eigene Gerichtsbarkeit und legt fest, welche Paragrafen der unterschiedlichen Versionen des Vertrags von Waitangi gültig sind.

Zum Abschluss dieses Exkurses sei noch erwähnt, dass das britische Königshaus sich sogar dazu hinreißen ließ, sich für die Vertragsverletzungen und die daraus resultierenden Kriegshandlungen offiziell bei den Maori zu entschuldigen.

Auf dieser Grundlage wurden die Maori britische Staatsbürger, verloren zwar ihre Souveränität, durften aber ihre Besitztümer behalten. Probleme ließen nicht lange auf sich warten. Die Maori besaßen keine Schriftsprache, sondern schnitzten alles in Dachbalken oder gaben es von Generation zu Generation durch Erzählungen weiter. Die Engländer hingegen schrieben schon damals alles nieder, was sich in Worte kleiden ließ. Kein Wunder, dass es alsbald Streit über die korrekte Auslegung des Vertrags gab. So stand auf der Infotafel im Hafen von Paihia, die Maori seien überrascht gewesen, dass sie, wenn sie Land verkauften, auch das Recht an den Früchten darauf verlieren würden. Dies war ein einem Europäer eher ungeläufiges juristisches Verständnis des Begriffs »verkaufen«.

Die Maori tradieren ihre Geschichten durch Holzschnitzereien. Ob hier eine Art Harry Potter den Voldemort besiegt, hab ich allerdings nicht verstanden.

 In Dachbalken zu ritzen, ist eine schriftliche Tradierung!

 Tobi, wenn du jede Form von Gestaltung einer Unterlage zum Zwecke der Bewahrung von Inhalten als Schrift definierst, ja. Dann ist der Kreuzweg in der Kirche ein Text, und Höhlenmalereien sind eine frühe Form von Rosamunde-

Pilcher-Romanen, wenn sie auch im Savannen-Setting spielen ... Wahrscheinlich wird dir nicht mal jemand widersprechen, einfach weil du dich mit dieser Theorie sehr weit vorgewagt hast und allein auf weiter Flur stehst. Aber auf dem Weg der Erkenntnis bist du damit nicht. Schrift ist laut dem mobilen Gedächtnis Wikipedia ein »aus Elementen bestehendes grafisches Zeichensystem«. Die Dachbalkenschnitzereien sind hingegen figürliche und gegenständliche Darstellungen aus den Geschichten der maorischen Mythologie. Also eine Abbildung von einem Typen im Kanu oder einem Gesicht neben Krakenarmen.

Bevor ich argumentativ zu sehr ins Straucheln gerate und einen Ausweg aus dem Dilemma suche, welche Art von Symbolik das Prädikat »Schrift« verdient hat, verlasse ich diese Diskussion einfach durch die Hintertür ...! Denn dass die Maori keine Schriftsprache besitzen, kann ich so aus der zeitgeschichtlichen Perspektive nicht stehen lassen.

Natürlich haben die Maori ihre Historie, Mythen, Kochrezepte und Fellpflegeanleitungen über die ersten paar Jahrhunderte hinweg mündlich überliefert. Aber mit dem Erscheinen der ersten Missionare begannen die ersten Maori ihre Sprache zu verschriftlichen. Sie hatten nämlich schnell erkannt, dass diese Methode der Tradierung doch auch einige Vorteile barg – vor allem im kulturellen Austausch mit den britischen Einwanderern, welche in immer größerer Zahl ihre Heimat besiedelten.

Mittlerweile hat sich daraus eine spannende postkoloniale maorische Literaturszene entwickelt. Gerade in den letzten Jahrzehnten haben viele Autoren sich literarisch der Behauptung der eigenen Kultur und Tradi-

tionen gewidmet und nutzen das als identitätsstiftendes Vehikel, um der kolonialistisch bedingten Entfremdung von ihren Wurzeln entgegenzutreten. Auf Wunsch kann ich dir, lieber Bernhard, gerne eine Literaturliste mit den wichtigsten Werken dieses Schaffenskreises zukommen lassen.

Egal, wie kompliziert die Ausgangslage ehedem war – es gab einen Gewinner angesichts der Wirren um den Vertrag von Waitangi: Russell. Jakob hatte auf der Überfahrt meine Datenflatrate strapaziert und erzählte begeistert, dass durch diese Vertragsunterzeichnung die einstmals Kororāreka genannte Maori-Siedlung zur Hauptstadt wurde, benannt nach dem Kolonialstaatssekretär John Russell, der unter Queen Victoria auch noch zwei Mal britischer Premierminister gewesen sei.

Bevor sich das Leben in dem kleinen Küstenort Russell nach britischen Regeln und dank der schwindenden »Cholerik« der Maori einigermaßen sortierte, muss es dort ganz schön hoch hergegangen sein. Noch einmal ein kleiner Gang durch die Zeiten, die Russell erlebt hat: Die ersten Briten, die den malerischen Küstenabschnitt in der Bay of Islands besiedelten, waren Walfänger und Holzfäller. Mit den Maori handelte oder kloppte man sich. Beide Seiten gingen auf diesen Betätigungsfeldern überaus professionell vor. Von einer rechtlichen Instanz war lange Zeit nichts zu sehen. Die Maori waren anfänglich noch in der Überzahl und fühlten sich somit sicher und nicht einmal in ihrer wirtschaftlichen Existenz bedroht. So war es geradezu »cool«, einen Pākehā im eigenen Dorf zu haben.

Durch die rauen Sitten verdiente sich der Ort schnell seinen ernstgemeinten Spitznamen »Teufelsloch des Südpazifiks«. Viele Reisende und Händler kürten das Städtchen noch bis in die zweite Hälfte des 19. Jahrhunderts hinein zum übelsten Sündenpfuhl des britischen Empires.

Wie vielerorts in der zu kolonialisierenden Welt waren es Missionare, die dem sündigen Treiben der »wilden Ureinwohner« und den sich in einem rechtsfreien Raum wähnenden Einwanderern ein Ende setzen wollten. Selbst ein Reverend wie Samuel Marsden, der wegen seiner stringenten Amtsführung als Friedensrichter auch den Beinamen »Pfarrer mit der Peitsche« trug, war vom Ausmaß des völlig verrohten Way of Life der Walfänger und Holzfäller in Kororāreka, dem späteren Russell, geschockt.

Die Maori übernahmen von den Missionaren, von denen es immer mehr gab, wissbegierig landwirtschaftliche Techniken und lernten auch Lesen und Schreiben von ihnen. Nur mit dem Glauben, den die Gottesmänner ihnen ans Herz legen wollten, haderten sie. Was auch daran liegen mochte, dass die Kirchenvertreter sich selbst nicht sonderlich vorbildlich benahmen, sondern sich gerne dem Alkohol, sexuellen Ausschweifungen und sogar dem Waffenschmuggel hingaben. Auch erschien den Maori die christliche Religion nicht wesentlich reizvoller als die eigene. Im Gegenteil: Sie hatten von ihren Göttern im Jenseits nichts Böses zu erwarten. Abgestraft wurde lediglich im Diesseits. Geschichten von der fegefeurigen Hölle, in der man nach dem Ableben bei schlechtem Betragen eine komplette Ewigkeit abzusitzen hatte, waren keine gute Werbung für eine christliche Weltsicht.

Auf dem Flagstaff Hill, einem nördlich des Städtchens gelegenen Hügel, hisste man eine Flagge – und alle seien glücklich gewesen. Bis die Engländer dachten: »Ah … Russell … sooooo dolle is das da auch nich … Wie wär's denn mit 'ner anderen Hauptstadt … Auckland! … auch schön … Gehen wir doch da hin!«

Bumsdi, alle Beamten weg.

Das erinnert mich an das bittere Schicksal meiner Heimatstadt Bonn, die wegen derlei nebensächlichen Ereignissen wie dem Zusammenbruch der Sowjetunion, dem Ende des Kalten Krieges und der Aufhebung der Teilung eines seit 40 Jahren getrennten Landes einfach so ihre Funktion als Regierungssitz und vor allem den Titel »Bundeshauptstadt« verlor. Letzteres schmerzt am meisten. Alle Ortsschilder mussten ausgewechselt werden.

Und auf denen steht jetzt »Bundesstadt« Bonn. Was auch immer das zu bedeuten hat. Dein Schmerz lässt mich schmunzeln. Man hat euch doch nur das »haupt« genommen, und das »Bundes« gelassen. Also nur eine kleine orthografische »Dekapitation« vorgenommen. Reicht es eurem kleinstädtischen Ego denn nicht, immerhin einige Jahrzehnte vom Fuße des Siebengebirges aus die Welt – Verzeihung – die Republik regiert zu haben?

Tobi, du hast nicht wirklich das Wort »Dekapitation« in Verbindung mit der schriftsprachlichen Veränderung unserer schönen Stadt gebraucht? Gut, ich musste es erst nachschlagen und stellte fest, dass es »Enthauptung« bedeutet. Ohne auf all die Bilder eingehen zu wollen, die ich mir im Zuge der Wortrecherche in den letzten zwei Stunden angesehen

habe, stimmt das natürlich nicht ganz. Man hat nämlich nicht den ersten Teil des Wortes »Bundeshauptstadt« abgenommen, also den Kopf, sondern quasi den Hals. Nämlich das mittlere Wort »haupt« ... Haupt? Haupt! Haupt wie Kopf ... Ui, da war ich wohl was langsam. Aber ich komme ja auch nur aus einer kleinen Stadt ...
Apropos Kleinstadt: Zurück zu Russell ...

Dummerweise lebte wohl in Russell auch der Maori-Stammesfürst Hono Heke Pokai, führte Jakob weiter aus. Der büßte auf einmal durch den Verlust der Hauptstadtfunktion eine Menge Einnahmen ein, weil der Hafen zwar bis dato der größte Walfangport der Inseln gewesen, jetzt aber doch seltener angelaufen worden sei. Er dachte sich: »Och nö, jetzt aber hier ... was soll 'n das?« und habe wohl seinen Unmut am Mast mit dem Union Jack auf dem Flagstaff Hill ausgelassen, indem er diesen zu Fall brachte.

Etwas verwundert berichtet Jakob, er hätte das gleich mehrmals getan. Keine Ahnung, wie man sich das vorstellen muss. Etwa so?

»Chef, er liegt am Boden.«
»Dann hebt ihn wieder hoch, das macht Spaß!«
»Aber Chef ...«
»Hoch!«
»Na gut, aber dann wollen wir auch den Ort brandschatzen.«
»Meinetwegen, dann hab ich aber zwei Mal Hochheben gut bei euch.«
»Jaaaaa! Jippie!«

 Bei allem Respekt vor Bernhards Vorlieben für digitales Fast-food-Wissen – gelegentlich hat es sich als nützlich erwiesen, einen Berg Papier in die Hand zu nehmen, um ein paar weiterführende Informationen zu erhalten. Die Älteren unter uns nennen das »Buch«. In einem dieser Dinger ist das mehrmalige Umnieten des ollen Flaggenmasts auch näher beschrieben: Das erste Mal ging er am 8. Juli 1844 zu Boden. Ein Verbündeter von Maori-Chef Hono Heke namens Te Haratua hatte diese Aufgabe übernommen. Herr Heke war nämlich ziemlich stinkig, weil nunmehr seit drei Jahren die britische Flagge auf seinem Hügel wehte. Seinen schwelenden Siedlerhass konnte der damalige Erzdiakon mit dem schönen Namen William Williams aber gerade noch durch gutes Zureden beschwichtigen. Am 10. Januar 1845 wurde sein Ärger dann aber übermächtig, und Heke nietete das wieder errichtete Teil persönlich um. Die Briten fanden das irgendwie unpassend und stellten den Mast zum dritten Mal wieder auf. Obwohl sie einen Mantel aus Stahl verwendet hatten, brachte der tobende Herr Heke den überdimensionalen Wimpelhalter noch in derselben Nacht erneut zu Fall. Die Briten waren ob der wiederholten Zermöbelung ihres Hoheitssymbols gar nicht »amused« und stellten selbstverständlich Fahnenstange Nummer vier auf, und diesmal gleich noch einen Haufen Wächter dazu. Letztere waren sozusagen die Leidtragenden am Ende der Fahnenstange, denn im letzten Anlauf kappte der leicht cholerische Maori-Chef nicht nur den Mast, sondern das Wachpersonal gleich mit. Es dauerte ein paar Jahre, bis sich der Dauerbesuch aus Großbritannien wieder zusammengerauft hatte. 1858 stellte man als Zeichen der Aussöhnung einen neuen Mast auf den Berg. Eine Fahne, die Freundschaft symbolisiert.

An der Kirche in Russell sind noch heute die Einschusslöcher der mastkippenden Kämpfe zu sehen.

Diese kleine Kirche, auf deren Friedhof laut Inschrift die erste in Neuseeland geborene Weiße beerdigt wurde, ist übrigens die älteste erhaltene und noch genutzte Kirche auf den neuseeländischen Eilanden. Auf der Liste der freundlichen Spender für den Bau des Gotteshäuschens findet sich unter anderem auch der Name von Charles Darwin. Selbiger hatte die Bay of Islands besucht und sich an den blühenden Landschaften und den sanften Hügeln erfreut. Ob er sich durch das Hauen und Stechen der versammelten Seemänner und Maori-Kämpfer zu seinen Evolutionstheorien inspirieren ließ, darüber kann ich nur spekulieren.

Ich gehe jetzt in den Supermarkt und schaue mal, welches Schwein oder Huhn es als Verlierer der zivilisatorischen Selektion auf meinen Mittagsteller schaffen wird.

Jedenfalls sind die Einwohner von Russell sich ganz offensichtlich ihrer Geschichte bewusst. Vor ein paar Jahren warfen sich die Einwohner eines Teils der Hafenstraße sogar in historische Kleidung und spielten die Vergangenheit nach. Ich habe ein Schaufenster gesehen, in dem Bilder davon ausgestellt waren. Es handelte sich um altertümliche Klamotten, aber irgendwie sexy. Ich wäre gern dabei gewesen.

Schließlich war der Hafen auch einst das Rotlichtviertel.

So, jetzt geh ich aber wirklich schlafen und träume von der Vergangenheit.

Der Gedanke daran, dass auf der anderen Seite der Erde Jahres- und Uhrzeiten um 180° verdreht sind, drückt sich mir immer noch etwas schwer durch die Synapsen: Während du mit sommerlicher Bettschwere die Segel strichst, war ich gerade dabei, mein Wintergemüse in ein Mittagessen zu verwandeln. Andererseits sind diese zwölf Stunden Zeitverschiebung ungemein praktisch, da die Rechnerei überschaubar bleibt. Zwar überlege ich immer noch, in welche Richtung ich rechnen muss – letztendlich ist es mir aber völlig egal, ob ihr gerade meinen alten Tag beendet hattet oder ich den von euch bereits verbrauchten Vormittag auftrage.

Schade, dass du die Geschichte über das Grab der ersten weißen Frau nicht erwähnen wolltest. Schließlich ist sie ein Indiz dafür, dass dieser Ort für die britischen Einwanderer eine der ersten Siedlungen überhaupt war. Zu der Zeit hieß der Ort ja noch maorisch Kororåreka. Was so viel wie »süßer Zwergpinguin« bedeutet. Klingt irgendwie netter als Bitterfeld, oder Castrop-Rauxel ...

Der Legende nach verlangte ein in einer Schlacht verwundeter Maori-Häuptling als letzte Mahlzeit einen gebratenen Zwergpinguin. Da er bereits zu entkräftet war, um das Fleisch zu kauen, konnte er nur noch etwas von der Bratensoße schlürfen und schaffte es gerade noch »Oh wie süß ist der Pinguin« zu hauchen, bevor er starb. Es braucht ja nicht immer Romulusse und Remusse oder andere göttliche Heldengestalten, um die Gründung einer Stadt zu mythologisieren. Veganer und Pinguin-Freunde mögen mir verzeihen, persönlich liegt mir diese kulinarische Variante wesentlich mehr.

Stehen die possierlichen Tierchen eigentlich heute immer noch auf den Menükarten der Nordinsel?

Ich habe im Internet tatsächlich ein Rezept für ein Pinguin-Kaurimuschel-Ragout gefunden. 30 (!!!) Portionen:

Zutaten
2 Pinguine
5 Ananas(se)
50 kg Kaurimuscheln
10 l Kokosmilch
5 kg Langkorn-Reis
Salz nach Belieben
Pfeffer u.v.m.

Zubereitung
Zuerst die Kokosmilch zum Kochen bringen. In der Zwischenzeit die Pinguine aus dem Anzug hauen und in hand-

liche Portionen aufteilen. Die Kaurimuscheln putzen und vom Sand befreien. Ananasse (oder Ananässer?) schälen und in Scheiben schneiden. Den austretenden Saft auffangen und die Pinguinstücke darin kurz ziehen lassen. Die Kaurimuscheln in der Kokosmilch etwa 20 Minuten kochen lassen, herausheben und das Fleisch aus den Schalen lösen. Jetzt das Pinguinfleisch mit etwas Salz und Pfeffer kurz unter dem Siedepunkt in der Milch garziehen lassen (ca. 50 Minuten). Kurz vor Gar-Ende den Reis hinzufügen, weitere 20 Minuten köcheln lassen, dann das Kaurimuschelfleisch und die Ananasscheiben zugeben und mit Salz und Pfeffer mittelscharf abwürzen.

3 | WAIPOUA

»La Le Lu für Pflanzen«

Gestern Strand, alles voller Sand. Bääh, pfui, bah. Und erst als die Sonne rauskam, ging es mir besser.

Und wenn ich mir die Vorschläge für heute so ansehe, besteht die Gefahr nicht nur am, sondern auch im Wasser zu landen. Zwei davon haben etwas mit Wasser zu tun: »Im Schlauchboot durchs Hole in the Rock paddeln!« und: »In einem Waka mitrudern!«

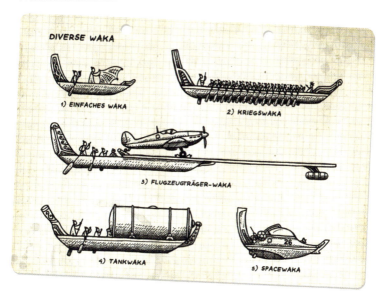

Da du diesen Tag auf dem Wasser zu verbringen drohst, möchte ich die Gelegenheit nutzen und ein paar Betrachtungen über die nautischen Grundlagen in der Kultur der Maori beisteuern.
Das Waka, ihr Hauptwasserverkehrsmittel, wird in der Regel mit dem Wort Kanu ins Deutsche übersetzt. Das suggeriert fröhliche Paddelei in einem hübschen kleinen Bötchen. So wie auf der Müritz oder der mecklenburgischen Seenplatte vielleicht. Tatsächlich gab und gibt es Waka für die verschiedensten Gelegenheiten und in den dafür erforderlichen Größen. Von kleinen Waka für die Befahrung von Flüssen, über seetaugliche Doppel- oder Ausleger-Waka, bis hin zu den berühmten Waka taua, den Kriegskanus. Letztere sind bis zu 40 Meter lang und werden nicht, wie bei den kleineren Booten üblich, vom Wind in den Segeln vorangebewegt, sondern von bis zu 100 Paddlern und Kriegern berudert. Animateure versorgen das Personal mit gebrüllten Kommandos. Der mächtige und energische Rhythmus von zig Männern, die das Boot vorantreiben, verhinderte nicht nur ein unrühmliches Verheddern der unzähligen Paddel, sondern konnte bei der gegnerischen Flottille gleich noch eine gute Portion Fracksausen verursachen. Auch die Architektur des Wassergefährts sollte Kraft und Stärke ausstrahlen und vor allem das Prestige seiner Besitzer und Erbauer festigen. Bug und Heck zogen sich in einem kraftvollen Schwung gen Himmel und waren reich mit Schnitzereien verziert. Während die polynesischen Heimatinseln oftmals nicht mehr über die ausreichende Zahl an mächtigen Bäumen verfügten, um große Gefährte aus einem Stück Holz zu höhlen, gab es in Aotearoa nun Holz im Überfluss. So lan-

ge, bis der letzte Baum gefällt ist und die merken, dass man mit Wiesen keine Boote bauen kann.

Das beste Beispiel ist dafür wohl die Osterinsel. Auch polynesisch, aber doch recht abgelegen, gab es auf dieser Insel einst große Palmenwälder. Die Bewohner des Eilands standen wie der moderne Städter auf immer protzigere und vor allem neue Modelle. Als Inselvolk mit geringer Autobahndichte allerdings eher Neuboote als Neuwagen. Ab 1010 nach Christus, den sie gar nicht kannten und ohne den sie trotzdem glücklich waren, rodeten sie über einen längeren Zeitraum geschätzte zehn Millionen Palmen ab. Da die Insel so weit ab liegt, dass Nährstoffe nur in sehr geringen Mengen durch Staub oder Aschewolken über die Luft zugeführt werden, braucht es viele Bäume und deren Wurzelwerk, damit das, was bereits im Boden gebunden ist, nicht weggespült wird. Dieser Wurzelschutz war nun nicht mehr da und es kam zur Erosion. Heute gibt es stattdessen wunderschönes unfruchtbares Wiesengelände mit gerade mal 40 verschiedenen Pflanzenarten.

Zur Ehrenrettung der Osterinsulaner muss man jedoch sagen, dass sie neueren Forschungen nach für das Ökodesaster nicht allein verantwortlich waren. So fand man Bissspuren von Ratten an alten Palmnüssen – ein Hinweis darauf, dass die Schädlinge nicht ganz unbeteiligt am Abbau der Biomasse waren.

Auf jeden Fall wird der sozialromantische Blick auf die »guten Wilden«, die im Einklang mit der Natur ihre Ressourcen schonen, durch diese Anekdoten leicht ein-

getrübt. Ich neige sogar zu der spitzfindigen Frage: »Sollte es sich bei den Polynesiern vielleicht doch auch nur um Menschen handeln?«

»Was juckt es Neuseeland, wenn sich die Osterinseln nackisch machen?«, fragt man sich jetzt.

Nun, auch auf Neuseeland ist wohl Ähnliches passiert. Die genaue Besiedlung ist unklar, aber man fand Rattenknochen und nicht ursprünglich neuseeländische Samen, die auf das Jahr ab 1280 nach Christus datiert wurden. Und genau in diesem Zeitraum, indem die ersten Menschen wohl die Ratte nach Neuseeland gebracht haben, ist ein großes Aussterben an Tieren und flächendeckende Entwaldung zu verzeichnen.

Neuseeland war für die Ratte quasi ein »All Inclusive«-Urlaub ohne Ende. Und was macht man im Urlaub, wenn man sonst nix zu tun hat? Man vermehrt sich. Alle sieben Wochen verdoppelt sich die Population. Nach drei Jahren wurde so aus einem Pärchen 17 Millionen. Was für ein Weihnachtsfest muss das gewesen sein....

Einer der beliebtesten Bäume für den Bootsbau war der Kauri-Baum. Dass er kaum Äste hatte, und der Umfang des Stammes enorm war, machte ihn zum idealen Material. Trotzdem war die Herstellung eines Kahns aus dieser Pflanze ein ungeheurer Kraftakt für die maorischen Schiffsingenieure. Um einen solchen Koloss in die Horizontale zu zwingen, wurden zunächst mit Beilen und Katapulten tiefe Rillen in den Stamm getrieben. In diesen wurde dann mit Hilfe von kleinen Feuern das Holz bröseliger gemacht, um es danach zu entfernen. Abwechselnd ging es so immer weiter, bis der gefällte Stamm endlich vor den Bootsbauern lag. Ein Experte hatte nun zu beurteilen, welche Seite die schwerere war, um zu verhindern, dass das Boot kurz nach dem Stapellauf gleich kieloben trieb.

Das Aushöhlen des Bootes ging ähnlich vonstatten. Immer wieder wurden Teile des Innenlebens angeflammt, um sie dann mühevoll herauszuklöppeln. Waren diese Arbeiten vollbracht, war es noch einmal mindestens ebenso mühevoll, diesen Rumpf zum Wasser zu bringen. Schließlich standen die besten Bäume nicht unbedingt am Strand, sondern tief im Wald.

All diese Arbeiten waren nicht nur mühselige Plackerei. Der Bau eines Waka war immer auch ein spiritueller Akt. Priester überwachten die Einhaltung der strengen religiösen Regeln – die Tapu* – in allen Phasen des Baus. Die Arbeiter durften beispielsweise nur in angemessener Entfernung zum Baum ihre Mahlzeiten einnehmen, das ausgehöhlte Holz wurde in speziellen Feuern verbrannt und sämtliche benutzten Werkzeuge ließ man an der Arbeitsstelle zurück, wenn der Rumpf zu Wasser gelassen wurde.

Ich bin ganz froh, dass es die Vorschläge nicht bis ins Ziel schaffen. Schon mit einem Kanu ist mir die Eskimorolle nicht geläufig, und Geschichten von halb untergegangenen Hochseepaddlern habe ich zwar sehr gerne gelauscht, war aber immer froh, sie selbst nicht erlebt haben zu müssen.

---

*Schon James Cook befand Ende des 18. Jahrhunderts, dass es sich bei dem Konzept des »tapu« um ein sehr komplexes System handelte, welches eine Vielzahl von Geboten und vor allem Verboten beinhaltete. Er brachte diesen Begriff schließlich auch mit in sein europäisches Zuhause. Ihm verdanken wir es also von einem »Tabu« sprechen zu dürfen.

Die Mehrheit der Internetnutzer hat sich für den Vorschlag entschieden: »Versuche, einen der größten Bäume der Welt zu umarmen!«

Somit steht heute überraschenderweise etwas auf dem Programm, was meinen persönlichen Erlebnisvorlieben entspricht: Wald und Bäume. Und das unter Führung eines einheimischen Maori. Das mag pleonastisch erscheinen, aber ich muss die Ureinwohner ja auch hervorheben, denn die spielen hier eine relativ wichtige Rolle.

Wir müssen dafür von Paihia, unserer Nächtigungsstätte, nach Omapere, das 70 Kilometer weiter Richtung Osten liegt, also fahren wir einmal quer über die Insel. Viel breiter ist das Land an der Stelle nicht. Vor einem Hotel treffen wir unseren Guide. Ich bin total gespannt. Der erste echte Maori, den ich kennenlerne. Wie sieht er aus? Komplett tätowiert, barfuß, ein Fell um den Oberkörper und vielleicht einen Holzspeer in der Hand?

Meine durch Bilder, Texte und eine Folge Traumschiff geprägte Vorstellung der indigenen Bevölkerung Neuseelands fällt kurz darauf in sich zusammen: Koro ist ein gut gelaunter, braungebrannter junger Mann in Ranger-Klamotten. Untätowiert – jedenfalls, soweit ich sehen kann. Er stammt aus Hokianga, wie die Gegend hier genannt wird, und ist nach ein paar Jahren in Auckland wieder zurückgekehrt, um als G.D.B. für »Footprints Waipoua« zu arbeiten. Leider habe ich mir nicht gemerkt, was »G.D.B.« bedeutet. Stand aber auf der Webseite. Ich vermute mal »Genial Durchblickender Baumführer« oder »Großartiger Demonstrant Brüllkomischens« oder einfach »Gutgelaunter Dödeliger Bouristenführer«.

 Quasi reflexartig kommt mir hier der Gedanke, ob Koro eurem ersten Treffen mit ähnlichen Erwartungen entgegensah. Fürchtete er, auf einen großen weißen Kolonialisten zu treffen?

Ein Mr. Hoëcker mit Tropenhelm und einer Entourage von Kofferträgern und Leibwächtern, die ihn vor den wilden Maori notfalls unter Einsatz ihrer Vorderlader beschützen sollten?

Oder ist er im Gegensatz zu dir bereits in der Neuzeit angekommen und rechnet einfach nur mit einer Gruppe von Touristen in frisch gewaschener Outdoor-Bekleidung mit der aktuellen Ausgabe eines Reiseführers unter dem Arm?

Die Aufgabe des heutigen Tages ist es also, einen Kauribaum zu umarmen. Das klingt nicht gerade schwierig und auch nicht besonders spektakulär. Aber keine zwölf Sekunden nach der Begrüßung teilt Koro uns mit, dass es unmöglich sei. Man dürfe nicht an die Bäume herantreten. Erstens seien die Wurzeln sehr nah an der Oberfläche und gleichzeitig unglaublich empfindlich. Außerdem gebe es eine Krankheit, die man mit den Füßen von Baum zu Baum tragen würde.

»Kauri dieback disease!«, rufe ich rein.

Verstehend und bestätigend natürlich. Habe ich bereits erwähnt, dass ich im Vorfeld die Wikipedia über Kauribäume leergelesen habe...?

Es wirkt.

Er lächelt mich an, wir sind Freunde.

Die Frage bleibt, wie es weitergeht. Alle reden durcheinander.

»This is the ball«, ruft Katie plötzlich und wirft ihr Handy jemandem zu.

Ich denke erst: Mann, spricht die schlecht Englisch. Dann erinnere ich mich aber an eines der Treffen mit den Werbefachleuten, bei denen die Gesprächsstrategie angewandt wurde: Nur der redet, der den Ball hat. Mangels Ball fliegt da offenbar schon mal ein Telefon.

Nachdem sie uns derart zur Ordnung gerufen hat, überlegen wir nacheinander, wie wir die Aufgabe, die natürlich nicht Aufgabe heißt, sondern Erlebnis, lösen bzw. erleben könnten.

Nach langem Hin und Her frage ich, ob es einen Baum gibt, der von einem offiziell angelegten Rundweg umgeben ist. Auf Englisch, versteht sich.

Keiner reagiert. Stille.

»Bernhard meint, dass man vielleicht einen Baum findet, der von einem offiziell angelegten Rundweg umgeben ist«, übersetzt Renate meinen Satz freundlicherweise ins Deutsche.

»ah das meint er«, sagt Tommy und stellt die Frage dann wiederum Koro auf Englisch.

»That's what he wants to say«, erwidert Koro, lacht und zeigt auf mich. »Yes, the Four Sisters.«

»ja die vier...«

»IST GUT!«, unterbreche ich Tommy.

Die Vier Schwestern seien vier Kauri-Bäume, die eine gemeinsame Wurzel hätten. Um diese herum sei ein Steg gebaut, erklärt Koro.

Wir sind uns einig, dass es einen Versuch wert ist.

Bevor wir aufbrechen, erzählt Koro, dass die Ortschaft, in der wir uns nun befinden, der Ursprung des modernen Neuseelands sei. Hier hätten die ersten Siedler ihre erste Siedlung angesiedelt. Das habe ich schon mal gehört. Allerdings war das in Russell. Und ich befürchte, es noch öfter zu hören. Überall.

Ich versteh die neuseeländischen Superlative wahrscheinlich einfach nicht gut genug.

Unser Team und Koro steigen in die Autos. Zuerst besuchen wir den Ti Pikinga, einen Aussichtspunkt hoch über Omapere.

Von hier aus haben wir einen herrlichen Blick über den Hokianga Harbour. Das Meer zu unserer Linken geht in ein breites ehemaliges Flussbett über. Während es sich nach hinten ins Land verjüngt, rückt die Küste immer näher an die Wasserkante heran. Das Grün der bewaldeten Hügel verliert immer mehr Kontrast und wird eine einzig schimmernde Fläche.

Es sei ein ehemaliges Flussbett des Hokianga Rivers, wie Koro uns erklärt. Als vor 12 000 Jahren die Eiszeit zu Ende war, stieg der Meeresspiegel, und Meerwasser floss ins Tal. Nun bildet es einen natürlichen Hafen, an dem sich mehrere einzelne Ortschaften gebildet haben. Der maorische Name der Stadt »Te Hokianga-nui-a-Kupe« bedeutet in seiner deutschen Übersetzung »Ort der großartigen Rückkehr des Kupe«.

 Ich weiß nicht, warum, aber dieser Pathosgeschwängerte Vielwort-Name erinnert mich irgendwie an die Heldengeschichten der nordkoreanischen Staatsführung ...

Gegenüber von unserem Aussichtspunkt erstreckt sich Niwa, eine riesige Sandhalbinsel. Meine differenziert gestellte Frage »Hä, what's thät?« wird freudig aufgegriffen.

»Ursprünglich war diese Landzunge bewaldet«, sagt Koro, »aber Wind und Meer haben riesige Sandmengen auf die Halbinsel gebracht. Nachdem durch den Sand alle Bäume verschwunden waren, lagerte er sich weiter zu diesen Dünen dort ab.«

Dank der beiden Naturphänomene Wind und Meer entfaltet sich vor meinen Augen ein grandioses Panorama. Ich blicke bis zum Horizont auf grüne Hügel. Das Wasser glitzert in der Sonne. Und auf der einen Seite der Bucht schimmert die große sandgelbe Spitze der Insel. Wer es mag, kann hier auf Skiern oder Boards die Dünen hinabgleiten. Einheimische mögen das wohl, denn Sand Surfing ist ein beliebter Sport.

Es sieht so aus, als würde Tommy auch filmen, aber ich glaube, er checkt nur grade seinen Facebook-Account.

 ... ich möchte die vage Vermutung äußern, dass sie es noch mehr mögen, wenn ausländische Touristen das mögen. Gegen einen gewissen Obolus natürlich. Schließlich ist Neuseeland als Insel der reinen und ursprünglichen Naturerlebnisse ja quasi mit Actiontourismus-Attraktionen gepflastert ... das meine ich in einem Reiseführer gelesen zu haben, der immer noch auf meinem Schreibtisch herumvegetiert. Ich gab ihm ein Zuhause, als ich dachte, wir würden gemeinsam das Land der großen weißen Wolke erkunden. Aber du fuhrst dann ja allein ...

Bevor ich wieder tränenreich abschweife, organisiere ich mir lieber einen Kaffee. Oder einen Schnaps ... Wie geht's wohl weiter?

Die Option, sich ein Board zu schnappen und die Düne hinabzubrettern, ist nicht mal annähernd in Reichweite, denn schon geht es weiter. Wir wollen zum Waipoua Forest, wo die »Four Sisters« stehen. Dort würden wir dann versuchen, einen Kreis zu bilden, um einen der Bäume zu umarmen.

Bei meinem Versuch, einen Kiwi zu fotografieren, habe ich auf alles draufgehalten, was Federn hat.

Auf dem Weg dorthin sitze ich mit Koro vorne im Minibus. Alex, der Kameramann, und Tommy haben in dem Neunsitzer ganz hinten Platz genommen und tun so, als würden sie nachdenken. Wahrscheinlich schlafen sie einfach.

Während sich unsere kleine Karawane aus Minibus, Wohnmobil und Teamfahrzeug immer tiefer die gewundene Straße in den Wald hineinschlängelt, unterhalte ich mich mit Koro. Der Mann ist ein unglaublich spannender Typ. Anders kann man es nicht nennen. Er ist lustig und wissbegierig, außerdem hat er unglaublich viel Interessantes zu erzählen. Und tut das auch.

Da hat er in mir natürlich einen willigen Zuhörer – und Antworter. Ich erzähle ihm von meiner Vorliebe für Bäume und dem Daraufherumklettern. Er versteht, dass ich es liebe, mit Seil und Gurt in die majestätische Krone einer stattlichen Buche emporzusteigen, weil ich so die Kraft und Energie der Natur hautnah erleben kann, wenn die Äste sich im Wind neigen und mich gegen den Stamm schwingen lassen. Und Koro stimmt mit mir darin überein, dass Wald und Berge eh die einzig sinnvolle Topografie und Nutzung von Erdenraum ist. Oder er widerspricht mir zumindest nicht.

Ich möchte mir an dieser Stelle erlauben, Bernhards Outdoor-Reputation zu untermauern. Mit dem »Herumklettern auf Bäumen« meint er nicht das juvenile Gehangel im dichten Geäst eines Apfelbäumchens. Vielmehr versucht der Kollege gern, sich, gut gesichert durch einen Helm und diverse technische Kletterhilfen, über viele Seillängen hinweg in die Krone eines möglichst hohen Vertreters der Gattung Baum emporzukämpfen. Dabei stehen selbst die höchsten Vertreter der heimischen Flora mit bis zu 50 Meter Höhe auf seiner Liste und werden mehr oder weniger erfolgreich bezwungen. Da ich, als sein eingespielter Seilpartner, nicht selten versuche, ihn bei diesen Vorhaben zu unterstützen, kann auch ich von dem überwältigenden Gefühl berichten, das einen überkommt, wenn man Meter für Meter frei am Seil oder durch »ästrige« Labyrinthe in den sanft schwingenden Wipfel eines lebenden Turms der Wälder emporgestiegen ist und diesen erobert hat. Die Rufe der Begleiter werden leiser, das Rauschen des Waldes schwillt mit jeder Windböe an. Es ist zugig dort oben. Idealerweise überklettern wir das Niveau der umliegenden Baumkronen, und es offenbaren sich ganz oben ein Meer aus Wald und eine umwerfende Fernsicht. Ebenso wie man erst auf dem Rücken eines Elefanten spürt, welch mächtiges, tonnenschweres Getier sich da unter einem befindet, so wird auch die Wahrnehmung eines starken, hochgewachsenen Baumes erst aus der Höhe wirklich erfahrbar. Die zurückgebliebenen Erdlinge wirken aus der vertikalen Ferne wie kleine Insekten, und genauso fühlt man sich selbst, wenn man den dicken Stamm mühevoll heraufkrabbelt.

Auch über die Schwierigkeit, in unserem Kulturbereichskontinuum* mit dem Tod umzugehen, parlieren Koro und ich.

---

* *Zur Erklärung dieser Wortneuschöpfung: Bernhard kann nichts dafür! Bisher verwendete er in vergleichbaren Zusammenhängen gern das Wort Kulturkreis. Ich habe ihm dann jedes Mal in die Rippen getreten und erläutert, dass ein Kreis immer ein Zentrum hat. Quasi einen kulturellen Mittelpunkt. Dort befände sich dann die Hochkultur, und weiter außen schwächt sich ihr Einfluss immer mehr ab. So wollten jedenfalls die »Wissenschaftler« des Nationalsozialismus diese Theorie verstanden wissen. Natürlich auch, um das Zentrum jedweder Kultur nach Mitteleuropa zu verlegen. Deswegen hat man sich nicht nur in der Ethnologie mittlerweile darauf verständigt, von einem kulturellen Kontinuum auszugehen. Das bedeutet: Die Grenzen sind fließend, und jede Ansammlung von Menschen hat ihr eigenes kulturelles Inventar, welches nicht wertend in Beziehung gesetzt wird. Bernhard hat das eingesehen und dieses Konzept nach einigen Hämatomen an seinen Rippen auch freiwillig in seinen Sprachgebrauch übernommen. Dankeschön!*

 Bitteschön. Es hat sich gelohnt. Ich bin aber schon weiter. Auch heutige Vertreter der Gattung »Ichwillmeinen Kulturkreissauberhalten« beobachte ich mit Argusaugen: Herr Seehofer benutzt das böse Wort »Kulturkreis« sehr gerne, um Sätze zu konstruieren wie: »Zuwanderer aus anderen Kulturkreisen brauchen wir nicht!« Ein solcher Satz steht bei ihm wahrscheinlich schon auf Seite 1 so manchen Manuskripts. Dummerweise ist selbst die Zahl schon arabisch. Bah. Dann kippt er einen Korn, dessen Destillation auch eine arabische Erfindung ist, und kämpft gegen Windmühlen, leider auch arabisch. Die arabische Tulpe ist ihm wahrscheinlich egal, weil sie mit Nachnamen inzwischen »Holland« heißt. Sein Essen ist bis auf das Salz nicht-europäisch gewürzt, und wenn die Araber keine so großen Fortschritte in der Medizin gemacht hätten, wüsste er wahrscheinlich nicht einmal, was der Unterschied zwischen Milz und Dickdarm ist, geschweige denn, dass sich solcherlei in seinem Körper überhaupt befindet. Auch das Wissen um die römische Dekadenz und Bedeutung Griechenlands für die kulturelle Herkunft unseres Europas haben wir den Arabern zu verdanken, weil die sämtliche Schriften ordentlich zusammengeführt und abgeschrieben haben, während sich die Leute in seinem, Seehofers Kulturkreis, mit dem Rückbau italienischer Bautechnik befasst haben und alles, was die Besatzer aus dem Stiefelland an Infrastruktur, Hygiene und Kunst mitgebracht hatten, einfach zerstörten. In einem gebe ich Seehofer aber recht: Maorisch ist nicht sehr viel bei uns.

So erzählt er, dass bei den Maori die Verstorbenen aufgebahrt werden und dann das ganze Dorf, der ganze Stamm sowie Freunde und Verwandte vorbeikämen und dabei nicht nur geweint, sondern auch gesungen und gelacht würde. Drei Tage lang. Beneidenswert. Ich selbst kenne das zwar aus meiner eigenen Familie, dass Beerdigungen immer auch ein Ereignis sind, bei dem Geschichten erzählt und Erlebnisse ausgetauscht werden, aber ich denke mal, so wie hier in Neuseeland ist es bei uns dann doch nicht.

 Einen auf den ersten Blick ähnlich entspannten Umgang mit dem unumgänglichen Vorgang des Abgangs habe ich vor einigen Jahren beobachten dürfen, als ich, von Singapur kommend, kurz vor Neuseeland rechts abgebogen bin, auf Bali.

Auf einer Wanderung stieß ich in einem kleinen Ort an der Küste auf eine Prozession, die einem fantasievoll geschmückten thronartigen Gebilde folgte, welches von vielen Männern auf einem Bambusgestell über die Straßen gewuchtet wurde. Zwar trugen einige Leute in dem Gefolge dunkle Hemden, aber ein Großteil der Anwesenden war in farbenfrohe Sarongs gekleidet. Auf einem gewöhnlichen Parkplatz in der Nähe des Strandes machte der Zug halt, und die Menschen verteilten sich im Schatten umliegender Palmen und kleiner Unterstände, die eigens für diese Zeremonie bereitgestellt worden zu sein schienen. Eine Gruppe von Gamelan-Musikern, die zuvor den Zug angeführt hatte, verlud ihre Instrumente und sich selbst auf einen viel zu kleinen Pritschenwagen und verließ die Veranstaltung, bevor sie richtig begonnen hatte. Die Musiker hatten allem Anschein nach ihren rituellen Anteil geleistet.

Kinder rannten spielend umher, und es wurden Getränke und große Platten mit kunstvoll angerichteten Speisen gereicht. Überall auf dem Boden kokelten Räucherstäbchen in kleinen Schalen aus Bananenblättern mit Reis und bunten Blüten darin. Die Situation wirkte wie ein herzliches, wenngleich nicht besonders ausgelassenes Familienfest. Wie es sich für eine solche Zusammenkunft gehörte, kamen natürlich auch eine Vielzahl von Fotoapparaten und Videokameras unter den Feiernden zum Einsatz. Touristen, die sich angesichts der pittoresken Szenerie über die Anstandsgrenze des unbeteiligten Beobachters hinweggesetzt hatten und mit ihren Camcordern recht nah an die Festgäste herangerückt waren, wurden freundlich Obst und andere kleine Köstlichkeiten angeboten.

Nach einer Weile begann ein Mann mit dem Duktus eines Zeremonienmeisters und der Aufmachung eines Grillwürstchen-Verkäufers damit, einige Vorbereitungen an dem bambushölzernen Thron zu treffen. Ein längliches, in weiße Tücher eingeschlagenes Paket wurde mit vereinten Kräften aus dem Innern in ein bereitstehendes kistenförmiges Gebilde aus dicken Bambusrohren geschoben. Tüten unbekannten Inhalts stopfte der Zeremonienmeister in verschiedene Öffnungen des Kastens, dann wurden diese verschlossen. Neben der befüllten Bambuskiste befand sich eine Apparatur, bestehend aus einer großen Gasflasche, an der mittels eines roten Kunststoffschlauchs eine lange metallische Düse befestigt war. Insgesamt handelte es sich hier um einen ausgewachsenen Flammenwerfer. Nur wenige Minuten später hatte der geschickte Einsatz dieses Geräts das komplette Gebilde in einen rauchenden Feuerball verwandelt. Du wirst es ahnen – es handelte sich natürlich um die öffentliche Verbrennung eines Toten. Die Menschen kamen immer näher und standen, so dicht es ging, an den lodernden Flammen, schritten um den brennenden Turm herum und schauten, filmten und fotografierten. Mittlerweile war der eingetuchte Leichnam in einer ausgebrannten Öffnung des Gebildes gut auszumachen. Der Feuerbeauftragte war über eine Stunde lang damit beschäftigt, zu stochern und umzuschichten, damit der Leichnam in seiner prunkvollen Umhüllung sich möglichst gleichmäßig und restlos in einen Haufen Asche verwandeln konnte. Zu guter Letzt kippten einige kräftige Männer den kompletten Thron-Turm auf die Seite und neben die glimmenden Überreste des Bambussarges, sodass der vorherige Sargtransporter kurz darauf ebenfalls Feuer fing. Während alldem hatte sich die Stimmung unter den Anwesenden kaum verändert. Ich weiß nicht, was die Menschen empfanden und ob sie vielleicht ihre Trauer unterdrückten, aber für den unbeteiligten Beobachter wirkte es so, als würden sie gemeinsam mit dem Verstorbenen seinen Übergang in einen anderen Zustand feiern. Es hatte weniger den Anschein eines tränenreichen Abschiedes für immer, nein, es glich eher dem Verabschiedungsfest eines lieben Freundes oder Angehörigen, der nun an einem anderen Ort leben würde, an dem es ihm gut ergeht. Eines Tages würde man ihn wieder treffen.

In den folgenden Tagen auf der Insel Bali habe ich alle Rauchsäulen, die aus dem Dickicht des Waldes in den Bergen und Ebenen emporstiegen, mit anderen Augen gesehen. Ein Bild von menschlichen Seelen, die in freudiger Erwartung gen Himmel steigen, übermannte oft meine gewohnte Ratio.

Die Begräbniszeremonie der Maori wird Tangihanga genannt und kann ähnlich freud- und bisweilen sogar humorvoll verlaufen. Die Seele des Verstorbenen bleibt nach Vorstellung der Maori bis zur Beerdigung im Körper des Toten. Solange der Leichnam im Marae, einer Zeremonialstätte, die besonderen Ritualen und Feiern vorbehalten ist, aufgebahrt wird, lassen die Angehörigen ihn nicht allein. In dieser Zeit fließen viele Tränen, und die Familie, Freunde und Stammesmitglieder haben Zeit, sich von dem Toten zu verabschieden. Nachdem der Körper begraben ist, begeben sich die engsten Freunde und Verwandten wieder zum Marae, 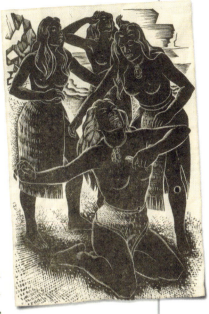 um im Sinne des Toten ein Fest zu feiern. Dabei werden viele Geschichten erzählt, lustige Spiele gespielt und Tänze aufgeführt, mit denen die Trauernden zur Lebensfreude zurückfinden können. Wurden früher noch kunstvolle Schnitzereien zur Erinnerung an die Ahnen des Stammes in das Holz des Marae geritzt, so hängen an den Wänden heute meist Fotos, die daran erinnern, dass der jüngst Verstorbene nun unter den Ahnen weilt, sich aber trotzdem noch in der Nähe der Lebenden befindet. So liegen das Leben, der Tod und auch die Freude am Leben ohne jedes Tabu nah beieinander.

Neben den Ehrungen der Toten sind für mich besonders die lebenden Kauribäume interessant. Noch am Morgen waren es für mich einfach nur Bäume mit einem lustigen Namen, die es zu umarmen galt, doch Koro lehrt mich, dass sie weit bedeutender sind und in der Maori-Kultur eine zentrale Rolle spielen.

So ist der Tāne Mahuta nicht nur der größte Baum dieser Art, sondern auch der Name des Waldgottes, der als Schöpfer verstanden wird. Das ist im Übrigen eine ganz hübsche Geschichte, die entfernt ein wenig an den biblischen Schöpfungsmythos erinnert.

*Am Anfang der mythologischen Geschichte der Maori gab es nichts. Es gab keine Erde, keinen Himmel, keinen Wald, kein Wasser und kein Handy. Es gab nur das Dunkel, es gab nur das Te Kore, man könnte auch »das Nichts« dazu sagen.

Und was ist los, wenn es dunkel ist? Na klar, das Übliche: Papatuanuku, die Erdmutter, und Ranginui, der Himmelsvater, sind beisammen und umarmen die Dunkelheit. Dabei müssen sie sich wohl berührt haben, denn es entstanden ziemlich viele männliche Nachfahren. So genau ist man sich da nicht einig, aber irgendwas zwischen 70 und 77. Es waren die Götter der Maori.

Dummerweise wollten die Eltern sich einfach nicht loslassen, und so lebten die Kinder eingesperrt in der Dunkelheit. Um das zu ändern, fassten einige Kinder den Plan, ihre Eltern zu trennen.

Ein eher radikaler Vorschlag kam von Tāmatauenga, dem Kriegsgott. »Lasst sie uns töten!«, rief er.

---

* Als Quelle habe ich auf die Seite http://www.realnaturetours.com/legende.html zurückgegriffen, deren freie Übersetzung ich frei verstanden und dann frei wiedergegeben habe.

Doch die anderen dachten eher: »Och, nö ... nich jetz direkt soooooo ...«

Deshalb schlug Tāne-Mahuta, der Gott der Menschen und Wälder, vor, dass Mama und Papa sich einfach trennen sollten. Es ist zwar nichts Neues, dass Kinder oft als Erste merken, wenn eine Trennung für alle das Beste wäre. Aber auch bei Göttern?!

Tāne-Mahuta schlug vor, Ranginui sollte im Himmel und Papatuanuku auf der Erde leben. Selbst der Kriegsgott stimmte seinem Bruder zu. Einige sprachen sich jedoch offen dagegen aus, zum Beispiel Tāwhirimātea, der Gott des Windes und Sturmes. Er hatte Angst, dass sein Königreich zerfallen würde.

Egal, es war beschlossene Sache – jeder der Verschwörer würde einmal versuchen, sich zwischen die Eltern zu stellen und sie auseinanderzubringen: Rongomatane, Gott des Ackerbaues, war als Erster an der Reihe. Ihm folgte Haumia-tiketike, Gott der wild gefangenen und geernteten Speisen, dann Tangaroa, Gott der See, und schließlich Tāmatauenga, der uns bereits bekannte Gott des Krieges, aber keiner von ihnen schaffte es.

Doch dann kam Tāne. Er trennte seine Eltern, und auf einmal traf ein Strahl der Sonne die Kinder – sie wurden vom Tageslicht, ao Marama, erleuchtet.

Als es so richtig hell war, mussten sich die Kinder entscheiden, bei welchem der getrennten Elternteile sie künftig wohnen wollten. Tāwhirimātea, der Windgott, und alle, die gegen die Trennung waren, packten ihre Siebensachen und zogen zum Vater in den Himmel. Nicht ohne mit furchtbaren Stürmen noch einmal Rache an ihrem Bruder zu üben.

Nun gab es also Himmel und Erde, Tag und Nacht.

Tāne schaute sich um und überlegte.

Irgendwas fehlte.

Genau.

Stimmung!

Deswegen beschloss er, eine Frau zu erschaffen.

Er lud eine Bauanleitung aus dem Internet herunter, schaute sich bei YouTube ein Tutorial zum Thema an und machte sich ans Werk: Er nahm Lehm aus dem Gebiet Kurawaka, modellierte etwas herum, dann hauchte er dem Klumpen Leben ein und erschuf so Hine-ahu-one – das erdgeformte Mädchen.

Kaum erschaffen, ging es zur Sache, und Tāne und Hine zeugten Hinetitama.

Irgendwann war sie wohl alt genug, und Tāne vereinte sich mit Hinetitama. Bah, Pfui und Schande über ihn.

Irgendwann wurde Hinetitama neugierig und wollte wissen, wer denn ihr Vater sei.

»Ich bin's!«, sagte Tāne, immerhin ein Mann von Ehrlichkeit.

Das hätte er nicht tun sollen, denn der guten Frau war das zu Recht peinlich, und sie floh in die Nacht, um nicht länger gesehen zu werden. Weil sie sich in Rarohenga, der Unterwelt, verkroch, hatte sie bald ihren Ruf weg und nahm einen neuen Namen an: Hine-nui-te- pō, Göttin der Nacht, oder auch der Unterwelt.

Ansonsten änderte sich nicht mehr viel an den Basics auf der Erde. Ranginui, der Himmelsvater, blieb an der Oberfläche, und Papatuanuku, Mutter Erde, blieb unten, um die Kinder zu ernähren.

Zurück zu den Kauribäumen auf der wie auch immer entstandenen Erde. Diese gehören zur Familie der Araukarien, sie sind die größte in Nordneuseeland beheimatete Baumart, ganz grob gesagt so etwas wie monströse Kiefern. Die Größe bemisst sich laut Koro natürlich nicht an der Höhe oder dem Umfang des Stammes, sondern man stellt sie fest, indem man die Holzmasse bis zum ersten Ast erfasst.

Gerade deswegen bin ich sehr beeindruckt, als ich schließlich direkt vor meinem ersten Exemplar der Gattung Kauribaum stehe. Er ist riesig, die Rinde schuppig, und hoch oben in seinen Blättern rauscht der Wind.

Wir stehen vor dem Tāne Mahuta, dem ältesten noch lebenden Kauribaum, der auch »Lord of the Forest« heißt. Mit beinahe 14 Metern Umfang ist auch er einfach gigantisch, zumal die erste Astgabelung in 18 Metern Höhe liegt. Ich blicke an der silbrig-braun schimmernden Rinde empor und habe für einen Augenblick das Gefühl, als ob dieses Gewächs ein Riese wäre, der gleich die Erde von seinen Wurzeln schütteln und losschreiten könnte. Er wirkt majestätisch, durch sein dichtes Blätterdach dringen nur hier und da Lichtstrahlen, die als helle Flecken den Boden erleuchten.

Tāne Mahutas Alter wird auf über 2 000 Jahre geschätzt. Genau könne man das nicht sagen, weil man den Stamm nicht anbohren wolle, erklärt Koro.

Ich äußere die Vermutung, dass das wohl aus spirituellen Gründen unterlassen werde.

Er schüttelt den Kopf.

Vielleicht gebe es hier keine so extremen Jahreszeiten, welche die Ausprägung von Ringen begünstigten?

Koro schüttelt erneut den Kopf.

Dann erklärt er mir, dass man wisse, in welchem Ausmaß der Umfang pro Jahr zunehme. Aus den aktuellen Maßen könne man so das Alter errechnen.

Allerdings ist das genaue Ergebnis der Altersermittlung auch egal, wenn man sich darüber klar wird, dass der Baum in jedem Fall ein kleiner Setzling war, als Jesus noch nicht mal als kleine unbefruchtete Eizelle in Maria herumhuschte, dass die Römer noch nicht anwesend waren und auch die griechische Hochkultur in der Zukunft lag. Der Baum ist nämlich quasi ägyptischen Alters.

Im Schatten dieses Großvaterbaumes versuchen wir auch die ersten Hilfsarbeiter für unser Umarmungsprojekt zu gewinnen. Eine in der Nähe stehende Reisegruppe wird von unserer immer gut gelaunten Neuseelandfachfrau Awesome-Amazing-Katie über das Problem informiert. Hilfsbereit, wie die Neuseeländer nun mal sind, spricht deren Führerin, auch eine Maori, mit der ihr anvertrauten Reisegruppe darüber, dass nun etwas ganz Besonderes anstehe. Anstatt nach Auckland zu fahren, würden sie vorher noch die »Vier Schwestern« zu sehen bekommen. Das sei nur sehr selten möglich.

Während ich noch staune und überlege, wie es wohl wäre, diesen Baum hochzuklettern, schlägt unser Baumführer vor, als Nächstes zu den »Four Sisters« zu fahren. Vielleicht würden wir noch den Te Matua Ngahere besuchen, der sich im selben Waldgebiet befindet und mit über 16 Metern Umfang den dicksten Stamm hat. Folglich wird er auch »Father of the Forest« genannt – wahrscheinlich eingedenk der Bierbäuche vieler Papas. Ob sie denn überhaupt Lust dazu hätten?

»YES!«, kommt es wie aus einem Mund.

Die Baumführerin lächelt uns zu.

So macht sich unsere nun größer gewordene Gruppe auf den Weg zum Te Matua Ngahere und zu den Four Sisters. Koro und ich fahren im Minibus vorne weg, es folgen unser Teamwagen und das Wohnmobil. Die Nachhut bildet der Bus mit der fremden Reisegruppe.

Kaum ist der Parkplatz in der Nähe der Baumgruppe erreicht, steigen wir aus und wären um ein Haar einfach so in den Wald gelaufen. Doch Koro pfeift uns zurück: Zuerst müssen wir unsere Schuhe säubern, damit keine Pilzsporen der Kauri dieback disease zu den Wurzeln getragen wird. Diese greifen den Baum an, die Blätter werden gelb, er stirbt ab. Zu Recht macht man sich ernsthafte Sorgen, dass die gesamte Kauripopulation dadurch zu Grunde gehen könnte. Nicht nur ein harter Schlag für die einheimische Vegetation, sondern auch ein religiöses Desaster, da die Bäume in der Mythologie der Maori eine große Rolle spielen. Evolutionär betrachtet aber wahrscheinlich nur ein kurzer trockener Husten.

Als wir gerade einmal 200 Meter in den Wald hineingegangen sind, hält Koro Elke und mich an. Er zieht eine Filmdose und zwei Pflanzenteile aus seiner Tasche, die er uns übergibt. Dann erklärt er, wie sich der Kauribaum paart. Dabei spielt Elkes Hand den weiblichen und meine Hand den männlichen Part.

Kauris gehören zur Art der Koniferen und innerhalb dieser Pflanzengruppe zu denen, die monözisch, also einhäusig getrenntgeschlechtlich, sind. Das bedeutet, es gibt einen männlichen und einen weiblichen Teil am selben Baum. Und, oh Wunder, der weibliche Teil ist dick und rund, der männliche hingegen länglich. Letzterer hängt oberhalb des Weiberzapfens. Es kommt der magische Moment, in dem der Weiberzapfen sich öffnet und der Männerstängel all seinen Samen von sich wirft, in der Hoffnung, dass einer davon die wohl Eizelle genannten Bioirgendwaselemente trifft. Danach stirbt der längliche Zapfen ab und fällt zu Boden. Das sei das Opfer, das der Mann bringe, aber die 48 Stunden vorher wären es wohl wert, sagt Koro und grinst.

In der folgenden Zeit schwillt der Weiberzapfen auf Tennisballgröße an und sprengt dann seine kleinen Deckschuppen ab. Der befruchtete Keim fällt, sich durch einen Flügel drehend, zu Boden und wird dort zum Sämling. Zumindest, wenn alles gut geht.

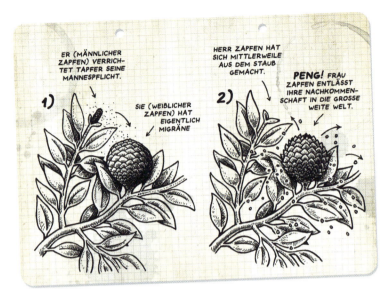

Koro zeigt auf ein kleines Stück Grün. Ein Kauribaumbaby. Die Vorstellung, dass zwischen diesem zarten Pflänzchen und dem Baum, den wir vorhin gesehen haben, über 2 000 Jahre Geschichte liegen, lässt die eigene Lebensspanne sehr kurz und unwichtig erscheinen.

Dann spricht Koro zu meiner Verwunderung ein paar Worte auf Te Reo Māori, wie die Sprache seines Volkes genannt wird, schließt die Augen und – fängt an zu singen! Ich bin doch ziemlich beeindruckt von dieser recht privaten Vorstellung maorinischen Kulturgutes.

Sobald Koro fertig ist, beeilen wir uns, die anderen einzuholen, und legen die restliche Strecke zu den Vier Schwestern zurück. Als wir bei dem Kauri-Quartett eintreffen, planen Tommy und Jakob bereits den Dreh. Während ich mich auf die Aufgabe, die keine Aufgabe, sondern ein Erlebnis ist, vorbereite, informiert die Reiseführerin ihre Gruppe über die Bäume. Plötzlich höre ich Gesang. Die Guide-in trällert ihrer Gruppe etwas vor, während sie einen weiteren Kauri-Baum in der Nähe ansieht. Das gehört wohl zum klassischen Baumpräsentationsritus.

Dann kehrt Ruhe ein. Tommy, der wie so oft einen Hut trägt, unter dem seine Haare wirr hervorstehen, tritt vor und erklärt ruhig und klar, was nun vor sich gehen werde. Wieder einmal überrascht er mich mit der Fähigkeit, auch im Englischen witzig zu sein. Natürlich würde ich ihm das niemals sagen, wer weiß, ob ihm Lob bekommt.

»Sie sind eine Menge, die Bernhard zu sich ruft«, ruft Tommy und benutzt dabei das Wort »crowd«.

»You are the Crowd, we are the Krauts!«, lasse ich mich zu einem kleinen Schenkelklopfer hinreißen.

Keiner lacht, bis auf einen langen, schlaksigen rothaarigen Mann in Shorts und T-Shirt mit schlechten Zähnen. Und schon weiß ich, wer der Engländer in der Runde ist.

»Are you British?«, frage ich.

»Yes, hihi, yes, hihi.«

So schnell bestätigen sich Klischees.

Köstliche Anekdote! Ein Tommy wird von dir durch einen kleinen ethnophaulistischen Spaß zwangsgeoutet. Im Übrigen war »Tommy«, genauso wie »Kraut« oder »Fritz«, ursprünglich eine Bezeichnung für die Soldaten des jeweiligen Landes und keinesfalls eine Art Gruppenschelte für alle Einwohner. Die Begriffe haben sich wohl mit den Jahren verselbstständigt.

Überholt ist die Reduzierung deutschsprachiger Staatsbürger auf ihre angedichtete Lieblingsspeise ohnehin. Mittlerweile haben Franzosen und Amerikaner einen wesentlich höheren Pro-Kopf-Verbrauch an vergorenem Weißkohl als Deutsche! Der bayerische Fernsehjournalist Hans Hermann von Wimpffen, der sich in der Sauerkrautforschung einen Namen gemacht hat, fand zudem heraus, dass das Gärerzeugnis mitnichten eine deutsche Erfindung ist. Er sieht das saure Zentralgestirn im Elsass, und uns Deutsche lediglich auf einer krautigen Umlaufbahn. Zugegeben verleibten sich Preußen wie Nazis das Elsass mit großem Machthunger immer mal wieder ein. Vor diesem Hintergrund erscheint es erst recht bedenklich, uns Deutschen ein Faible für Sauerkraut zu unterstellen. Es gab ja gottlob bisher auch keine ernsthaften Bemühungen, Frikandel oder Pierogi, beides ebenfalls kulinarische Vertreter von Opfern des großdeutschen Expansionswahnsinns, als urdeutsche Mahlzeit zu verkaufen. Ich schweife ab ...

Interessant wäre es allerdings zu wissen, mit welchen kulinarischen Stereotypen die Maori zu kämpfen haben. Über die Gerichte, welche die britischen Besatzer in Neuseeland eingeschleppt haben, möchte ich an dieser Stelle gar nicht weiter nachdenken. Hast du schon etwas anderes serviert bekommen als dicke Fritten und geback-pappte Teigklopse, in denen sich angeblich grätig-schuppiges Getier versteckt?

Es ist schön zu wissen, dass deutsche Wörter auch in andere Sprachen Einzug gehalten haben. Wir sind eben das Land der Dichter und Denker.

Ich habe mich in Neuseeland mal nach maorischen Rezepten umgesehen und musste feststellen, dass in diesen durchweg mit Früchten gekocht wird – allerdings nur mit solchen, die von den Europäern mitgebracht und angepflanzt worden sind. Quasi als lebende Speisekammer sollten sie später noch einmal zurückkehren.

Zugegebenermaßen wird dort vor allem britisch gegessen. Dass heißt, es geht nicht zwingend um lecker, sondern um satt.

 Wie bedauerlich. Kein Wildschwein aus dem Erdofen namens Hangi? Keine Paua, also Meeresschnecken, Langusten, Muscheln oder Fische? Weder Beeren noch Kawa-Kawa-Wurzeln oder Blätter vom Horopitobusch fanden den Weg auf eure Teller? Wenn ich auch bei der Acker-Gänsedistel einen leicht bitteren Vorgeschmack empfinde.

Schließlich bilden wir einen großen Kreis, um die Umarmung zu starten. Natürlich ist es ein bisschen gemogelt, weil ich den Baum eigentlich allein umschließen sollte. Aber die haben einfach einen zu großen Umfang. Überdies erwies es sich als hinderlich, dass ich nicht bis an den Stamm herantreten durfte. Da es hier einen Steg gibt, der gleich vier der Kauribäume umgibt, lässt sich dieses Problem aber bewältigen. Die Four Sisters sind kleiner als die Riesensetzlinge ihrer Art. Aber ich schaffe es. Gemeinsam mit Menschen aus aller Welt: Malaysia, Österreich, USA, Schweiz, Deutschland, Japan, Niederlande, Engländer und Neuseeländer in Gestalt von Maori und Europeans ... So was nenn ich »eine Welt«. Wer sich so etwas ausdenkt und schreibt, wird wegen Kitschalarm in rosa Plüsch gepackt.

Trotzdem reicht es nicht ganz, und so ziehen die Leute Uhren aus, Jacken und Gürtel und benutzen diese als Armverlängerung, um den Kreis zu vergrößern. Als der Kreis geschlossen ist – ich habe es schon geahnt -, singt Koro den Bäumen erneut ein Lied.

Die Menschen im Kreis blicken nach oben, schließen die Augen, wiegen sich hin und her. Eine Dame mit Batikhemd lehnt sich nach vorne und legt den Kopf in den Nacken, sie scheint in eine Art Trance gefallen zu sein. Ich nicht, ich kann sie sehen...

Nach einer Weile, und ich bin wirklich kein Esoteriker, fangen die Äste über uns auf einmal an zu rauschen. Der Baum scheint uns zu antworten.

Irgendwann löst sich der Kreis auf, und Alex macht die Kamera aus. Das ist die große Stunde von Claudia, der immer lächelnden Produktionsleiterin. Sie ist dafür verantwortlich, die Bildrechte der Teilnehmer einzuholen. Alle sind noch ganz beommt von der Gemeinschaft, dem Blätterrauschen und Singen, und ihr quillt ein Berg Papier aus den Armen, und Stifte klemmen zwischen ihren Fingern. Aber sie macht das mit einer solch fröhlichen Leichtigkeit, dass niemand daran denkt, es könnte schlecht sein, mit verklärtem Blick von der ganzen Welt gesehen zu werden.

Abschließend treffen wir, das Team und die okkupierte Reisegruppe, uns alle noch einmal auf einer kleinen Lichtung. Nun erklärt Koro allen Anwesenden einmal mehr, wie sich der Baum vermehrt. Ein Mann, eine Frau werden nach vorne gerufen. Koro zückt seine Filmdose und erklärt, wie sich der männliche Samen ums Leben bringt und danach zu Boden fällt. Das sei das Opfer, das der Mann bringe, aber die 48 Stunden vorher seien es wert. Nach der Explosion des weiblichen Zapfens folgen wieder Sätze in der Sprache der Maori und – ich habe es schon vermisst – Gesang.

Anschließend zeigt Koro uns noch einmal den kleinen befruchteten Samen.

»Alles hat einen Anfang«, sagt er dann.

Dieser Satz löste in mir eine Kaskade von philosophischen Assoziationen aus – die mir aus dem Philosophie-Unterricht an der Schule vage im Gedächtnis geblieben sind -, was Koro wahrscheinlich gar nicht wollte.

Die Aussage »Alles hat einen Anfang« ist dem kausalen Gottesbeweis des Thomas von Aquin durchaus nicht unähnlich. Schon Aristoteles hatte behauptet, alles müsse eine Ursache haben und es müsse deshalb auch eine »erste Ursache« geben. Der christliche Denker hat das übernommen und sagte, der erste Anfang sei Gott. Man verzeihe mir den kleinen und mit Sicherheit lückenhaften Abriss der 2 500-jährigen Philosophie-Geschichte in wenigen Zeilen.

Unabhängig von der Bedeutung und Richtigkeit dieser Aussage zeigt das aber, wie sehr sich doch das Denken der Menschen ähnelt – ganz egal, wo und wann sie auf dieser Erde gelebt haben oder leben. Ich selbst zweifle das Postulat der ersten Ursache allerdings an. Warum kann nicht alles schon dagewesen und nur einer ständigen Veränderung unterworfen sein?

Ich gebe aber zu, dass mich sowohl mein Respekt als auch meine nur rudimentären Sprachkenntnisse davon abhielten, darüber in einen längeren Disput mit Koro einzutreten.

Falls es dich interessiert: Ich möchte genauso wenig in diesen grundlegenden philosophisch-theologischen Diskurs einsteigen. Ich bekomme schlicht und einfach immer Kopfschmerzen, wenn ich versuche, mir vorzustellen, dass alles schon immer vorhanden gewesen sein soll. Dass es keinen Anfang und kein Ende gibt. Ich werde ja schon auf langweiligen Partys ramdösig, die sich ewig hinziehen ... Andererseits, wann immer ich mal kurz dafür offen

war, mich der theologischen Argumentation anzuschließen, um nicht bekloppt zu werden, ist das in die Hose gegangen. Denn ich nahm in diesem Zusammenhang einfach mal an: Alles hat einen Anfang ... und fragte mich etwa drei Sekunden später: Was war denn davor? Etwa nichts? Wie funktioniert denn so ein Nichts? Und dann bekam ich Migräne mit Brechdurchfall. Alttestamentarische Evolutionstheorien sind einfach nichts für mich.

Ich möchte nicht im Detail auf die Frage eingehen, ob es mich interessiert, aber immerhin bringt mich das Wort des Herrn Zimmermann, der hier dem Namen nach durchaus eine berufliche Verwandtschaft zu Religionsstiftern hat, auf einen weiteren Gedanken: Das Alte Testament macht es einem eigentlich leicht. Gott ist da und fängt an, eine Erde zu bauen. Da muss man nicht nachdenken. Das glaubt man einfach, oder auch nicht. Schwieriger macht es einem das Johannes-Evangelium, also das vierte Buch im Neuen Testament: »Am Anfang war das Wort, und das Wort war bei Gott, und das Wort war Gott ...« Meint er Jesus? Oder was ist das Wort?

Ich finde es erstaunlich, dass es Menschen gibt, die sich eher mit einem beginnenden Schöpfer abfinden können als damit, dass alles schon immer irgendwie war und immer irgendwie sein wird. Insbesondere, weil die Welt, die wir innerhalb unserer Lebensspanne kennenlernen, doch genau das zeigt: Alles ist schon dagewesen, und alles dauert fort. Endlichkeiten von Zeit und Raum liegen temporär recht weit entfernt.

Mir selbst fällt es leichter, Heraklits Vorstellung zu folgen: »Alles ist im Fluss und ständiger Veränderung unterworfen«.

Aha ... das sagtest du bereits einige Zeilen zuvor! Das Prinzip der Repetitio und dein Unvermögen, das Johannes-Evangelium theologisch zu durchdringen, machen es mir aber auch nicht leichter zu glauben, dass Eier und Hühner beide bereits immer vorhanden waren. Also immer eines früher als das andere. Eine unendliche Geschichte. Rückwärts. Ad infinitum. Ich krieg schon wieder Migräne...

Doch dann kommt der Moment des Abschieds. Ich hätte noch den ganzen Tag, wenn nicht sogar die ganze Woche mit Koro durch diesen Wald wandern können, um mehr über die Mythologie der Maori zu erfahren, aber auf mich wartet noch eine andere Aufgabe: Ich darf einen Kauribaum pflanzen.

Ich gehe also unter die Gärtner. Ob ich einen grünen Daumen habe, wird man dann in 3000 Jahren sehen können.

Zuerst ist aber noch eine kurze Erholungspause angesagt: Wir wollen zum Waipoua Visitor Center und ein paar Hundert Meter davor machen wir an einem äußerst idyllischen Flecken halt: Hier gibt es eine große Wiese, die einen leichten Hang hinab zu einem breiten Fluss führt, der, aus dichtem Grün kommend, in einem breiten Flussbett an mir, der ich mich nun ans Ufer gestellt habe, vorüberzieht. Leichte Stromschnel-

Man beachte den Riesenfarn auf der anderen Seite des Flusses, der macht dieses österreichische Idyll zu etwas Exotischem.

len lassen ein Plätschern in der Luft zurück, während sich das Wasser weiter seinen Weg bahnt. Auf der anderen Flussseite befinden sich Farne und Palmen, aber auch Laubbäume und kleinere Sträucher. Diese Mischung aus österreichischem Bach und tropischem Regenwald geben dem Ort eine ganz besondere Atmosphäre.

Schon nach kurzer Zeit ist die Pause zu Ende. Wir fahren die restlichen 300 Meter und biegen auf den Parkplatz des Besucherzentrums ein. Hier soll es stattfinden, das Kauripflanzen.

Das Land samt der beiden Hügel und dem dazwischenliegenden Tal, in dem wir uns befinden und an dessen Fluss wir gespeist haben, gehört den Maori. Die Bäume auf der einen Seite des Tales sind allerdings Eigentum des neuseeländischen Staates. Es handelt sich fast komplett um nichtendemische Nadelhölzer, welche aber abgeholzt und durch einheimische Flora ersetzt werden sollen. Für einzelne Bäume kann man Pate werden und sie selbst pflanzen – das ist die Aufgabe, die mich hier erwartet. Mein »Patenkind« ist ein fünf Jahre alter Kauri, der auf der Ladefläche unseres kleinen Lasters steht, in den ich nun steige.

Der Pate! »Sag mirr, warum du gesungen haast so viel«

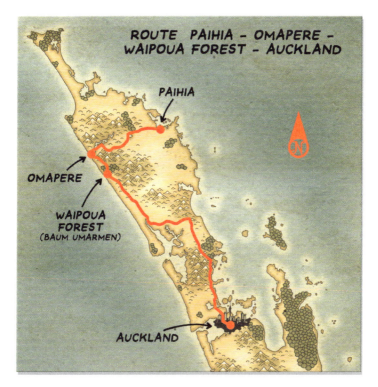

Natürlich bin ich nicht alleine. Den Wagen fährt unsere persönliche Pflanzungsbetreuerin. Eine Maori des hier ansässigen Stammes, die für die korrekte Setzlingsversenkung verantwortlich ist. Sie fährt mit uns einen holprigen Forstweg hinauf und hält auf einer Parkfläche an. Wir verlassen den Wagen und stellen uns an den Rand des Platzes, von dem aus man einen hervorragenden Rundumblick hat. Dort machen wir ein Foto.

Anschließend laufen wir den Berg wieder hinunter. Von der schönen Aussicht profitiert nur unser Fotoapparat, nicht aber der Baum. Nun geht es zum Ort der Einpflanzung.

Das gesamte Prozedere ist eher deprimierend und irgendwie leicht »touristisiert«: Der Weg zur Pflanzungsstelle ist frei, alle Wurzeln sind beiseitegeräumt, das Loch ist bereits ausgehoben und wurde nur mit lockerer Erde wieder aufgefüllt, damit ich es auch ja nicht zu schwer habe.

Aber so einfach, wie ich mir das vorstelle, lässt sich die Aktion dann doch nicht angehen, zuerst spricht meine Pflanzlehrerin ein paar Worte Te Reo Māori und – ja: Sie singt.

Danach darf ich die losen Schollen aus dem Boden heben, den Baum einsetzen und seine Wurzeln mit Erde bedecken.

Anschließend erklärt sie mir die Fortpflanzungsstrategien dieser Pflanze: Es gibt einen männlichen, einen weiblichen Teil, der eine stirbt, der andere explodiert. Als sie mit der Erklärung fertig ist, JAAAAAAAAAAAA, wird wieder gesungen.

Ich bin ja recht neugierig und oft selbst davon überrascht, wie leicht es mir fällt, soziokulturelle Alltagsrituale zu übernehmen. Aber hier stoße ich an meine Grenzen. Einzelne Pflanzen besingen und ihnen Glück und wahrscheinlich Segen wünschen, das fällt mir nicht leicht.

Es fällt mir ja sehr schwer, dich von deinem hohen ethnozentrischen Ross zu kicken, aber an dieser Stelle bist du einfach zu nah an einem Hindernis vorbeigeritten. Ich erinnere mich noch gut, dass es eine Zeit gab, in der du es alles andere als befremdlich fandest, in ritueller Weise sogar leblose Einrichtungsgegenstände anzusingen. Meist geschah das nicht in den duftenden Weiten eines kraftstrotzenden Waldes, sondern in einer düsteren und nach Räucherwerk muffelnden Halle. Zusammen mit anderen fielst du immer wieder auf die Knie, erhobst die Arme gen Himmel oder nesteltest kryptisch vor Gesicht und Oberkörper herum. Natürlich nicht ohne mit woh-

ligem Schauer Worte aus einer lange vergangenen Zeit im Chor mit anderen zum Besten zu geben. Unablässig starrtest du auf ein verblichenes Schnitzwerk, das einen Mann darstellen sollte, der ganz offensichtlich bei lebendigem Leibe an ein Lattengerüst genagelt worden und vollkommen blutüberströmt war.

Mit großem Interesse würde ich es verfolgen, wenn deine neue maorische Gartenfreundin dich in diesem soziokulturellen Umfeld beobachtete. An welche Grenzen interkultureller Toleranz würde sie wohl stoßen, wenn sie solche Gebräuche mit ihren Hymnen an die lebendigen Vertreter von Mutter (oder Vater) Natur vergleichen würde?

Zum Schluss darf ich dem Baum noch einen Namen geben. Ich taufe ihn Treewi, »triwi« gesprochen, eine Mischung aus »Tree« und »Kiwi«. Die Idee dahinter stammt aus einem Gespräch mit Koro, der sagte, dass der Baum wachse und den Vögeln Nahrung und Schutz gebe, die wiederum Nahrung für den Menschen seien. Somit hänge alles miteinander zusammen. Mit dem Namen wollte ich nun also deutlich machen, dass der Baum und der Kiwi als Vogel zusammengehören, als untrennbare Einheit.

Ich brauche den halben Weg zurück, um der Frau, die das betreute Pflanzen leitet, das Bild verständlich zu machen. Es ist halt schwierig, wenn ein Deutscher versucht, englische Wortspiele zu erklären…

Sie ist jedoch so höflich, am Ende Verstehen zu signalisieren. Nebenbei fragt sie auch noch nach dem Namen unserer kleinen Reisegruppe. Der solle mit auf ein Schild, das dann neben dem Baum stünde.
Darauf bin ich natürlich nicht vorbereitet und muss mir schnell etwas ausdenken. Da »Werbeteam« irgendwie voll unromantisch klingt, entscheide ich mich für Tommys Vorschlag.

Seinen zweiten, um genau zu sein.

Der erste hat was mit Brot und Handpuppen zu tun, der andere lautet »Infantree«. Eine Mischung aus »Infants« und »Tree«, der Baum ist ja noch ein Kind, und wir sind heute ebenfalls den ganzen Tag wie kindliche Fußleute durch den Wald und um Bäume herumgelaufen, die wir wie Kinder bestaunten.

Ich will ihr das gerade erklären, aber da ist die Frau schon weg. Ich höre sie nur noch leise in der Ferne singen …

4 | AUCKLAND
Rundflug auf die Stadt

Heute besuchen wir Auckland. Ich hege eigentlich keine große Begeisterung für Städte: dicht aneinandergereihte Steinmauern, Menschenströme, die sich über enge Fußgängerwege wälzen. Straßen mit lauten Autos, die stinken, und jeder Blick zerschellt bereits nach 50 Metern an der nächsten Werbetafel.

Auch kann man in Städten kaum etwas tun außer essen und shoppen. Ersteres finde ich gut, ist aber irgendwann erledigt. Letzteres ist nix für mich. Ich bestelle lieber im Internet.

Zugegeben, hin und wieder lasse ich mich in einer Stadt natürlich doch ganz gerne von ihren kleinen Eigenheiten überraschen: von einem Museum, einem schönen Gebäude oder einem besonderen Platz.

Jetzt muss ich als leidenschaftlicher Städter aber wirklich einen kleinen, spitzen Kiekser des Entsetzens unterdrücken! Du bist doch angeblich an der Historie von uns Erdenbürgern interessiert!? Dass urbane Lebensräume aufs Fressen und Shoppen ausgerichtet sind, gilt doch wohl eher für zentrumsferne Shopping Malls. In den Ballungsräumen haben sich Menschen hingegen von jeher dem Fortschritt und der Kultur zugewandt und dabei nicht unerhebli-

che Spuren hinterlassen, die es heute noch zu bestaunen gibt.

Nehmen wir ein Städtchen wie Paris. Dort gehören zu den »kleinen Eigenheiten« allein 160 Museen. Und schon der Louvre ist dabei mit 60 000 Quadratmetern, einer Sammlung von 380 000 Werken und ungefähr 38 000 ausgestellten Exponaten nicht gerade als klein zu bezeichnen. Ich verzichte an dieser Stelle darauf, die »schönen Gebäude« oder »besonderen Plätze« in dieser Metropole aufzuzählen. Aber an fast jedem dieser Orte siehst, riechst, hörst und spürst du den Geist der Geschichte. Und die umfasst hier fast 2 300 Jahre zivilisatorischen Umgangs mit der Umgebung. Du wandelst auf Pflastersteinen, über die schon Heerscharen von Römern gelatscht sind, betrittst Versailles durch dieselbe Pforte wie der Sonnenkönig vor vielen, vielen Jahren und spürst die gleiche, leicht modrige Atmosphäre in der Kathedrale Notre-Dame de Paris wie Napoléon Bonaparte, als er sich dort 1804 zum Kaiser krönte.

Bevor du mir jetzt mit »Jaaa... Paris...« kommst, sei versichert, dass ich dich in dem Fall mit mindestens 350 weiteren Städtenamen, die ich historisch für bedeutsam halte, bombardieren werde.

Ich gebe zu, dass ich da ein heißes Pflaster betreten habe: Immerhin käme ich selbst nie auf die Idee, aufs Land zu ziehen. Zu sehr liebe ich die Nähe zu Orten der geselligen Zusammenkunft. Auch die Vielfalt an Freizeitmöglichkeiten, die ein urbanes Konstrukt zu bieten hat, ist natürlich nicht zu unterschätzen. Nur in der Stadt habe ich die Möglichkeit, Freunde meinen Interessen entsprechend zu suchen,

statt meine Neigungen den Vorlieben der ortsansässigen Bevölkerung anzupassen.

Auf Reisen liegt es mir jedoch fern, Großstädte aufzusuchen. Da bin ich lieber möglichst nah an und in der Natur. Und ehrlich gesagt ist auch die Vielfalt an Erfahrungsmöglichkeiten, die ein Ökosystem zu bieten hat, nicht zu unterschätzen.

Na, dann bist du doch in Neuseeland genau richtig. Viel Land, wenig Stadt. Eine gewaltige Ausnahme bildet der Großraum Auckland. Falls dir durch deine latente Urbanophobie einige interessante Fakten nicht vermittelt werden konnten, seien sie zur Sicherheit hier nochmals erwähnt:

Die Gegend um Auckland liegt im Gebiet des Pazifischen Feuerrings, die Stadt selbst ist auf einem Basaltfeld nicht mehr aktiver Vulkane erbaut. Schon in vorkolonialer Zeit wohnten hier bis zu 20 000 Maori in befestigten Dörfern, Pā genannt. Solche Einwohnerzahlen wiesen in jenen Tagen auch New York oder Rio de Janeiro auf, allerdings hatten es sich dort schon eine Menge Europäer gemütlich gemacht.

Als die Menschen aus der »alten Welt« auch in Auckland ankamen, brachten sie eine Menge Waffen unters Volk, was unter den Maoristämmen Konflikte auslöste. Außerdem schleppten die Europäer Krankheiten ein, welche die indigene Bevölkerung zusätzlich dezimierte. Die Einwanderer kauften schließlich einige Gebiete von den Stämmen auf – darunter auch das heutige Stadtzentrum von Auckland.

Diese Perle am Pazifischen Ozean, die vom Hügelland Hunua Ranges gen Südosten begrenzt wird, stand nach der Unterzeichnung des Vertrags von Waitangi auf der

Hotlist der möglichen Hauptstädte. Letztendlich wurde es aber dann doch Wellington, weil man auf der Südinsel Gold fand – ein unschlagbares Argument, denn die Verantwortlichen befürchteten, dass sich der Süden mitsamt seinem Reichtum abspalten würde, und verlegten das politische Zentrum ans südliche Ende der Nordinsel.

Seitdem 2010 verschiedene Kommunen zusammengelegt wurden, ist Auckland, obwohl es nicht zum Regierungssitz gemacht wurde, mit 1,3 Millionen Einwohnern die größte Stadt des Landes, in der rund ein Drittel der neuseeländischen Bevölkerung beheimatet ist. Ein Großteil der Zuwanderer, die in Neuseeland vorübergehend oder lebenslang sesshaft werden möchten, lässt sich in Auckland nieder – damit ist die Metropole ein spannender Schmelztiegel vieler Nationen. Dies macht sie darüber hinaus zur kulturell vielfältigsten Stadt des Landes. Die enorme Menge an Freizeitmöglichkeiten, die Fülle von Kunst und Kultur, die günstige Beschäftigungssituation, attraktive Bildungseinrichtungen und vieles mehr führen dazu, dass Auckland im Städte-Ranking eines großen Beratungsunternehmens in der Liste der weltweit lebenswertesten Städte an vierter Stelle geführt wird.

So weit, so gut – nur der Rest der vorwiegend ländlich lebenden Neuseeländer scheint es nicht verstehen zu können, was diese Stadt so besonders macht. Unter den Liebhabern des schönen grünen Landes wurde für die Bewohner schnell die Fremdbezeichnung Jafa (Just Another Fucking Aucklander = noch so ein §§%&$ Aukländer) gefunden. Die städtische Tourismuszentrale machte aus der Schmach eine Tugend und deutete Jafa 1999 einfach um zu »Just Amazing Fun-Filled Auckland« oder, wieder persönlicher, in »Just Another

Friendly Aucklander«. Beleidigungen können so schön sein ... werden.

Für Auckland werfe ich meine Vorurteile natürlich gern über den Haufen und gehe offenen Herzens auf die Stadt zu beziehungsweise durch sie hindurch zum Hotel, wo wir übernachten.

Nach einer erholsamen Nacht sitze ich am Frühstückstisch, den Laptop vor mir, und arbeite mich in die Materie ein. Zunächst fällt mir auf, dass die Maori mit ihrer Namensgebung weitaus kreativer waren als die Eingewanderten. Tāmaki Makaurau, wie Auckland auf Te Reo Māori heißt, bedeutet: »Eine junge Schönheit mit tausend Liebhabern.«

Tāmaki Makaurau ist übrigens auch einer der sogenannten Maori Electorates, also ein Wahlkreis, in Neuseeland.

Vielleicht ist das die Gelegenheit, kurz auf das Wahlsystem in Neuseeland einzugehen. Nein, wenn ich ehrlich bin, habe ich das ohnehin nur geschrieben, um einen Grund zu besitzen, eine der Besonderheiten des neuseeländischen Wahlsystems auseinanderzupflücken.

Das neuseeländische Parlament hat meist 121 Sitze. Gewählt werden die Abgeordneten in 63 Wahlkreisen, in denen sowohl – per Verhältniswahlrecht – Parteien als auch – per Persönlichkeitswahlrecht – Personen gewählt werden können. Zusätzlich gibt es im Parlament Sitze, die nur von Maori besetzt werden dürfen – erst waren dies vier, heute sind es sieben. Diese werden auch nur von Angehörigen der Ureinwohnerschaft gewählt. Zu diesem Zweck hat man die eben bereits erwähnten, sich mit anderen Wahlkreisen überschneidenden Electorates gebildet. Erstaunlich ist es allerdings, dass die Maori bereits vor den Pākehā das allgemeine Wahlrecht besaßen.

Ich beginne, mich tiefer ins Wahlsystem einzuarbeiten. Auf einmal tauchen unvermutet zwei Fragen auf: Wer sagt eigentlich, wer Maori ist? Und haben die dann zwei Stimmen? Eine für den Maorivertreter und eine für den »normalen« Wahlkreis-Abgeordneten?

Noch bevor ich eine Antwort finden kann, bricht im Team organisatorische Hektik aus. Unsere Reisegruppe ist eigentlich perfekt, dennoch gibt es hin und wieder kleine Schwierigkeiten. Jetzt unterbricht mich Claudia, die diesen Morgen für alle gestalten darf, mit einem Lächeln.

»Macht es dir was aus, schon loszufahren?«, will sie wissen und weist darauf hin, dass wir auf die andere Seite des Waitemata Harbour, nach Devonport, wollen. Das Ganze sei nur mit dem Schiff möglich, und das fahre halt nicht immer. Wir müssen die Fähre um Viertel nach neun erwischen.

Ich schiebe sofort mein Omelett zur Seite. Noch einmal traurig auf das zerstampfte Ei geschaut, und schon bin ich auf dem Weg in den Aufzug. Bevor sich die Tür schließt, schiebt sich Claudia vor die Tür und grinst entschuldigend.

»Doch nicht«, sagt sie. »Wir fahren 'ne Stunde später.«

Das ist natürlich kein Problem. Bei einer solchen Produktion müssen viele Menschen mit ihren verschiedenen Aufgaben unter einen Hut gebracht werden. Als Darsteller stehe ich da quasi am Ende der Nahrungskette. Wenn der Kameramann seine Speicherkarten besorgt hat, das Kostüm fertiggebügelt ist und der Regisseur noch einmal überlegt hat: »Was mach ich hier eigentlich?«, dann komme ich. Und natürlich funktioniere ich wie ein Uhrwerk. Die Präzision dieses Zeitanzeigers schwankt allerdings zwischen einer Atomuhr und einer Aufzieh-Uhr, die nur über ein Mist-ich–hab-den-Schlüssel-verloren-auch-egal-Uhrwerk verfügt.

Die soeben entstandene Pause von einer Stunde ermöglicht es mir, noch einmal aufs Zimmer zu gehen und es mir gemütlich zu machen. So fläze ich mich aufs Bett und beschließe kurze Zeit später, meinem Körper eine Warmwasserentspannung in liegendem Zustand zu gönnen.

Als ich gerade in die Badewanne, gefüllt mit angenehm temperiertem Wasser und veredelt mit dem hoteleigenen Schaumbad, steigen will, klopft es an der Tür. Ich greife hektisch nach einem der Kleidungsstücke, die ich kurz zuvor systemfrei im Zimmer drapiert habe und das ich auf die Schnelle erwischen kann: einem einzelnen T-Shirt. Zumindest kann ich jetzt schamfrei öffnen, wenn ich mich hinter das Türblatt stelle und meinen Körper nach rechts in starke Schräglage bringe.

Das Lächeln steht mir gegenüber. Ich spreche von dem Lächeln, das ich heute schon zwei Mal gesehen habe. Und aus dem lächelnden Mund kommt die Frage, ob ich doch schon bereit wäre, jetzt zu gehen. Ich blicke an mir hinab, in den Bereich, der vom Hotelflur aus nicht zu sehen ist, und sage: »Nein, is grad schlecht.«

Mein Begehr nach etwas mehr Zeit wird davon unterstützt, dass das Wasser im Bad noch hörbar aus dem Duschkopf in die Wanne strömt.

Lächelnd wird mein Wunsch akzeptiert. Die Tür fällt ins Schloss, ich drehe mich erleichtert um und sehe dann in den Spiegel.

Mit nachträglich errötetem Gesicht tauche ich ein in die schaumigen Fluten meiner gekachelten Sanitär-Oase.

Irgendwann nimmt dann auch diese Stunde Ruhe ihr Ende und der Tag fängt an.

Die drei Vorschläge für heute gehen wir durch, als wir im Bus sitzen:

Zunächst kam von einem Jona die Idee, »einen Segeltörn zu starten und in Sichtweite einer großen Hafenstadt in einsamen Buchten vor Anker zu gehen.« Ich finde es eigentlich schade, dass er von den Usern nicht gewählt wurde. Einsame Bucht, Segeln. Das klingt nicht nach Anstrengung. Und Tommy würde schon herausfinden, wie man es danach in fesselnde Bilder packen konnte.

Dann war da der Vorschlag »am Piha Beach im Baywatch-Outfit zum Rettungsschwimmer zu werden«. Dem habe ich vorgebeugt und bereits im Vorfeld der Reise das ein oder andere Mal in einer TV-Sendung meinen entblößten Oberkörper zur Schau gestellt. Das hatte dazu geführt, dass die User kein weiteres Interesse an meiner nackten Haut äußerten. Daher verbannen wir diesen Vorschlag auf den noch freien zweiten Platz. Bedauerlich. Denn dieser Strand ist für die Auckländer ein beliebtes Ausflugsziel. Dort werden außerdem regelmäßig Folgen der TV-Serie Piha Rescue gedreht. Das klingt nach einem Hasselhoff-Cover mit Kiwifüllung, ist aber eine Doku über reale Rettungseinsätze am Strand. Nachdem ich mir einige Seiten im Internet zu Strand und Leuten angesehen habe, bin ich, ehrlich gesagt, froh, dass dieser Kelch an mir vorübergeht. Menschen werden von Strömungen mitgerissen und gegen Felsen geschleudert, oder sie kommen aus Wasserstrudeln nicht mehr ohne Hilfe heraus. Soweit ich sehen konnte, waren das, was sich mir im Netz darbot, Aufnahmen aus dem Sommer – und jetzt ist Frühling. Das Meer wusste noch gar nicht, dass es für mein persönliches Wohlbefinden wärmer sein sollte.

Und zu guter Letzt findet sich unter den vorgeschlagenen Aufgaben noch »ein 360-Grad-Spaziergang in 192 Meter Höhe rund um den äußersten Ring des berühmten 328 Meter hohen Sky Tower in Auckland City«. Und die Schwarmintelligenz war sich einig: Dieser Vorschlag gewinnt. Wahrscheinlich, weil sich die Internetgemeinde sicher gewesen ist, mir damit am ehesten den Garaus machen zu können.

Katie leitet alles in die Wege, unser Skywalk ist nach einem langen Telefonat, das sie mit den Verantwortlichen im Himmelsturm führt, auf 14 Uhr terminiert. Um den Morgen nicht zu verbummeln, beschließen wir, eine kleine Stadtrundfahrt mit Führung zu machen. Natürlich mit Kamera, um meine Neugier zu dokumentieren.

So finden wir uns am Hafen vor dem Fähranleger ein. Hier treffen wir Jo, unsere persönliche Assistentin für Auckland. Sie ist Mitarbeiterin des örtlichen Tourismusverbandes und wird uns mit Ortskunde den Tag über begleiten. Sie ist Anfang 20, lange schwarze Haare, aber ansonsten besteht sie eigentlich nur aus Worten: Aus ihr sprudeln die Informationen nur so heraus, und ich habe Mühe, das Gesagte in eine Art Bassin der Erinnerungen zu betten. Quasi mein Denkarium des Tages.

Wir fahren also zuerst nach Devonport. Ich frage Jo, ob der Name mit dem Devon zusammenhängt. Ob vielleicht ein Felsen gegenüber von Auckland City aus dieser geochronologischen Periode stamme und deshalb ... Sie kürzt ab: Nein. Der Ort sei nach der Grafschaft Devon in England benannt, und die wiederum sei Namensgeber für das Erdzeitalter Devon, weil dort in Südengland Steine vorkämen, nach denen man das Erdalter benannt habe. Bevor ich noch einmal nachfragen kann, wie das alles genau zusammenhängt, streicht sich Jo ihre langen schwarzen Haare hinter die Ohren, und aus ihrem Mund quellen bereits völlig andere Fakten in Form von monsterwellenartigen Sätzen.

Wir spazieren an schönen alten Häusern vorbei, Mangold wächst mitten im Roundabout und zwischen den Laternenmasten. Ich erfahre unter anderem, dass der wohl erste europäische Entdecker dieses Fleckchens Erde ein Franzose war. Das kann ich mir gut vorstellen, da ich auf Anhieb unendlich viele Cafés ausmachen kann, die überall in den Häuserzeilen untergebracht sind.

Wir kommen an einem Kino mit Namen »Victoria« vorbei. Es soll das älteste und am längsten ohne Unterbrechung laufende Kino der Südhalbkugel sein. Also laufen im Sinne von »geöffnet«. Da ist natürlich kein besonders langer Film zu sehen ...

In der Nähe, so erfahren wir, befindet sich auch die größte, vielleicht sogar die einzige militärische Marinestation Neuseelands.

Mangold? Das ist doch dieses spinatige Gestrüpp mit den großen Blättern? Ganz erstaunlich, dass du das sofort erkannt hast. Wie kommst du zu dieser Salatkompetenz – haben sie dir das auf den Big Mac gelegt?

Bevor ich mich wieder auf eine kulinarische Debatte einlasse, beackere ich lieber das Thema »Marinestationen in Neuseeland«.

Wie viele es davon gibt, kann ich leider noch nicht sagen, aber es können nicht so sehr viele sein, denn die königlich-neuseeländische Marine besitzt lediglich zwei Fregatten und acht kleinere Schiffe. Auch der Rest der Streitkraft* ist relativ bescheiden ausgestattet. Im Moment gibt es keinen einzigen Panzer, geschweige denn ein Kampfflugzeug. Und das, obwohl sich die Maori selbst eine historische Mentalität nachsagen, bei der sie sich im Streitfall, statt zu diskutieren, lieber kräftig auf – meist jedoch durch – die Mütze gehauen haben. Die Neuseeländer begründen die Einrichtung einer solchen Mini-Armee mit der isolierten Lage und den guten Beziehungen zu den Nachbarländern. Das ist so löblich wie unlogisch: Dem Förster am Waldesrand, der einen freundschaftlichen bilateralen Austausch mit den nächstgelegenen Bauern pflegt, kann ich es jedenfalls auch nicht verübeln, sich mit der dicken Flinte im Schrank sicherer zu fühlen.

---

* Die Bezeichnung »New Zealand Defence Force« ist entgegen internationaler Gepflogenheiten ganz bewusst im Singular gehalten. »Three services as one force«, gemeint sind die drei Teilstreitkräfte, ist das auf der Homepage werbewirksam postulierte Motto hinter dieser Idee. Pazifisten begrüßen, dass die Strategen der Mini-Armee sich vor allem in den Think Tanks der Marketingabteilung engagieren.

Es freut mich, dass du hier eine Lanze für die Bewaffnung der mitteleuropäischen Waldrandbewohner brichst, aber dein Förster am Waldesrand schützt sich mit seiner Flinte ja eher gegen Wild. Eine vergleichbare zivile Verteidigung ist in Neuseeland nicht an der Tagesordnung: Das neuseeländische Militär wird unterdurchschnittlich oft gegen Haie, Wale und Muscheln eingesetzt. Es hatte im Laufe seiner Geschichte andere Aufgaben. So kämpften Soldaten der neuseeländischen Truppen zum Beispiel um 1900 an der Seite Großbritanniens in Südafrika im zweiten Burenkrieg.

Es sollte nicht die einzige größere Schlacht bleiben, in der die Kiwisoldaten die Interessen eines anderen Landes vertraten und Verluste erlitten. Da war zum Beispiel auch die Schlacht von Gallipoli – es handelte sich dabei im Ersten Weltkrieg um die erste Militäraktion für die Neuseeländer. Natürlich auf Seiten der Engländer. Diesmal gegen das Osmanische Reich.

Die Niederlage in jener Schlacht führte zum Rücktritt des damaligen Marineministers Churchill, ja, genau dem, der dann später andernorts Karriere machte. Diese Schlacht war für die Neuseeländer so ein Schock, dass der Jahrestag der Landung auf der türkischen Halbinsel heute noch als einer der wichtigsten Nationalfeiertage gilt. Am Australian-and-New-Zealand-Army-Corps-Day, kurz ANZAC-Day, wird der über 16 000 gefallenen Soldaten im Ersten Weltkrieg gedacht.

Zu Beginn des Zweiten Weltkrieges bauten die Engländer so schnell neue Flugzeuge, dass sie nicht genug Piloten hatten. Daher griffen sie besonders auch auf neuseeländische Air-Force-Soldaten zurück. So opferte Neuseeland im Laufe des Krieges etwa 10 000 Menschen.

Im Vietnamkrieg wiederum stellte sich Neuseeland gegen den Willen Großbritanniens auf die Seite der USA, da diese ihm Schutz im Kalten Krieg anboten. Die freundliche Unterstützung wurde 1986 wieder aufgehoben – die Regierung der Vereinigten Staaten zeigte sich wenig erfreut über Neuseelands Auflagen, keine nukleargetriebenen oder mit Nuklearwaffen bestückten Schiffe in einheimische Häfen einlaufen zu lassen. Da die USA grundsätzlich nichts über die Bewaffnung oder den Antrieb ihrer Schiffe preisgeben, machten sie dann irgendwann gar keine Angaben mehr. Noch nicht mal, ob sich überhaupt ein Schiff in neuseeländischen Gewässern befand. Das ist so, als wenn ein Mitglied einer Jagdgesellschaft nicht sagt, wo es auf der Pirsch liegt, und sich daher eventuell genau vor deiner Flinte befindet.

Zeugt aber auch von einem enormen neuseeländischen Selbstbewusstsein – wie bei einem kleinen bäuerlichen Jagdverpächter, der einem vermögenden Großindustriellen und seiner kompletten Jagdgesellschaft den Zutritt zu seinen Ländereien verbietet, weil die nicht sagen wollen, welche Flinte sie im Sackerl haben. Respekt!

Die Frage bleibt natürlich, wie er dann das im Garten wühlende Wildschwein loswird, das ihm erst die Ernte vernichtet und später vielleicht die Familienmitglieder anknabbert.

Am Geländer auf dem Weg von und zur Fähre am Hafen von Devonport sind Strick-Graffiti angebracht: Ein paar Aktionisten haben so eine Art Socke oder Schal gestrickt und die

dann ans Geländer genäht. Sieht lustig aus und ist auch für die Atemwege besser als Sprayen. Zumindest für die Künstler.

Auf der Rückfahrt sprechen wir über Rugby. Sprechen ist vielleicht zu viel gesagt – vielmehr hält uns unsere Tagesbetreuerin Jo einen Vortrag darüber: Die letzte Rugby-WM fand vom 9. September bis 23. Oktober 2011 in Neuseeland statt und, wenn man Jo Glauben schenkt, stand das halbe Land Kopf. Egal, dass das Event über 150 Millionen

Was ich bis heute nicht verstanden habe ist, wie man die Dinger da drumherum *kriegt. Ich habe keine Naht gesehen.*

Euro gekostet hat, irrelevant, dass fast 100 000 Gäste aus dem Ausland kamen. Neuseeland war in Hochstimmung! Überall waren Flaggen zu sehen. Als damals die Mannschaft aus Tonga nach Hause fliegen musste – ich vermute wegen Niederlage, einer Turnierkrankheit, die die meisten Teilnehmer befällt -, kamen so viele Tongaer zum Flughafen Auckland, dass der Verkehr völlig zusammenbrach. 11 000 müssen es gewesen sein. Wahnsinn.

 Wie jetzt, Wahnsinn?! Nur 11 000 Tongaer, so heißt es korrekt, zu Besuch bei einem Rugbyspiel von nationaler Bedeutung? Und das, obwohl Rugby der wichtigste Nationalsport in Tonga ist! Außerdem wohnen die doch direkt um die Ecke. Also für eine ozeanische Inselgruppe jedenfalls gehört Neuseeland mit 2 000 Kilometer Entfernung noch zum Veedel*.

Bei mir ums Eck in der Köln-Arena spielen ein paar Jungs gelegentlich Eishockey und machen damit die Bude voller. Oder diese Kicker mit der Ziege aus Köln-Müngersdorf: Da kommen zu jedem Spiel fast 40 000 Leute zum Gucken auf den Bolzplatz. Und dieser Fußballclub ist nach meinem laienhaften Verständnis ebenfalls nicht mehr von nationaler Bedeutung. Letzteres

---

* Veedel: rheinländische Bezeichnung für eine städtische Ansammlung von Wohnraum mit starkem soziokulturellem Zusammenhalt und wichtigen Gewerbeflächen (Eckkneipe, Büdchen, und Kneipe, die nicht an einer Ecke liegt). Die einzige soziologische Begründung dieser Einheit liegt zumeist im gemeinsamen Verzehr von wässrigen bierhaltigen Getränken (endemische Bezeichnung: Kölsch). Die Auslagen können von der Gemeinschaft getragen werden. (Quelle: »Trink doch ene mit« Bläck Föös, 1971). Der kollektive Vollrausch wird im folgenden zu anregenden Diskussionen im Bereich Ballsport genutzt. Der Tenor ist überwiegend optimistischer (»et hät noch immer joot jejange«) bis fatalistischer Natur (»et kütt, wie et kütt«).

würde ich allerdings nicht lautstark in der nächsten Eckkneipe formulieren.

Eine rasche Recherche half mir allerdings, die Zahlen ins richtige Verhältnis zu setzen. Der unabhängige Inselstaat Tonga besteht aus den 169 Inseln, die ehemals unter dem Namen Freundschaftsinseln bekannt waren. Nur 35 Eilande des von einem König regierten Landes sind überhaupt bewohnt. Im Übrigen hatte Tonga als einziger Staat in Ozeanien das Glück, nicht von einem europäischen Land kolonialisiert worden zu sein.

Neben dem König wohnen dort nur noch ungefähr 100 000 andere Tongaer. Es waren also mehr als 10 Prozent der kompletten Bevölkerung zu diesem Rugbyspiel angereist!

Wenn wir Deutschen so begeistert von unserem liebsten Nationalsport wären, würden sich knapp 9 Millionen Fans auf den Weg zur nächsten Fußball-WM machen. Das wäre bestimmt lustig, macht's vor den Wurstbuden aber auch ganz schön knubbelig. Gar nicht auszudenken, wenn die Chinesen eine ähnliche Begeisterung für Ballsportarten entwickelten. Die rückten dem Gastgeber dann mit 130 Millionen Leuten auf die Pelle. Also: Hut ab, Tonga! »Hinter der Mannschaft stehen« hat hier eine völlig andere Bedeutung. Vermutlich handelt es sich dazu auch noch komplett um Fachpublikum, denn 20 Prozent der Tongaer sind aktive Rugbyspieler. Wie das allerdings zu den Ernährungsgewohnheiten im Pazifikstaat passt, ist mir schleierhaft. Denn über 90 Prozent der Bevölkerung sind nach dem allgemeinen Bodymass-Index übergewichtig. Es herrscht hier wohl ein Hang zu kalorienreicher und maßloser Verköstigung. Tonga ist somit eines der dicksten Rugby liebenden Länder der Erde...

Das war mir neu. Ein kurzer Blick in die große Sammlung des Weltwissens, und ich sehe, dass die Lebenserwartung in Tonga bei 75 Jahren für Männer und 80 Jahren für Frauen liegt. Mich dünkt, dass meine aus diversen Dokumentationen gespeiste Vermutung »dick gleich langlebig« eine Bestätigung findet.

Da 11 000 Tongaer bestimmt nicht schwimmen, sondern fliegen, ergeben sich daraus alleine zwölf prallgefüllte A380-800, die sich auf den Weg von Tonga nach Neuseeland und zurück gemacht haben müssen. Dummerweise fliegen keine so großen Airbusse den Inselstaat an, denn die längste Start- und Landebahn Tongas ist nur 2 681 Meter lang. Ein Flugzeug dieses Kalibers braucht aber so um die 2 700 Meter, sonst zerschellt es bereits nach der Landung und man braucht sich über die Startstrecke gar keine Gedanken mehr zu machen.

Also nehmen wir das nächstkleinere Flugzeug, eine Boeing 747. Die fasst allerdings nur rund 467 Passagiere, macht damit schon mal 26 Maschinen zum Fantransport. Und die können auch alle starten und landen, weil dafür nur 1 400 Meter von Nöten sind. Dummerweise wird es auf dem Rollfeld dann aber sehr voll, denn mit allen Passagieren an Bord brauchen diese großen Vögel 3 000 Meter Teer. Schon kommt niemand mehr weg, und es gibt einen Riesen-Stau aus vollbeladenen 747ern vor der Startbahn, bevor ein paar fleißige Helferlein die Runway verlängert haben. Ich gebe allerdings zu, dass meine Quellenlage hierzu etwas schwach ist. Ich habe das in einem Was-ist-Was-Buch meiner Kindheit nachgesehen.

Wie auch immer, festzustellen ist jedenfalls, dass zu Zeiten der Rugby-WM ein reger, aufwendiger und kom-

plexer Flugbetrieb zwischen den beiden Inselgruppen geherrscht haben muss.

Vielleicht hat sich die gute Jo aber auch einfach geirrt, und es waren viel weniger Rugby-Fans aus Tonga angereist, als sie dachte. So zwölf, oder so.

Gut gerechnet, Bernhard. Aber die größte tongaische Gemeinde außerhalb des Inselstaates befindet sich in – jetzt kommt's: Neuseeland. Die meisten sind also einfach mit dem Auto gefahren ...

Zum Referatsthema passend, steuern wir das Rugby-Endspiel-Stadion an, wo die Neuseeländer Frankreich dann im Finale besiegt haben. Das ist hier das Ereignis schlechthin gewesen. Die große Sportarena heißt Eden Park. Park wird hier etymologisch im Sinne von Rasen verwendet.

Das Stadion hat einiges mitgemacht. Die Anzahl der Sitzplätze war während des WM-Turniers von 40 000 auf 60 000 aufgestockt worden. Wir sind nun Zeugen der »Abstockung«: Die Gerüste werden gerade wieder abgebaut.

Vor dem Haupteingang steht eine abgefahrene Skulptur. Der Begriff »stehen« ist allerdings leider falsch. Sie »liegt« in der Luft und soll Michael Jones darstellen, wie er irgendeinen total wichtigen, weltbe... also polynesienbewegenden Touchdown schafft, mit dem er die Neuseeländer so begeisterte, dass sie ihm ein Denkmal setzten. Welche Bedeutung es in Wahrheit auch haben mag, es sieht einfach super aus.

Michael Jones ... als Ballsport-Legastheniker blieb mir hier nur übrig, in der Wikipedia nachzulesen, aber das sollte als Quelle bei einem Sportler wohl reichen. Was dieser gute

Mann Tolles vollbracht hat, steht da schön aufgelistet drin. Natürlich handelt es sich bei Jones um einen Ausnahmesportler, der eine so ungeheure Wichtigkeit für die Schlagkraft der neuseeländischen Rugby-Nationalmannschaft, die legendären All Blacks, besaß, dass man ihn bereits zu Lebzeiten mit diesem Denkmal ehren wollte. Sein Spitzname ist »Iceman«, weil er angeblich über eine gewisse Coolness im Auftreten verfügt und auch, weil er seine durch diverse Verletzungen geschundenen Knochen ständig mit Eisbeuteln entschwellen musste. Spannender noch finde ich die Konsequenz, mit der er seine Religion im Zusammenhang mit seinem Beruf praktizierte. Als gläubiger Christ verweigerte er es grundsätzlich, an Sonntagen zu einem Spiel anzutreten. Aus diesem Grund wurde er zur Weltmeisterschaft 1995 nicht mehr aufgestellt, da er dann zum Viertel- und Halbfinale nicht erschienen wäre.

An allen vier Ecken des Stadions befinden sich Statuen von mythischen Maori-Wesen. Leider ist das Gelände gesperrt, so dass wir nicht über den frisch gemähten Rasen flanieren können. So machen wir uns auf zum höchsten Vulkankrater Aucklands. Davon gibt es hier ganz viele. Die Stadt selbst ist auf 48 Vulkanen erbaut. Von diesem hier kann man auch die 50 Inseln sehen, die zu dieser Stadt gehören.

Hinter uns liegen die Häuser dicht an dicht, während sich vor uns die Innenstadt erhebt, mit dem Sky Tower als markantestem Gebäude. Am Horizont wechseln sich grüne Hügel, Meer und Wolken ab.

Der Krater, an dem wir stehen, ist zugleich die höchste Erhebung von Auckland und heißt Mount Eden. Benannt nach George Eden, dem ersten Earl von Auckland, gab er auch dem umliegenden Stadtbezirk und zu guter Letzt dem Stadion seinen Namen. Für die Maori ist er ein Heiligtum, dessen genaue Bedeutung niemand so recht erklären kann. Aber trotzdem ist es nicht erlaubt, den Krater zu betreten. Daran hält sich eigentlich auch jeder, bis auf ein komisches japanisches Kamerateam, das bei dem verzweifelten Versuch, den Moderator noch etwas spektakulärer auf dem abschüssigen Grün zu platzieren, fast in den Schlund hineinkugelt.

Kein Wunder jedoch, dass die Japaner dort filmen wollen – mit seinen 196 Metern über dem Meer bietet die Erhebung einen schönen Überblick. Von hier aus kann man über Auckland City, das Geschäfts- und Bankenviertel, zum Stadtteil Mount Eden und bis zu einem anderen Vulkankegel schauen, dem One Tree Hill.

Mount Eden, im Hintergrund der Skytower. Sieht gar nicht so hoch aus.

Dieser »Ein-Baum-Hügel« hat eine interessante Geschichte: Erst einmal eine lange kriegerische: Maori bekämpften sich untereinander und nahmen ihn abwechselnd ein, bis es eines Tages jemandem für längere Zeit gelang, die Anhöhe für sich zu beanspruchen. Dieser Stammesfürst nannte sich Kiwi Tamaki und regierte das umgebende Land, wurde durch Zölle erst reich, dann überheblich, und verlor letztendlich bei einer Vergeltungsschlacht sein Leben. Es ging wieder hin und her, bis schließlich die Europäer kamen – dann war erst mal Ruhe. Aus Sicht der Engländer jedenfalls.

Außerdem rankt sich ein Mythos um die Anhöhe:

 Während einer Nord-Süd-Tournee bekam ein Häuptling einen Sohn. Ich denke mal, das kann man in diesem Zusammenhang so formulieren, weil das Frauenbild der Maori zu jener Zeit in etwa dem europäischen bis ins 20. Jahrhundert und dem kirchlichen bis ins 21. Jahrhundert entsprechen dürfte. Traditionsgemäß trennte der Stammeschef die Nabelschnur durch – damit war er weiter als die Männer hier bei uns zur selben Zeit – und vergrub diese auf dem nächsten Hügel. Da er die Trennung nicht wie sonst üblich mit einem Stein, sondern einem Ast durchgeführt hatte, wurde dieser an derselben Stelle verbuddelt. Aus ihm wuchs ein Baum, der Ort wurde zu einer heiligen Stätte.

Als Staatsbedienstete und freie Siedler des englischen Königs vorbeikamen, stand also ein Baum auf dem Hügel. Deswegen nannte man den Ort »One Tree Hill«, auch auf die Gefahr hin, dass er später mit einer gleichnamigen amerikanischen Teenie-TV-Serie verwechselt werden könnte.

Nun hatten die Eroberer zwar die Angewohnheit, sich total über neue Länder zu freuen, diese dann aber doch umzugestalten. Wie man halt gerne neue Wohnungen bezieht, aber erst mal die Tapeten runterreißt, die Wände streicht und Nägel in die Wände donnert, egal, was der Vermieter davon auch halten mag.

So verfuhren auch die Engländer mit Neuseeland und fällten die einheimischen Bäume, die dummerweise gar nicht so schnell nachwachsen wollten, wie man das gern gesehen hätte, so dass sie bei der Aufforstung auf heimisches Gewächs wie Pinien, Kiefern und dergleichen zurückgriffen. Es steht zu vermuten, dass sie auch mit dem ursprünglichen Gehölz auf dem Ein-Baum-Hügel kurzen Prozess machten und dieses durch gewöhnliches Nadelholz ersetzten.

Aber alle Bäume gingen ein, und so standen 1960 nur noch zwei Bäume, von denen auch noch einer gefällt wurde. Die übriggebliebene Kiefer auf dem One Tree Hill erregte den Unmut der Maori. Sie wurde von einigen als Provokation empfunden, weil ein solcher Baum nun einfach gar nicht hier nach Neuseeland gehörte und daher mehrfach beschädigt wurde, bis schließlich im Jahr 2000 die Fällung unumgänglich war.

Das Vorgehen der Briten veränderte nicht nur einen Hügel, sondern die gesamte Landschaft Neuseelands. Und es ist nicht abzusehen, ob die Einwanderer beim Auszug den Zustand wiederherstellen werden, den sie damals vorgefunden hatten.

Unsere Tagesreiseleiterinfachfrauortskundige Jo hatte just an dem Tag, als der Baum niedergestreckt wurde, ihren ersten Arbeitstag gehabt. Sie kann sich noch genau daran erinnern, wie voll der Berg und die Straßen darum herum waren. Reihenweise seien Menschen, aber nicht nur Maori dorthin … ja, man kann sagen, gepilgert. So eine große Bedeutung hatte der Baum noch für einen großen Teil der Bevölkerung, obwohl er doch gar kein Original war. Sie brachen Splitter des Stammes ab und nahmen sie mit.

Einen rechts, einen links fallen lassen

Immer noch werde diskutiert, was für ein Baum in Zukunft auf dem Hügel stehen solle, erzählt uns Jo. Vorerst hat man dort nun einen Obelisken platziert, der ist auch schön und verliert vor allem keine Nadeln.

Unsere Tour ist am Ende, wir machen uns auf zum

höchsten Gebäude der Südhalbkugel, dem Sky Tower, wo die Tagesaufgabe, die natürlich auch heute keine Aufgabe ist, auf mich wartet. Einmal soll ich oben drum herumlaufen und dann einfach runterspringen. Nichts leichter als das ...

uuuuuuuund Hopp

5 | ROTORUA
Von fremder Kultur durchdrungen

Nachdem die gestrige Arbeit mit einem Sprung aus 192 Metern Höhe endete, sind wir abends noch mal lecker essen gegangen. Es war ein wenig wie zu Hause, man fühlt Heimat: Eine Sushi-Bar.

Jetzt, frisch und munter, ausgeschlafen, voller Energie und Tatendrang, fit, vor Kraft strotzend, erwarte ich die neue Aufgabe des Tages, die natürlich keine ... aber wem sag ich das ...

Mit Blick auf die drei Vorschläge findet mein Favorit leider keine Mehrheit: »Sich in Schluchten abseilen und von Glühwürmchen faszinieren lassen«, hatte Simon aus Euskirchen vorgeschlagen.

Ich muss zugestehen, dass sich dieses Vorhaben für Filmaufnahmen nicht eignet. Es ist in Schluchten weder dunkel genug, noch sind Glühwürmchen besonders hell. Sicherheitshalber hatten wir zwar schon einmal eine Lichterkette besorgt, für den Fall, dass wir zeigen wollten, wie es hätte aussehen können. Aber alle im Team sind nun froh, dass wir diese spektakuläre Bändigung der Vertikalen nicht umsetzen müssen.

Mir selbst reißt es das Herz aus dem Leibe. Allein die Vorstellung, fernab der Heimat dem von mir so geliebten Hobby Klettern nachzugehen, erfüllt mich mit Freude. Das leise Surren, wenn das Seil durch die Hände gleitet, das Klackern des Karabiners am Gürtel, das sanfte Hin- und Herschwingen. Und alles quasi auf dem Kopf, weil auf der anderen Seite der Erde. Aber leider wird nichts daraus. Schade.

Auch der andere Vorschlag, »ein Rugby-Training in einer der besten Rugby-Schulen des Landes zu absolvieren«, bekommt nicht genug Stimmen. Darüber bin ich allerdings erleichtert. Da ich erst vor Kurzem einen Sprung aus 192 Metern überlebt habe, steht mir nicht der Sinn danach, als Nächstes zwischen gutgepolsterten starken Menschen zu sterben.

Es wird daher der dritte Vorschlag: »Tanz den Haka mit, natürlich in Originaltracht.«

Heute machen wir also eine Reise in die andere Kultur, an deren Ende ich den traditionellen Tanz der Maori beherrschen sollte. Wir fahren von Auckland 200 Kilometer gen Süden nach Rotorua, genauer nach Te Puia. Als wir ankommen, machen wir uns gleich auf den Weg zum New Zealand Māori Arts & Crafts Institute.

Wie man hier sehen kann, mussten noch ein Bild und zwei Übersetzungen auf das Schild gepackt werden, damit es nicht so leer aussieht, wenn man den Namen in eine Reihe schreiben möchte.

Hier soll man die Geschichte und Kultur der Maori nicht nur sehen, sondern auch erleben können. Ich bin sehr gespannt, welche Eindrücke das bei mir hinterlassen wird.

Wir besuchen Māori-Pā Te Puia, ein Dorf des Stammes der Tuhourangi-Ngati Wahiao, das Teil einer ehemals weit größeren Verteidigungsanlage war. Inzwischen ist es auch zu einem Besucherzentrum umgestaltet worden und bietet einen Einblick in Leben und Arbeit der hier beheimateten Maori.

Zuerst soll ich mit einem Lehrer den Haka lernen und nachher im Versammlungshaus Te Aranui a Rua sehen, wie der Tanz von den Maori getanzt wird.

Von Anfang an bin ich fasziniert von dem Dorf. Das Areal ist von hohen Holzpalisaden umgeben, sodass es von außen nicht eingesehen werden kann. Es ist nur durch einen einzigen Eingang zu betreten. Dieses große Tor durchschreite ich nun. Dahinter befindet sich ein kleiner Platz mit fünf Waharoa – geschnitzten Toren, von denen jedes kleiner als das vorherige ist. Sie symbolisieren die Stufen der Entwicklung unserer Welt. Vom Anbeginn des Universum bis zu Pflanzen und Tieren in all ihren Formen.

Dann betrete ich Te Heketanga-a-rangi. Ein Rund aus zwölf verzierten Holzstämmen, in deren Mitte ein Stein aus Nephrit-Jade auf einem runden Betonsockel ruht, über den Wasser fließt. Hier begrüßt mich eine Maori, die sich mit dem berühmten Hongi, dem Nasengruß, als HuiHeidi vorstellt. Jedenfalls ist das die phonetische Beschreibung des Namens, welche in meiner Wahrnehmung verbleibt, als sich unsere Nasen wieder voneinander lösen.

HuiHeidi erklärt mir, dass ich mit meiner Geschichte, mit dem ganzen spirituellen Erbe von Generationen, hierhergekommen sei. Ich solle meine Hand an den von Wasser umflossenen Betonsockel halten und die feuchte Hand dann auf den darauf liegenden Jadestein legen. So würde ich meine Geschichte mit anderen teilen oder abgeben, oder mir die Erlaubnis von eben jenen Ahnen holen ... Ich verstehe es leider einfach nicht.

Daraufhin weist HuiHeidi auf die uns umgebenden Holzstämme, die »guides« genannt werden. Es sind zwölf an der Zahl, und sie sind mit Gesichtern und Ornamenten verziert. So wie ich das verstehe, symbolisiert der obere Teil eines jeden Schnitzwerkes Elemente des Kosmos.

Bei der Zahl zwölf hat es bei mir direkt geklingelt – und richtig: Jeder Guide steht für einen Monat. Allerdings beginnt das Maori-Jahr mit dem örtlichen Winter im Juli und endet im Juni mit dem Herbst. Der Tod steht immer am Ende. Gibt es eine Kultur, in der die Jahreseinteilung im Winter beginnt?

Moment: »Gibt es eine Kultur, in der die Jahreseinteilung im Winter beginnt?« Mal recherchieren ... Ich meine, mich erinnern zu können, dass es irgendwo auf unserem Planeten sogar mehrere große Stämme geben soll, die einen Ritus entwickelt haben, bei dem sie das neue Jahr mit einem großen Fest gebührend empfangen. Meist trinken sie in enormen Mengen kohlensäurehaltige Getränke, die sie in einen Rauschzustand versetzen, und zünden dann mit Sprengstoff gefüllte Pappröllchen. Manche lachen sich auch über einen Film in ihren persönlichen Panoptikumsen schlapp, bei dem ein betrunkener Butler sich ständig wegen eines Tigerkadavers auf die Schnauze legt. Und das Beste – ich habe in einer Randnotiz gelesen: Ihr Jahresbeginn, Neujahr oder 1.1. nennen die das, ist im Winter. Jedenfalls für 850 Millionen Menschen auf der Nordhalbkugel.

Ich bin zutiefst bestürzt. Da unterläuft mir ein kleiner Fehler, ein Lapsus, ein Irrtum, ein Versehen, ein Missgeschick, ein Falschwort, eine Dummheit, eine Panne, ein Ausrutscher, ja, vielleicht sogar eine Entgleisung. Und anstatt, dass du schriebst: »Winter? Du meinst sicherlich Sommer?«, ziehst du über mich her, stellst mich in die Ecke, wo sich die Deppen sammeln. Weißt du was? Ich bin gerne da. Die nehmen mich, wie ich bin. Also, noch mal: Gibt es eine Kultur, in der die Jahreseinteilung im Sommer (in Worten: Sommer) beginnt?

Keine Ahnung ...

Wenn man nach meinem Geburtsmonat geht, ist mein »Guide« der März. HuiHeidi ist ganz überrascht, dass dieser auch der Guide der Darstellung ist, also zu mir als Schauspieler passt. Bevor hier astrologische Konzepte Anwendung finden, möchte ich erwähnen, dass es sich um eine Ex-post-Betrachtung handelt. Das Plätschern des Wassers noch im Ohr und den Blick der zwölf Holzstatuen im Rücken, gehe ich ins Marae. Dies ist ein abgegrenzter Bereich, der zeremoniellen Zwecken vorbehalten ist. Ein Weg führt geradewegs auf das Versammlungshaus zu, und rechts und links davon erstreckt sich eine Rasenfläche, die insgesamt etwa so groß wie ein Tennisplatz ist.

Hier warte ich auf einen Maori, der mir als Tanzlehrer zur Seite gestellt wird. Während ich so dastehe, blickt Tommy sich bereits um und plant die nächsten Einstellungen. Dann sehe ich ihn. Nicht Tommy, sondern den Maori-Lehrer, der zwischen den Gebäuden einen Weg entlangschreitet: lange Haare, freier Oberkörper, um die Hüfte einen Umhang, ebenso um die Schultern, und natürlich ein Gesichts-Tattoo, das sogenannte Tā moko. Als er nahe genug herangekommen ist, erkenne ich, dass es nur aufgemalt ist, trotzdem wirkt es nicht weniger beeindruckend als ein echtes.

Er stellt sich vor. Obwohl ich mir unbedingt seinen Namen merken möchte, will es mir nicht gelingen. Schließlich bin ich schon aufgeregt genug wegen des Tanzes, den er mir in nur einer Stunde beibringen will, und habe einfach andere Gedanken im Kopf.

Zum einen hege ich die Befürchtung, dass es sich vielleicht nur um eine Touristenattraktion handeln könnte: »Oh, der Wilde zeigt dem weißen Mann den Haka.« Ich bin einfach kein Freund von gespielter Kultur, von vorgegaukelter Natürlichkeit.

Aber als wir anfangen, bekommt die Lehrstunde sofort etwas Persönliches und entfernt sich damit vom befürchteten Kitsch.

Diese Erfahrung gehört mit zu den eindrucksvollsten Dingen, die ich bis jetzt auf meiner Reise erlebt habe.

Mit ganz ruhiger Stimme erklärt mein Lehrer mir, dass der Haka ein Tanz sei, der zu verschiedenen Anlässen aufgeführt werde, sei es nun bei einer Feier, einer Bestattung oder – und das ist sein bekanntester Zweck – zu einem Kampf.

Einiges weiß ich schon darüber. Es gibt verschiedenste Formen des Haka-Tanzes, und das nicht nur in Neuseeland, sondern in ganz Polynesien. Sehr deutlich sieht man diese Unterschiede vor den Spielen der All Blacks, der neuseeländischen Rugby-Nationalmannschaft. Hin und wieder gibt es Bewegtbilder im Zwischennetz, die heißen so was wie »All Blacks vs. …«, und das kann dann Australien, Tonga oder Samoa oder ein anderes Land in der Nähe sein. Wenn man genau auf die Bewegungen achtet, sieht man die feinen Unterschiede. Ich bin mir sicher, dass genaue Analysen zeigen, dass diese wie immer fließend sind. Ich denke das Wort Kontinuum findet hier wieder seinen Platz: Wir leben nicht in einer Welt mit verschiedenen

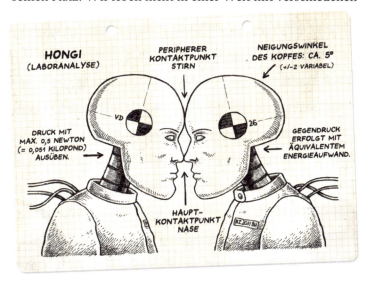

Rassen, Sprachen und Kulturen, sondern alles geht ineinander über, eine Grenze ist nicht erkennbar.

Nun stehe ich also einem leibhaftigen Maori-Krieger gegenüber. Sehe in seine Augen, spüre seinen Händedruck. Und wir begrüßen uns dabei natürlich wieder mit diesem Nasenstups, bei dem mir bis zum Schluss unklar ist, ob ich dabei die Augen schließen oder offen halten sollte und ob sich die Stirn mit der des Partners berührt oder nicht.

Leider kann ich dir in Bezug auf den Status deiner Augenlider keine theoretische Hilfestellung geben. Zum Rest der nasalen Begrüßung schon. Ein Konsens bei den regional leicht unterschiedlichen Vorgehensweisen besteht allerdings darin, dass sich Stirn und Nase sanft berühren sollten. Dabei schüttelt man sich die rechte Hand. In einigen Gegenden ist es angesagt, dass die Linke eine Umarmung andeutet, oder dass man den Arm des Gegenübers sanft berührt. Der Sinn der Übung besteht darin, dass man den anderen wahrnimmt und ein Austausch des Atems stattfindet.

Die leichte Brise aus den Lungen des Begrüßungspartners steht hier klar als Metapher für die Lebensluft, also die Seele des Menschen. Man gibt das Innerste preis und lässt den anderen daran teilhaben. Unweigerlich kommen mir an dieser Stelle Bilder von vorabendlichen Tsatsiki-Experimenten, eimerweiser Kräuterschnaps-Degustation oder ähnlichen Verköstigungen in den Sinn.

Nach Auffassung des Tuhoe Maori Aktivisten Tame Iti dient der Hongi nicht nur dazu, freundschaftlich verbundene Personen angemessen zu begrüßen, sondern auch dem Zweck, etwas über seinen Feind zu erfahren. Alle Sinne geschärft, komme man so dem Gegner besonders nahe und erhalte ein klareres Bild seiner Konstitution.

Weigerte er sich in der Vergangenheit noch, neuseeländische Politiker mit dem Hongi zu begrüßen, sieht er es mittlerweile als Vorteil an, seine Feinde auf diese Art und Weise zu empfangen. Und als Feinde empfindet er eben alle Politiker aufgrund der Historie der neuseeländischen Regierung im Umgang mit den Maori. Bekannt ist er übrigens nicht nur für sein nasales »En garde«, sondern ebenfalls für die Praxis des Whakapohane. Dieses maorische Ritual macht unmissverständlich die persönliche Einstellung zu einem bestimmten Sachverhalt klar: Es handelt sich dabei um die demonstrative Entblößung des Gesäßes, welche in Neuseeland die gleiche Aussagekraft wie in den meisten anderen Teilen der Welt besitzt. Die Verknüpfung dieser beiden Rituale erscheint mir aber eher unüblich und beschränkt sich wohl auf politische Aktivisten vom Schlage eines Tame Iti.

Nun beginnt die eigentliche Aufgabe meines Maori-Tanzlehrers: Er will mir einen Kampf-Haka beibringen.

Zunächst stelle ich meine Füße fest auf den Boden und klopfe mir auf die Oberschenkel. Bei jedem zweiten Schlag, sozusagen auf die eins und die drei, stampfe ich mit dem rechten Fuß auf. Dieser Teil solle die Verbundenheit mit der Erde und die eigene Standhaftigkeit symbolisieren, erklärt mir mein Lehrer. Da ich mich stark konzentrieren muss, um nicht aus dem Takt zu kommen, falle ich fast um. Von Standhaftigkeit ist zwar genauso wenig zu merken wie von Verbundenheit mit der Erde, aber ich bin guten Mutes.

Die Tatsache, dass mein Gegner leicht nach hinten, ich dagegen mit dem Kopf nach vorne gebeugt kämpfen, lässt keine Rückschlüsse auf meine Überlegenheit zu, sondern ist nur meiner falschen Körperhaltung geschuldet.

Wir sind nur zu zweit und alles andere als kampfgewillt, trotzdem kann ich mich des Gedankens nicht erwehren, welch starke Energie diese Bewegungen freisetzen: Die Vorstellung von 400 Leuten in einer Reihe, die so etwas machen und zu allem entschlossen sind, lässt erahnen, wie viel Mut und Kraft man dadurch gewinnt. Und wie Furcht einflößend es wirkt, wenn man einer solchen Horde Menschen gegenübersteht.Dieses Prinzip der Gruppenmotivation erinnert mich an jemanden, der mir vor Jahren mal über den Weg gelaufen ist. Er ist Ritter. Also jedenfalls geht er regelmäßig in seiner Rüstung auf Ritterfestspiele und hat einen Thron am Tisch. Ja, zu Hause!

Dieser Mann erzählte mir mal von einer Großveranstaltung, bei der sie mit hundert Mann auf einem Hügel standen, sich mit

Kampfesrufen in Stimmung brachten und dann auf die ihnen entgegenkommenden »Gegner« zu rannten. Er meinte, dass er zuvor nie geglaubt hätte, wie kraftspendend diese Gemeinschaft sein könne. Ich selbst habe auf einem Mittelaltermarkt einmal sechs Recken in Dreiergruppen aufeinander zu rennen sehen, bis die Schilde zusammenstießen. Eine unglaubliche Energie, sogar bei diesem halben Dutzend.

Nachdem ich immer wieder aus dem Rhythmus komme – von meiner verkappten Schlagzeuger-Karriere, bei der ich übers heimlich im Keller Trommeln bisher nicht hinausgekommen bin, erzähle ich ihm lieber nichts, sonst wundert er sich noch, dass ich den Takt nicht halten kann –, erklärt mein Tanzlehrer mir, dass das gemeinsame Kraftschöpfen für den Kampf natürlich so nicht funktionieren würde. Denn schon wenn einer aus dem Takt komme, könne das die Niederlage für den ganzen Stamm bedeuten.

... ich hab ja schon immer gesagt: Es ist kein Wunder, dass du selbst mit Schlagzeug-Vorprägung aus dem Takt gerätst. Dein Double-Bass*-Getrampel klingt ja auch mehr nach einer alten Nähmaschine auf Koks denn nach einem groovy treibenden Beat. Das als Rhythmus zu empfin-

---

* Double Bass: Technik beim Schlagzeugspiel, vorwiegend im Bereich Heavy Metal (angebliches Musikgenre). Beide Füße bedienen ein oder zwei große Fußtrommeln. Das Prinzip: Der Beat wird so schnell, wie es Nerven- und Muskelapparat des Spielers zulassen – eine Art von wahnwitziger Step-Aerobic für Trommler. Führt in der Regel zu ekstatischen Empfindungen und frenetischem Applaus der Hörer während der Vorführung. Bei Rezipienten »normaler« Musik stößt diese Form der Schlagwerkbedienung eher auf Unverständnis oder empörende Ablehnung.

In Wirklichkeit klingt's, je nach Trainingszustand des Trommlers, wie irgendetwas zwischen altem Traktor beim Starten und einer Tätowier-Maschine.

den, setzt schon eine gehörige Portion Stumpfsinnigkeit voraus. Allerdings halte ich selbst bei diesem »Geräusch« ein Mindestmaß an Taktgefühl für nicht ganz unerheblich. Ein klein wenig mehr Übung könnte also nichts schaden, falls du dich aus deiner musikalischen Einsiedelei unter echte Musiker begeben möchtest. Dann klappt's auch mit dem Haka!

Die nächste Stufe ist dann der Einsatz des Oberkörpers. Jetzt schlage ich mir mit den Händen auf meine Hähnchenbrust. Dabei wird tief eingeatmet. Dies solle laut meines Lehrers die Kraft der Ahnen in den eigenen Körper leiten, sodass ich im Kampfe deren Unterstützung besitze und damit der Stärkere bin. Dieses Wissen und die Bedeutung der Ahnen nehme einem Maori-Krieger außerdem die Angst vorm Sterben, weil er ja wisse, dass er beim nächsten Kampf wieder dabei sein werde, wenn ihn seine Nachkommen per Brustschlag um Kraft anrufen.

Auch ich spüre die Kraft. Jedes Mal, wenn meine Handflächen den Oberkörper in Vibration versetzen, höre ich die Stimme meiner Oma: »Und, Junge, noch ein Törtchen?« Während all der Zeit muss ich darauf achten, die Augen weit aufgerissen zu halten, den Gegner zu fixieren, die Nasenflügel anzuheben und die Zähne zu zeigen. Auch dies gilt als Zeichen der Stärke und dient der Einschüchterung des Gegenübers.

Ich bin völlig fasziniert, als mir plötzlich klar wird, wie eng die Körpersprache von Mensch und Tier miteinander verwandt sind. Das erinnert mich stark an den ersten Tag in der Hundeschule, als ich darüber unterrichtet wurde, wie unglaublich vielfältig und fein die Hundekörpersprache sei, damit die Tiere bereits im Vorfeld unnötige Auseinandersetzungen vermeiden könnten. Wenn man auf der Straße Hundebegegnungen beobachtet, kann man Zeuge der sich ständig ändernden Signale werden, auch wenn sich die Tiere nicht einen Schritt näher kommen.

Tommy huscht gerade mit einer Kamera in der Hand nur Millimeter von meiner Nase entfernt vorbei.

»Du, das ist wie bei Hunden, soll ich ihm das sagen?«, frage ich ihn.

»nein das könnte man falsch verstehen«

»Aber das ist doch völlig normal, dass Menschen noch tierische Verhaltensweisen an den Tag legen.«

»trotzdem man könnte das falsch verstehen«

»Selbst Desmond Morris hat in der Dokumentation Das Tier Mensch dieses Zähnezeigen ...«

»er wird dich töten«

»Okay!«

Ich wende mich wieder meinem Lehrmeister zu und möchte wissen, ob jemals eine Schlacht abgeblasen wurde, weil bereits durch die ritualisierte Stärkesymbolik eine Entscheidung herbeigeführt worden sei. Mein Lehrer nickt und bestätigt, dass ganze Kämpfe nur durch den Haka entschieden worden seien. Ich grüble eine Weile darüber nach, wie sich das abgespielt haben könnte:

Sagt dann einer: »Okay, lasst die Frauen und Kinder bei den Gegnern, der Peter hat sich falsch auf die Schenkel geklopft, und deren Augen waren einfach weiter geöffnet!«?

Dass es bisweilen auf den Schlachtfeldern heftiger zugegangen sein muss, zeigt sich, als die Waffen gebracht werden. Ein Taiaha wird uns gereicht. Ehrfurchtsvoll halte ich diese überraschend leichte Waffe in der Hand und traue mich kaum, meine Finger über das glattpolierte Holz fahren zu lassen. Es ist eine Mischung aus Schwert und Lanze, etwa anderthalb Meter lang, die im Ganzen aus Holz gearbeitet und deren flache Schlagseite und Spitze reich verziert ist.

Der Lehrer erklärt mir, dass die Spitze für die Zunge steht, und er zeigt mir die Schnitzereien, die Mund, Nase und Augen zeigen. Die genaue Ausgestaltung der Waffe hängt von der Stammesangehörigkeit, dem Rang und der Bedeutung des Trägers der Waffe ab. Darunter folgt der im Feuer gehärtete runde Teil des auch Hani genannten Taiaha, mit dem Schläge abgewehrt werden können. Dann folgt so etwas wie eine Klinge, die aber natürlich auch aus Holz besteht. Dieser Teil des Schwertes läuft zu einer breiten Kante aus. Die Ränder sind scharf geschliffen, und mein Lehrer versicherte mir, man könne damit nicht nur die Haut vom Knochen schlagen, sondern den Knochen in zwei Hälften teilen. Die scharfe, halbrunde Spitze des Geräts stieß man nicht nur gerne in den Oberkörper, um sie dann mit ruckhaften Bewegungen herauszudrehen, sondern mit Vorliebe gerne auch mal seitlich gegen die Schläfe, um den Schädel aufzuheben.

»You will see the brain«, sagt er und schmunzelt.

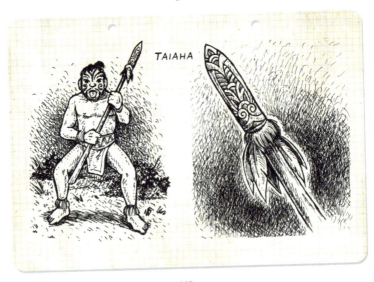

Der eigentliche Kampf läuft wie ein normaler Schwertkampf zwischen europäischen Rittern ab, halt nur ohne Ritter, Schwerter und Europa: Die Kämpfer müssen auf ihre Schritte achten, regelmäßig atmen und einen angemessenen Abstand einhalten.

 Toa nannte man die Krieger, welche das Taiaha perfekt beherrschten. Die brutale Eleganz im Umgang mit dem todbringenden Instrument wird nebenbei deutlich, wenn der Maori-Historiker Buddy Mikaere über die Kriegsführung seiner Vorfahren schreibt: Das Kampfgetümmel ganzer Schlachten soll zum Erliegen gekommen sein, weil gegnerische Truppen vom Kampf der Toa wie gebannt waren.

Ich selbst bin vertieft in die maorische Kampfkunst, die mir mein Lehrer zeigt. Ob das noch Haka ist, kann ich im Moment wirklich nicht sagen, zu sehr bin ich beschäftigt. Schweiß läuft mir die Stirn herunter, und meine Hände versuchen krampfhaft, jede erforderliche Drehung des Taiaha korrekt auszuführen.

Gerade hole ich mit der meterlangen Waffe aus, mache mit dem rechten Fuß einen großen Schritt nach vorne und ... trete in die Speichen eines Rollstuhls.

Sofort bin ich zurück in der Gegenwart. Natürlich wird alles gefilmt, wahrscheinlich, um mich dann anhand des Videomaterials wieder zusammensetzen zu können, falls die Situation eskalieren sollte. Aber woher kommt dieses Gefährt plötzlich?!

Tommy! Er hat in der Hoffnung, ein paar abgefahrene Kamerafahrten machen zu können, aus dem Sanitätsbereich einen fahrbaren Untersatz für Laufeingeschränkte holen lassen und rollt damit ununterbrochen zwischen meinem Gegner und mir herum.

Manchmal kommt er mir dabei so nahe, dass ich diese Gehirnentblößungssache von vorhin gerne mal ausprobiert hätte.

Irgendwann darf auch unser Kameramann Alex in den Rollstuhl und ein Minütchen drehen. Das wird dann wohl später auch genommen. Ist halt nicht verwackelt.

Das nenne ich mal Kamerafahrt!

Doch irgendwann muss ich aufhören. Schade, ich hätte gerne noch länger geübt. Noch mehr Details erfahren, mich noch tiefer in diese Gedankenwelt hineinversetzt.

Aber etwas anderes steht auf dem Plan. Etwas, das noch tiefer in die Alltagskultur der Maori einführen soll: eine Show.

Die Idee ist folgende: Wir Touristen, also alle gegenwärtigen Besucher des Kulturzentrums, zu denen auch meine Wenigkeit zählt, sind ein Stamm. Und als solcher besuchen wir quasi einen anderen, nämlich den der hier lebenden Wahiao. Einer von uns soll der Stammesführer sein. Und wie es der von mir eigentlich so geliebte Zufall namens Tommy will, bin ich das.

Eine ältere Wahiao-Dame nimmt mich beiseite und sagt mir, was ich zu tun habe.

»Nicht lachen...«, lautet ihr wichtigster Ratschlag.

Und schon gehen bei mir alle Alarmglocken an. Wenn ich so etwas höre, bevor ich einem soziokulturellen Handlungsablauf beiwohne, zweifle ich schon an dem, was ich sehe, bevor ich es sehe. Denn alleine die Anweisung degradiert das, was gezeigt werden soll. Es ist, wie wenn man den Onkel mit zum ersten Theaterstück im Kindergarten mitnimmt und ihm sagt: »Nicht lachen, die meinen das ernst.«

Nur, dass Kinder und Erwachsene halt nicht auf derselben Stufe stehen. Maori und wir aber schon.

So warten wir alle zusammen unter dem Toreingang zum Rotowhio-Marae, dem Versammlungsplatz. Ich als Häuptling vor der Gruppe des Touristenstammes neben der Maori-Frau, die mir genau sagt, was ich zu tun und zu lassen habe. Ich bin natürlich trotzdem sehr gespannt auf das, was kommen wird.

Vor uns befindet sich ein großer befriedeter Innenhof, der an ein großes Haus angrenzt, das Te Aranui-a-Rua genannt wird und mit vielerlei Schnitzwerk verziert ist. Wenn hier die ganze Geschichte des Stammes mit Symbolen und Bildern in Holz geschnitzt wurde, dann wäre das quasi eine Guido Knopp'sche Geschichtsdoku des Stammes. Allerdings denke ich mir, dass bei dieser Form der Tradierung vermutlich recht viele Informationen verloren gehen und für Interpretationen ein größerer Spielraum ist. Leider hat mir bisher niemand die Details erklärt, aber ich frage mich, ob man die vielen Einzelheiten des Nibelungenliedes oder die Facetten der Charaktere von Harry Potter schnitzen kann, während man gleichzeitig die Handlungsstränge voneinander getrennt vorantreibt.

Es eine spontane Eingebung zu nennen, wäre wohl leicht übertrieben. Regelmäßig überkommt mich ein sportlicher Ehrgeiz, deine Behauptungen und Vermutungen zu widerlegen. An dieser Stelle habe ich mich etwas schwerer getan, aber

13 Kaffee und gefühlte 2,4 Kilo Backwaren später kam mir die zündende Idee.

Mitnichten vermag ein Bild, eine Skulptur oder ein sonst wie bildhaftes »Ding« die gleiche Botschaft zu vermitteln wie ein literarischer Text. Und jetzt kommt wieder das obligatorische »Aber«: Aber ganz so eindimensional, wie von dir angenommen, ist es ja nun doch nicht. Ich überspringe an dieser Stelle mal die Kategorien Schlachtengemälde, monumentale Reliefs und die chinesische Terrakotta-Armee, um dennoch zu beweisen, dass auch ohne Schrift komplexe Zusammenhänge und geschichtliche Ereignisse detailgetreu dargestellt werden können, und begebe mich direkt nach Rom in die Sixtinische Kapelle. Wenn ich nun beginne aufzuzählen, was dort alles an mythologischen Ereignissen einer bestimmten Religionsgemeinschaft abgebildet ist, müsste ich beim Verlag noch ein paar hundert Extraseiten bestellen. Dabei ist natürlich zu berücksichtigen, dass es neben den abgebildeten Sachverhalten von Metaebenen in Form von Symbolen, Größenverhältnissen und Ähnlichem nur so wimmelt. Aber nicht nur angesichts der mit diesen Kunstwerken erzählten Geschichten erfahren wir etwas über diese Bilder, die man ja gleichfalls gelegentlich auch aus Holz geschnitzt oder aus dem Granit befreit vorfindet, sondern die Art der Darstellung selbst, die verwendeten Farben, Formen, Kleidungsstücke usw., verraten uns eine Menge über den Zeitgeist der Schaffensperiode.

Ich möchte hier nicht entscheiden oder bewerten, ob die Literatur oder die bildende Kunst die aussagekräftigere Kunstform ist, sondern nur darauf hinweisen, dass die maorische Form der Tradierung von wichtigen Inhalten zu mehr fähig ist, als du es ihr zutraust.

Während ich darüber nachdenke, was für ein historischer Schinken da wohl ins Holz gedrechselt worden ist, öffnet sich die Tür und eine Gruppe Maori tritt aus dem Gebäude. Es sind vier Männer und drei Frauen, die sofort anfangen, laute Rufe auszustoßen, die Augen aufzureißen und die Zungen herauszustrecken.

Dann löst sich ein Mann, offenbar der Häuptling, aus der Gruppe und bewegt sich in gebeugter Haltung mit kämpfenden Bewegungen auf uns zu. In der einen Hand eine Waffe, sieht eine friedliche Begrüßung für mich anders aus.

Dabei behalte ich ihn natürlich dauernd im Auge, um den Blickkontakt nicht zu unterbrechen. So viel habe ich nämlich schon gelernt: den Blick abzuwenden ist ein Ausdruck von Schwäche und Unhöflichkeit. Auch keimt in mir der Gedanke, ob die Aufforderung »nicht lachen« vielleicht genau das meinte. Nur: Nach Lachen wäre mir ohnehin nicht zumute, weil ich aufs Schauen konzentriert bin. Mir wird ein wenig mulmig, während der Chef des anderen Stammes immer näher kommt. Mein Team, das mich aus sicherem Abstand von der Rasenfläche aus beobachtet und auf Video aufnimmt, wirft mir beruhigende Blicke zu. Auf meiner Stirn steht offensichtlich »Was geschieht hier?« geschrieben. In Arial 46!

Der Häuptling ist nun nahe genug herangekommen und legt einen Farnzweig auf den Boden: das Sinnbild der Friedfertigkeit und ein buchstäblich einladendes Signal. Anschließend zieht er sich zurück.

Es wird mir bedeutet, dass ich jetzt vortreten, den Zweig aufheben und dann rückwärts wieder zurückgehen solle. Die Kehrseite zu zeigen, wäre wohl eine Beleidigung.

Langsam gehe ich Schritt für Schritt nach vorne. Meine Wanderschuhe wirken auf einmal zu schwer, der Wind scheint sich vollkommen gelegt zu haben, und in den Rücken bohren sich mir die Blicke meines »Stammes«.

Schlagartig wird mir bewusst, dass ich mich selten so unwohl gefühlt habe.

Es ist schon eine sehr merkwürdige und beklemmend fremde Situation für mich: Ich bewege mich aufrecht, mit strengem Blick auf diesen halbnackten Mann zu, der am Boden kauernd auf mich zukriecht. Dabei verdreht er die Augen und stößt für mich unverständliche Laute aus, während er Grimassen schneidet. In Jeans und Softshell-Jacke komme ich mir plötzlich sehr seltsam vor. Merkwürdigerweise habe ich dieses Gefühl beim Kampftraining überhaupt nicht gehabt. Jetzt aber denke ich: Haben sich so vielleicht die Seefahrer gefühlt, als sie auf die ersten Maoris trafen und diese sie auf die für sie typische Art und Weise begrüßten? Ich kann fast verstehen, dass sich die Europäer wie Übermenschen vorkamen. Für uns sieht das alles sehr unterwürfig aus. Aus unserer arroganten Sicht sogar primitiv und schlicht. Zumindest geht mir das durch den Kopf.

Erfreulicherweise haben diese Gedanken, die dir selbstverständlich zustehen, deinen Kopf in dieser Situation nicht verlassen. Das könnte unhöflich wirken. Natürlich ist es gelegentlich schwierig, das fremdartige Verhalten von unbekannten Völkern nicht sofort mit den eigenen Maßstäben zu vergleichen und einzusortieren. Hier ist es wahrscheinlich vor allem die gebückte und kriechende Körperhaltung des begrüßenden Maori, die wir sofort mit animalischer Unterwürfigkeit assoziieren. Ich möchte aber herzlichst dafür werben, mit einer erfrischenden Unvoreingenommenheit an die Sache heranzugehen und das Gesehene nicht mit den eigenen Maßstäben zu bewerten. Wenn man dann noch die Gelegenheit hat, sich länger mit dem anderen zu beschäftigen, weicht das Befremden einer angenehmen Vertrautheit und damit auch

das Gefühl der zivilisatorischen Überlegenheit. Die Neugierde hat im eigenen Denkapparat wieder ihren Platz inne und lädt ein zu forschen, was dieses Gebaren im Kontext der Maori-Rituale wirklich zu bedeuten hat.

Mein Gegenüber zieht sich zurück. Ich folge ihm und mit mir die Gruppe der Besucher. Wir gehen die Treppenstufen zum Rotowhio-Marae hinauf, das auch als Versammlungshaus genutzt wird. Nachdem wir unsere Schuhe ausgezogen haben, betreten wir den großen Raum. Hier wartet eine Bühnen-Show auf uns, bei der ein Maori-Kampftanz gezeigt wird.

Nach dem für mich so fremdartigen Ritual vor dem Haus ist es fast eine Erleichterung, sich die Show anzusehen, weil sie so offensichtlich für Touristen gemacht ist. Die Musik klingt für mich sehr europäisch, und es kommt auch eine Western-Gitarre zum Einsatz.

Zwei der vier Maori-Waffen auf der Bühne sind eigentlich Besenstiele, die Kordel zum Aufhängen ist noch dran. Das sieht bei Kampfbewegungen zwar immer noch respektabel, aber doch etwas billig aus. Dass zwischendurch am Elektro-Heizkörper auf der Bühne hantiert wird, fällt da kaum noch ins Gewicht. Diese Aufführung vermittelt so gar nichts mehr von der interessanten und stolzen Kultur, die ich am Anfang von HuiHeidi, der Frau im Eingangsbereich, und später von meinem »Lehrer« vorgeführt bekommen habe. Es sind einfach zwei komplett verschiedene Dinge. Ich denke die Bühnenshow ist eher wie die Schuhplattler in Bayern, bei denen für japanische Touristen Holzböden strapaziert werden ...

Es folgt ein herzlicher Abschied von allen, die uns den Tag über begleitet und betreut haben. Auf dem Weg zu den Autos fragen wir uns allerdings, was das denn eben war und was es mit uns warum macht.

Was könnten wir selbst zeigen, damit eine andere Kultur so verwirrt von uns ist wie ich nach dieser Vorführung der Maori? Was finden andere an uns merkwürdig? Was ist verstörend?

»Vielleicht müssten wir einen Fremden auf ein Ritterfest mitnehmen«, überlegt Jakob. »Da zeigen wir doch auch, wie es früher bei uns war. Der fürsorgliche Ritter, die schüchterne Dame.«

»Nun ja, da zeigen wir aber Geschichte – oder das, was wir uns unter unserer Geschichte vorstellen«, widerspricht Elke. »Etwas, das wir selbst als historische Sache ansehen und eigentlich bis auf ein paar idealisierte Werte wie Treue und Ehre nicht wieder haben wollen. Sieht man mal von ein paar merkwürdigen Einzelmeinungen ab.«

»Was ist mit einem Gottesdienst?«, mache ich noch einen weiteren Vorschlag, für einen Fremden eine durchaus irritierende Veranstaltung.

»Hm … war das, was wir gesehen haben, religiös motiviert? Es ging ja nicht um Glaube oder die Anbetung von Göttern, sondern um Alltagsrituale«, meint Renate.

Wir einigen uns darauf, dass wir Fremde am ehesten zu einem Cocktailempfang oder einem gemeinsamen Abendessen mit dem Bürgermeister mitgenommen hätten – samt deutschen Liedguts, selbst geträllert.

Auch wenn ich noch nachdenklich bin, verspüre ich eine innere Zufriedenheit, als ich im Wohnmobil sitze und über den Tag nachdenke. Vielleicht wäre es besser gewesen, zwei Maori-Gruppen sich begrüßen zu lassen und einen Sprecher dabeizuhaben, der erklärt, was da passiert. Aber nein, das wäre zu verkopft und wir wären emotional nicht so stark eingebunden gewesen.

Und aller Wahrscheinlichkeit nach hätte es dann auch nicht so viele Gedanken bei mir ausgelöst.

Jetzt sind wir auf dem Weg zu einem schönen Hotel. So schön, dass man eine Stadt darum herumgebaut hat. Hoffentlich haben die Warmwasser.

Als ich fragte, wie alt denn das Hotel sei, kam nur: »Älter als die Stadt . . .«

6 | HELL'S GATE
Kochen einmal anders

Welch edler Tag! Ja, es ist angemessen, diesen Ausdruck zu wählen, weil ich heute etwas wahrhaft Majestätisches sehen werde. Wenn sich die Erde vor einem auftut, wenn sie Feuer spuckt und dem Betrachter heiße Dämpfe entgegenschleudert, dann ist das wirklich etwas Erhabenes, etwas Gewaltiges.

Heute fahren wir nach »Hell's Gate«, der Höllenpforte im aktivsten Thermalgebiet Neuseelands, knapp 30 km von der Bay of Plenty entfernt.

Alle Vorschläge für den heutigen Tag hatten etwas mit Krater und Nebeln zu tun:

»Nutze die natürliche Nebelmaschine von Hell's Gate für einen fulminanten Breakdance«, lautete der erste von Ursula aus Haan.

Dieser Vorschlag hat uns im Vorfeld einiges Kopfzerbrechen bereitet, denn dafür müssten wir einen Berg an Lampen mitschleppen. Wahrscheinlich sind die in den beiden Koffern, die ich immer mit den Worten: »Wenn du helfen willst, dann nimm doch die da«, in die Hand gedrückt bekomme. Auch eine Jogginghose, eine Baseballkappe und ein zu großes Hemd sind dafür extra irgendwo im Wohnmobil verstaut. Jetzt stellt sich heraus: Alles umsonst. Die Idee ist in der Internetgemeinde nicht mehrheitsfähig.

Eine andere schon eher: »Spiel im Oturere Valley, bekleidet mit einem Raumanzug, die Mondlandung nach ... ein großer Schritt für Hoëcker!«... und ein schöner Vorschlag von Wilfried aus Vechta.

Als wir am ersten Tag in Auckland den Kostümverleih besuchten, wurde unter anderem ein kompletter Raumanzug für mich zusammengezimmert. Ein völlig alberner Overall mit schlauchartigen Ich-weiß-nicht-was dran. Zu guter Letzt krabbelte der Verleiher unter einem Berg von Kleidungsstücken hervor und streckte mir mit triumphierendem Grinsen einen Helm entgegen. Er war noch nicht ganz über meinem Kopf, als ich bereits ahnte: Ich bin nicht der Erste, der das gute Stück trägt. Generationen neuseeländischer Schauspieler überließen mir hier ihr künstlerisches Erbe in Form von getrocknetem Speichel. Wie froh bin ich, dass dieser Helm an mir vorübergeht und ich ihn heute nicht werde anziehen müssen.

Denn die Wahl fällt auf: »Nimm ein schickes Schlammbad in den ›mud-pools‹ von Hell's Gate!«

Vielen Dank an alle »Voter«, die diese Aufgabe angeklickt haben, denn Baden ist Relaxen. Der Look der Pictures ist ja nicht mein Problem, ich muss nur liegen.

Ich möchte nicht wissen, von wie vielen neuseeländischen Schauspielern ich die Kopfhautfauna übernommen habe.

Man verzeihe mir diese unglaublich hippe und moderne Form der Wortwahl. Aber schließlich bin ich auf einem Werbedreh und da läuft alles etwas anders. So habe ich das zumindest am ersten Tag in der Werbeagentur gelernt.

Ich gebe zu, ich bin bei Werbeverträgen sehr vorsichtig, möchte fast sagen: Als Testimonial, wie man als Werbeträger in der Werbebranche genannt wird, bin ich ein gebranntes Kind. Vor Jahren kam einmal ein Anruf, ob ich nicht Lust hätte, für Boss Werbung zu machen. Ich sagte natürlich unverzüglich zu, sah mich schon in neuen Kleidern, edler Zwirn am Körper und schniekes Stoffaccessoire am Halse. Es war dann aber doch Möbel Boss. Der Anbieter für Wohnambiente der preiswerteren Kategorie. Drei Wochen später sprang ich in den Räumlichkeiten der im Harz ansässigen Firma aus einem Kleiderschrank namens »Henry«, und in meinem Büro stehen jetzt zwei ziemlich bunte Klappsofas.

Also war ich natürlich neugierig, was mich bei einer Kampagne für »TNZ« genau erwarten würde.

Ein paar Tage später fuhren Fritz, Renate und ich zum Treffen mit der Werbeagentur. Erst einmal gegenseitig beschnuppern. So wie der Hund bei der morgendlichen Runde schaut, wer so alles an die Pfosten in der Nachbarschaft gepieselt hat, wollte ich ein Gefühl dafür bekommen, mit wem ich es zu tun hatte. Ich saß im Auto nach Frankfurt, der Stadt, in der das Leben pulsiert, der Stadt der Banken und Versicherungen, der Stadt des modernen Kapitalismus. Deshalb hatte ich natürlich meinen Manager dabei.

Und es war »crazy«. Werbung ist so anders, so locker, luftig, windig, zerstreut, vertraut, doch fremd, aber irgendwie konkret, ohne sich festzulegen. Werbung halt.

Und genau so hatte ich mir das Gebäude der Werbeagentur vorgestellt: ein Neubau in der Innenstadt mit breitem Treppenhaus, gläserner Doppeltür und unglaublich gut aussehenden

Frauen am Empfang. Wahrscheinlich waren das alles Menschen mit abgeschlossenem Hochschulstudium, in der jahrzehntelangen Warteschleife zum Einstieg in die gelobte Werbebranche, und die beginnt nun mal hier, hinter dem Tresen.

Das Treffen fand in einem »Conference Room« statt. Ein großer Tisch, viele kleine Flaschen mit sehr leckeren Säften darin. Natürlich durfte auch eine Auswahl von Kaffeesorten nicht fehlen. In Designergläsern mit Schnörkellöffeln wurde er von einer weiteren Praktikantin kredenzt. Hinter uns befanden sich die bereits gewonnenen Preise, anfänglich waren diese offensichtlich noch auf dem niedrigen Wandschrank fein drapiert worden, inzwischen schien man das aufgegeben zu haben und sie aufgrund der Fülle nur noch übereinanderzustapeln. Urkunden standen an die Wand gelehnt dazwischen. Was für ein schweres Schicksal, wenn die Auszeichnungen schneller über eine Firma hereinbrechen, als es dauert, einen Nagel in die Wand zu schlagen.

Am Tisch saßen unglaublich viele Menschen, die alle Papier vor sich liegen hatten. Natürlich gab es auch Laptops, Tablet-PCs und dergleichen, aber Papier wirkt natürlich viel kreativer, näher am Gedanken. Ich hatte nur so ein Auf-der-Scheibe-Rumwischgerät dabei und kam mir furchtbar altbacken vor. Außerdem gab's hier kein Netz oder die Agentur war riesengroß, denn der Typ, der uns das Passwort bringen wollte, war verdammt lange unterwegs. Gut, dass hier eine Online-Kampagne geplant werden sollte.

Während wir auf den Internetzugang warteten, sah ich mich um. Jeder hier im Raum hatte allwissende Ahnungslosigkeit im Blick. Das kannte ich bisher nur von Fernsehredakteuren.

Vor dem Fenster hing eine große Leinwand. Diese war automatisch in der Höhe zu regulieren, versteht sich. An der Decke war der sanft vor sich hin surrende Beamer angebracht. Ja, es würde eine dieser multimedialen Präsentationen geben. Die

Dolby-Surround-5.1-Anlage würde mich in den bequemen Bürostuhl drücken, der mir wohl nur deshalb zugestanden wurde, um mich williger zu machen. Sollte hier irgendetwas dem Zufall überlassen sein?

Ich kommentierte natürlich alles, was mir vor die Retina kam: »Oh, ein Tischtelefon«, »Häppchen lecker, kann ich eimpfs Habpfen schmatz«, »Klebezettel, toll«.

Dann wurde das Licht gedimmt, und ich lehnte mich, einen Latte Macchiato in der Hand, zurück, und harrte der Präsentation, die nun mein Bewusstsein verändern wür… sollte. Eigentlich.

»Hm… eben hat's noch geklappt«, sagte Elke, die Leiterin und Inspiratorin des ganzen Projektes.

Yes, es waren auch nur Menschen.

Über die EDVlerischen Schwächen der Werbeexperten in Erwartung einer amtlichen Präsentation hinwegzusehen, zeugt wahrlich von deiner charakterlichen Größe. Niemals werden diese Vortragenden allerdings in den digitalen Olymp der PowerPoint-Präsentatoren vordringen. Denn da sitzen wir bereits. Weißt du noch? Unsere erste Lesung in Zürich? Wir waren gekommen, um vor den Massen nicht nur aus dem Buch unserer Rallye-Abenteuer vom Allgäu in den Orient zu rezitieren, sondern um gleichzeitig eine bombastische Multimedia-Show abzufeiern. Unter dem Motto »Wer unsere digitalen Visionen teilt, braucht keine Fantasie mehr!« machten wir uns an die Planung. Gigabyteweise erstellten wir Videoclips und fotografische Präsentationen, um eine neue Ära in der Darstellungskunst von Reiseimpressionen einzuleiten. Und endeten dann … ehrlich gesagt doch im Gewölbekeller des Olymps. Mein Laptop ver-

stand sich nicht mit dem Projektor, ich fand die Dateien nicht wieder, und du hattest vergessen, wie man einen Computer bedient, der nicht mit angeknabbertem Fallobst verziert ist. Dies betreffend wurde es eine desaströse Vorstellung. Vor und mit Publikum. Aber lustig war's!

Ich kann mich leider noch sehr gut daran erinnern. Insbesondere an das Gesicht meines Schweizer Informatikerfreundes, der in der zweiten Reihe so ziemlich jeden Gesichtsausdruck auf sein Gesicht zauberte, den das menschliche Emotionsspektrum zur Verfügung stellt. Als ich in der Frankfurter Werbeagentur saß und die Versuche beobachtete, versuchte ich mir jede einzelne dieser Mimiken aus der Erinnerung hervorzukramen und zum Besten zu geben.

Elke gelang es einfach nicht, die Präsentation des Laptops auf dem Bildschirm an der Wand erscheinen zu lassen. Natürlich bot ich sofort meine Hilfe an.

»Hast du den zweiten Monitor aktiviert?«, »Schau mal in den Systemeinstellungen?«, »Eigentlich muss man das bei dem System nur einstöpseln und ...«

Ich glaube das Wort »eigentlich« hätte mich fast den Job gekostet. Aber Fritz steckte mir schnell noch ein Schnittchen zwischen die Zähne und wickelte es mir um die Zunge.

Elke gab kurze Zeit später auf und wählte die klassische Variante: Sie sprach einfach ohne Bilder.

»Dann eben so: Hallo!«

Jeder stellte sich jetzt erst mal kurz mit dem vor, was er tut, dann lange mit dem, was er alles getan hat, und dann sehr schwurbelig mit dem, was er noch zu tun gedenkt.

Ich war schon bereit, das Wollknäuel zu empfangen, das bei solchen Gelegenheiten gern mal von Person zu Person geworfen wird, und bereitete mich darauf vor, die Namen meiner Vorredner wie bei einem Kennenlernspiel zu wiederholen. Man erinnert sich ja: Am Ende bildet sich aus den Wollfäden ein Netz und einer legt sich drauf.

»Schön, dass du Interesse hast, das zu übernehmen«, begann Elke. »Hier die Idee: Der Kunde TNZ wünscht die Awareness des Products zu raisen. Durch einen entsprechenden Content wird der Claim gehypt und du als Testimonial wirst den Response in den vier Phases, Pre, Proof, Travel, Follow Up…«

Ich musste lachen.

»Sorry«, sagte ich, und man belehrte mich, dass hier ein Ball geworfen würde, und derjenige, der ihn hätte, dürfte reden.

»Aha«, antwortete ich und redete weiter, »…es ist sehr schön hier, aber ihr erfüllt gerade alle Klischees, die es über Werbeagenturen gibt. Es ist so geil.«

Schwups – diesmal war es ein Pfirsich-Maracuja-Saft, der mich am Weiterreden hinderte.

Elke schaute verunsichert zu mir herüber.

»Das wird bestimmt in irgendeinem Programm oder Buch von dir auftauchen.«

»Nein, niemals«, schwor ich ihr.

Im weiteren Gespräch erwies sich, dass die Mitarbeiter aus der Werbebranche Humor besaßen. Sie konnten über sich selbst lachen, und ich lernte eine Menge neuer Wörter. Die Stimmung war angenehm.

Die Idee der »Campaign« war tatsächlich ganz »easy«: User (Nutzer) im Internet (Zwischennetz) schlagen per Webapplikation (programmierte Internet-Webseite) Content (Inhalt) der Tour (Reise) vor, die ich (ich) dann mache. Also der Internetnutzer (user) gibt mir (mir) quasi Aufgaben (ToDos).

So endete das erste Treffen damit, dass wir uns mit der Werbeagentur einig wurden und gegenseitig wünschten, es möge ein toller, emotionaler Neuseeland-Trip werden. Ich freute mich nun nicht nur auf die Reise selbst, sondern auch auf die Vorbereitung. Denn es standen diverse Treffen bevor, bei denen neue Sheets (Papers) vorgestellt und beim »ppm« dann Dinge »gefixed« werden sollten, um sie später wieder zu »cutten«, zu »erasen« oder zu »stoppen«. Das war angeblich Deutsch!

Doch all diese Erinnerungen verblassen als wir von dem kleinen Städtchen Rotorua aus am Ostufer des Lake Rotorua entlang nach Norden fuhren. Ein kurzer Blick ins mobile Endgerät, das das Wissen der Welt in meine Hände legt, sagt mir, er sei der zweitgrößte See Neuseelands und deswegen kreisrund, weil er in seinem ersten Leben ein Vulkan war. Als dieser erstarb, lief sein Kessel mit Wasser voll, und so ist er nun ein See. In der Mitte des Sees befindet sich eine Erhebung. Sie ist ein erstarrter

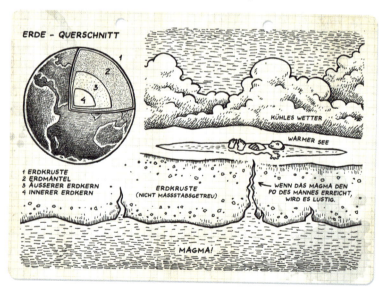

Lava-Dom des ehemaligen Vulkans, entstand also durch die Eruption zähflüssiger Lava.

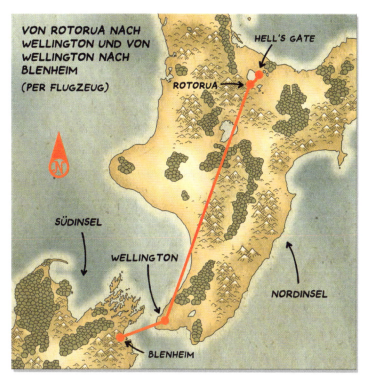

Schon der See mit Insel lässt vermuten, dass hier, direkt unter uns, einiges los ist. Tektonische Aktivitäten sind in Neuseeland keine Besonderheit. Das ist nicht erst seit dem Beben im Februar 2011 in Christchurch bekannt, welches mit seiner Stärke von 6,3 auf der Magnitudenskala 185 Tote und mehrere Tausend Verletzte forderte sowie unzählige Häuser beschädigte.

Auf Höhe der Insel Mokoia Island, wie der Lava-Dom heute heißt, biegen wir rechts ab und kommen zu unserem Ziel. Erster Eindruck: Touristen-Nepp. Große Schilder weisen auf

Parkplätze und Menü-Angebote hin. Am Eingang werde ich erst mal durch einen Souvenir-Shop geführt, und bevor ich auf das eigentliche Gelände komme, spaziere ich durch den Restaurationsbereich, der den eleganten Charme einer Krankenhauskantine der Siebzigerjahre versprüht.

Spätestens, als ich die ersten unglaublich netten Mitarbeiter treffe und die erste Teetasse vor mir steht, verschwindet dieser Eindruck jedoch, ich genieße die private Gastfreundschaft. Zunächst werden wir von einer Frau empfangen, die uns an einen älteren Herrn weiterreicht, der uns zu einem jungen Mann führt, der – ja, der entpuppt sich dann als unser Führer für den Tag.

Der geht auch direkt mit uns in und durch die Hölle.

Als wir dort entlanglaufen, stelle ich als Erstes fest: Es ist schön. Also kann die Konsequenz des Sündigens bei Weitem nicht so schlimm sein, wie gemeinhin befürchtet. Dass es hier allerdings weit kühler ist, als der Begriff Höllenpforte andeutet, lässt mich vermuten, dass es sich bei der Wahl des Namens nur um eine ausgeklügelte Marketingstrategie handelt. 444,72 Grad müsste die Hölle haben, denn diese soll ja laut Offenbarung 21,8 aus flüssigem Schwefel bestehen. Bei solchen Temperaturen hätte ich wohl kaum meine Jacke anbehalten.

Während unseres Spaziergangs werde ich von schlauen Mitarbeitern, aus herumliegenden Flyern und dank aufgestellter Infowände über diverse geologische Fakten informiert: Die Erdkruste ist an dieser Stelle unseres Planeten nur 2,5 Kilometer dick, das klingt viel, isses aber nicht. In den meisten Gegenden ist die Erdrinde sogar bis zu 40 Kilometer stark.

 An dieser Stelle verspüre ich den Impuls, etwas über die Relation der Schale zur gesamten Kugel erfahren zu wollen: Im Mittel beträgt der Erdradius 6378 Kilometer. Damit verglichen sind die mit 40 Kilometer »dicken«

Stellen der obersten Schicht immer noch nicht besonders viel. Nach dem krampfhaften Versuch, einen Dreisatz aufs Papier zu zaubern, gehe ich davon aus, dass es sich dabei um weniger als 0,63 Prozent des Radius handelt. Ohne mich jetzt mit Kernobstpflanzen besonders auszukennen, möchte ich den Vergleich bemühen, dass diese Erdkruste in etwa die relative Dicke der Apfelschale auf dem Weg zum Kerngehäuse einnimmt.

Wer nun glaubt, der Mensch kenne sein Zuhause bestens, vergisst oft den Keller. Die tiefste Bohrung, die jemals stattgefunden hat, erreichte 1989 auf der russischen Halbinsel Kola eine Tiefe von 12 262 Metern und musste dann wegen einer dort herrschenden Temperatur von 180 Grad Celsius abgebrochen werden. Wir Erdlinge haben es also noch nicht mal geschafft, uns durch die Schale unserer Erdenfrucht zu buddeln.

Weitaus tiefschürfender ist in diesem Zusammenhang allerdings die religiös bedingte Weltflucht einiger Bewohner. Bis heute halten sich in einschlägigen Publikationen hartnäckig Gerüchte, dass bei dieser Gelegenheit versehentlich die Hölle angebohrt wurde. Tonaufnahmen qualvoll jammernder Seelen und das Aufsteigen eines geflügelten Wesens aus dem – mit 21 Zentimetern Durchmesser recht schmalen – Bohrloch, sollen bezeugt worden sein. Warum ausgerechnet Wissenschaftler und Ingenieure eines sich atheistisch gebenden Landes einen Beweis für das Reich des Antichristen liefern sollten, erschließt sich mir nicht auf den ersten Blick. Aber auch als Verschwörungstheoretiker muss man wohl die Feste feiern, wie sie fallen.

Hast du zufällig eine Idee, wie ich von der Erdkruste, über ein russisches Superloch mit satanischen Qualitä-

ten den Bogen wieder zu dir nach Neuseeland spannen kann?

Leider nicht, aber ich habe es mir natürlich nicht nehmen lassen, deine Einwürfe zu überprüfen. Zunächst einmal freue ich mich, dass du im Prozentrechnen richtig gut bist. Die Suche im Internet danach, wie dick eine Apfelschale wirklich ist, um deinen Vergleich zu überprüfen, erweist sich als weitaus schwieriger.

Leicht war es hingegen, festzustellen, dass die Bezeichnung »Kernobst« zwar schnell dahingesagt ist, dann aber doch der näheren Erläuterung bedarf: »Kernobst« ist die Bezeichnung der Pflanzenart, auch Pyrinae genannt, diese gehört zur Familie der Rosengewächse. Das erstaunt mich allerdings, habe ich mir doch beim Apfelbaumklettern recht selten Stachelverletzungen zugefügt. Die Frucht dieser Pflanzen, also der Apfel, um den es geht, wird hingegen Sammelbalgfrucht genannt. All diese Informationen sind aber nur da, um die Zeit zu überbrücken, die ich brauche, um herauszufinden, welche wirkliche Dicke eine Apfelschale hat.

Genauso verhält es sich mit der erstaunlichen Information, dass, würde es keine Pilze auf der Erde geben, die Erdkruste aus 65 Kilometer dickem Humus bestehen würde. Dieser Wissensbrocken stammt leider nur aus einer Nebenbemerkung in einem Forum, du solltest mich also besser nicht zitieren.

Der Begriff Apfelschale findet sich im Netz leider nur in Vergleichen mit der Erdkrustendicke. Ich frage mich, ob das mit dem Apfel wirklich jemals jemand nachgemessen hat. Mein Vater hat dieses Beispiel schon gewählt, um mich in den abendlichen Schlaf zu reden, weil ich mal wieder Angst hatte, der Mensch würde die Erde anbohren und ich dann verbrennen. Er beruhigte mich damit, dass der Mensch noch nicht mal die Schale des Apfel durchdrungen hätte. Ich kann mir kaum vorstellen, dass in den letzten 32 Jahren keine neueren wissenschaftlichen Erkenntnisse mehr aufgekommen sind als die, die schon in meinem Kinderzimmer die Runde machten. Ich bleibe dran...

Aber wo wir schon mal bei Früchten sind: Interessant ist, dass es auf der Insel ursprünglich gar kein Obst gab. Sämtliche Obstsorten sind eingeführt worden, selbst die Kiwifrucht, ohne die wir uns Neuseeland heute gar nicht mehr vorstellen können, ist eigentlich eine »Chinesische Stachelbeere«. Den Maori war dieser Bestandteil der Ernährung weitgehend unbekannt.

Keine wirklich elegante Überleitung zu dem Ausflug, den ich ans Höllentor gemacht habe – aber immerhin sind wir jetzt thematisch wieder in Neuseeland.

Hier bei Hell's Gate gibt es Magmawellen, die sich aus geologischer Sicht fast bis an die Oberfläche drücken. Adern dieser Wellen können bis an die Oberfläche dringen. An solchen Stellen sickert Wasser ein, verkocht und schießt als Dampf wieder nach oben. Dabei reichert es sich mit Sediment und Mineralien an. Wenn dieses Gemisch die Oberfläche erreicht, bilden sich Schlammpools. Und die können unterschiedlich heiß sein: angefangen von 40 bis zu 120 Grad Celsius. Ja, das kann schon mal über den normalen Siedepunkt gehen, weil die Mineralien im Wasser den Siedepunkt heraufsetzen, genau wie bei Salzwasser, wenn man Nudeln kocht. Die hohen

Temperaturen und das Mineralien-Gemisch machen die Umgebung unwirtlich: In der Nähe der Schlammpools wächst so gut wie nichts. Und wenn, dann Pflanzen, die sonst wahrscheinlich nur gemobbt werden und sich hier in Ruhe zurückziehen können. Interessanterweise ist das Ödnisfeld insgesamt von bewaldeten grünen Streifen durchzogen, das sind dann die Stellen, an denen die Magmawelle gerade wieder weiter unten ist.

Dieses geologische Phänomen zog schon immer Menschen an, genau wie uns jetzt. Die ersten Maori auf der Insel fanden sich hier ein und nutzten die heilende Wirkung von Schlamm und Wasser.

In den letzten Jahrzehnten ist an dieser Stelle Neuseelands eine Art Spa entstanden. Der Schlamm wird gesammelt und in gefliese Becken gefüllt. Das hat mehrere Vorteile: Erstens versinken die Gäste nicht im schlammigen Wasser, zweitens verbrühen sie sich nicht, und drittens lösen sie sich nicht auf, weil man unter den kontrollierten Bedingungen eher selten in salzsäurehaltige Becken steigt.

Mit unserem Begleiter geht es dann im Tross über das gesamte Gelände, um uns die bequemen Einrichtungen anzusehen.

Befestigte Wege führen uns an verschiedenen Pools vorbei. Überall glückst es, Dämpfe steigen auf, die Nase wird immer wieder von stechenden Eindrücken überrascht. Hin und wieder bleibe ich stehen und spreche eben Gelerntes in die Kamera, um die Zuschauer an meinem Erlebnis teilhaben zu lassen.

Der Mann, der uns das Gelände zeigt, ist ein Halbmaori. Ich habe ihn gefragt. Genau genommen habe ich ihn erst gefragt, ob ich ihn fragen darf, ganz genau genommen habe ich mich erst gefragt, ob ich ihn einfach frage oder besser fragen soll, ob ich ihn fragen darf. Ich neige ja dazu, sensibel zu sein.

Er meint, das sei gar kein Problem. Und die Frage nach der Herkunft sei nicht verwerflich. Er selbst habe einen europäischen Vater und eine Maori-Mutter, habe aber nur bei ihr und ihrer Familie gelebt, deshalb habe er helle Haut und ein Maori-Herz.

Wir überschreiten einen Holzsteg.

»Die machen wir zwei Mal im Jahr neu, weil die Dämpfe das Holz wegätzen«, sagt unser Fachmann trocken.

Ich überlege, auf dem Rückweg einen anderen Pfad zu wählen, so sicher bin ich mir nicht, ob ich in die graue Brühe plumpsen will, die von unten das Holz annagt. Unser Begleiter rät mir aber, auf keinen Fall querfeldein zu gehen, das könne bitter enden. Es gebe nämlich schwefelhaltige Seen, in denen bereits nach fünf Minuten sämtliche Gewebeteile säuberlich von den Knochen entfernt würden. Nach 24 Stunden sei dann die ganze Person verschwunden.

Das glaube ich aufs Wort. Die ganze Zeit liegt ein leicht penetranter Geruch in der Luft, an den man sich zwar schnell gewöhnt, den man aber trotzdem wahrnimmt, weil er mal stärker, mal schwächer ist. Dadurch wird einem immer wieder bewusst, was hier so in der Luft schwebt.

Tommy reagiert etwas grober auf die Gase: Ihm schwellen einfach die Lymphknoten an, wie er uns mehrfach erklärt:

»ich glaube meine lymphknoten schwellen an«

»Oh, wirst du krank?«

»meine lymphknoten schwellen an«

»Du solltest dich wärmer anziehen!«

»meine lymphknoten sind angeschwollen«

»Du musst dich einfach mehr schonen.«

»mahaiäää lüphkooooten ...«

»Tommy, ich will das nicht sehen, mach den Mund zu. Danke.«

Jaja, die Schwefelbecken.

Ich blicke in ein solches Becken und überlege, wie viele schon da drin... Also die Maori waren ja bekanntlich nicht zimperlich...

Ich frage unseren Begleiter. Er sagt, nein, die Gefangenen habe man da nicht reingeworfen, sondern in das andere Becken, 100 Grad, dann seien die in zwei Stunden durch, und dann habe man die gegessen. Aber er könne mich beruhigen: Das sei nicht aus Hunger, sondern zu rituellen Zwecken geschehen.

Ich sage nichts, glaube aber, dem gekochten Krieger war es egal, warum er da hineingeworfen wurde. Er fand es vermutlich einfach nur heiß.

Ich kann förmlich spüren, wie sich die kochende Temperatur langsam durch die verschiedenen Hautschichten arbeitet und die Nerven reizt, die erst die Empfindung von Wärme ans Gehirn senden, dann aber unglaublichen Schmerz bis zur Bewusstlosigkeit erzeugen. Vielleicht schaue ich auch einfach nur die falschen Filme.

Mir stellt sich an dieser Stelle die Frage: Haben die den gedämpften Kämpfer ein bisschen angeknabbert oder gleich komplett verschnabuliert?

Mir liegt es fern, dem kollektiven Maori-Gedächtnis eine historische Demenz zu attestieren, aber ich fürchte, die gruselige Sachlage könnte sich etwas komplexer gestalten. Bis heute sind sich Historiker, Anthropologen, Ethnologen, Archäologen und viele andere Vertreter der Wissenschaft nicht einig darüber, ob es gesellschaftlich akzeptierten Kannibalismus wirklich jemals gegeben hat. Und damit ist nicht gemeint, dass man sich gelegentlich ein bisschen Asche des verblichenen Großvaters aufs Butterbrot gestreut oder ein wenig Blut in die Tomatensuppe gerührt hat. Diskutiert wird der herzhafte Verzehr von Menschenfleisch als rituelle Handlung oder Nahrung. Und das nicht im Rahmen einer hungerbedingten Notlage. Aus guten gesundheitlichen Gründen ist es nämlich in den meisten Kulturen ein kulinarisches Tabu, seine Artgenossen zu verspeisen. Belege pro und contra »Gab es Kannibalismus als kulturelles Inventar einer Gesellschaft?« werden von beiden Lagern im wissenschaftlichen Diskurs angeführt.

Neben der Untersuchung von Speiseresten in den archäologischen Müllhalden der verdächtigen Ethnien gelten Augenzeugenberichte als besonders wertvoll. Diese genießen den Status besonderer Glaubwürdigkeit. Allerdings nur auf den ersten Blick. Gerade die europäischen Entdecker und die ihnen rasch nachfolgenden Missionare der kolonialen Eroberungswellen trugen in großem Maße dazu bei, eine bestimmte Vorstellung von den Menschen der neuen Welt zu schaffen. Und die war zwar nicht generell bös gemeint, zeugte aber von der empfundenen Überlegenheit der Europäer über die primitiven Völker. Illustrationen von wilden Menschenfressern wurden rasch in der zivilisierten Welt verbreitet. Ein bastberockter Mohr mit Knochen im Haar hüpft freudig erregt um einen großen Kessel, in dem die bedröppelt dreinschauende menschliche Hauptspeise auf kleiner Flamme vor sich hin köchelt. Die zehn kleinen Negerlein, die in den letzten 150 Jahren millionenfach in »zivilisierten« Kinderzimmern gesanglich verstorben sind, und der Sarotti-Mohr, der als unterwürfiger schwarzer Diener bis vor wenigen Jahren auf diversen Schokoladenprodukten unterwegs war, sind nur weitere Metaphern für ein überaus ethnozentrisches Weltbild.

Auch wenn die Wirklichkeit weit entfernt von diesen Schauermärchen war und ist, findet man immer wieder Berichte über menschenfressende Wilde in den Beschreibungen von Reisenden aus der Kolonialzeit.

Aus ethnologischer Sicht finde ich es unglaublich spannend, wenn solche Geschichten und ihre Konnotation von den betreffenden Völkern als Teil ihrer eigenen Historie und Mythologie wahrgenommen werden, nur weil sie in der Literatur der »westlichen« Forscher und Entdecker nachzulesen sind.

Es ist also gut möglich, dass dein Informant seine Vorfahren für Kannibalen hält, obwohl das über ein paar Schreckgeschichten der Pākehā in die eigene Legendenbildung Einzug gehalten hat.

Könnte sein – muss aber nicht!

Diese Vorstellung und das ganze Gerede über Gegnerverspeisung bringt mich direkt zur nächsten Frage: Egal, wo ich hinkomme, und egal, was ich von den Maori höre, immer geht es um Krieg, Kampf und Abschlachten. Waren diese Menschen wirklich so kriegerisch oder sind das nur die Geschichten, die einfach deshalb so oft erzählt werden, weil sie schön gruselig sind? Unser Begleiter schaut mich an.

»Nein, die waren so«, sagt er.

Der Grund liege aber auf der Hand: Die Inseln seien nicht sehr fruchtbar. Zwar gäbe es Unmengen an Pflanzen, aber die Ausbeute an Fleisch und Früchten sei in früheren Zeiten sehr gering gewesen.

Die Bevölkerung habe sich aber natürlich dennoch vermehrt. Die Menschen seien einfach alle gleich. Und so sei es immer wieder zum Kampf um die wenigen Ressourcen gekommen.

Erst nach Ankunft der Europäer seien bestimmte Sorten Obst, Gemüse und Tiere verfügbar gewesen. Warum sie sich denn nicht gegen die ersten weißen Einwanderer gewehrt hätten, wenn sie schon so kampfeswillig gewesen seien, will ich wissen.

»Ganz einfach«, sagt er lächelnd. »Die haben uns doch Schweine und Glasperlen gegeben.«

Der neuseeländische Historiker Buddy Mikaere sieht die Ankunft der Pākehā zu deren ersten Vertretern 1769 James Cook gehörte, sogar als Befreiung für die Maori aus einer Welt voller Gewalt und kriegerischer Konflikte. Mikaere beschreibt seine maorischen Vorfahren als schroff und gnadenlos. Um sich und das wertvolle fruchtbare Land gegen andere Stämme, die Iwi, verteidigen zu können, errichtete man ein sogenanntes Pā. Dabei handelt es sich um eine Art Fort, das sich mit seinen Palisaden und Wehreinrichtungen nicht vor einem römischen Stützpunkt hätte verstecken müssen. Die hölzerne und steinerne Umfriedung eines Pā war bis zu einen Kilometer lang. Der Bau war mit ungeheuren Anstrengungen verbunden – um so etwas zu leisten , muss man schon in ständiger Angst vor Übergriffen leben.

Mikaere beschreibt seine Vorfahren als höchst emotional. Ehre und Prestige, das »mana«, seien enorm wichtig gewesen. Unbedachte Äußerungen oder bewusste Beleidigungen konnten schnell zu einer Verstimmung führen, für die es nur einen gewaltsamen Ausweg gab, die Rache – »utu«. Das löste dann eine brutale Spirale der Gewalt zwischen den beteiligten Stämmen aus, die kaum noch zu stoppen war.

Unser Fremdenführer möchte mir jetzt Details über die Umgebung, in der wir uns befinden, nahebringen: So sei der schwarze Schlamm für Probleme mit den Muskeln und Knochen am besten geeignet, der helle Schlamm eher für Hautkrankheiten. Der Graue für – beides. Ich verzichtete darauf, ihm was von evidenzbasierter Medizin zu erzählen.

Nun ja, aber es ist ja so, dass die Maori einige Jahrhunderte Zeit hatten, die Auswirkungen der verschiedenen Schlammpampen auf diverse Menschen und deren Krankheiten zu beobachten. Die sind ja nun auch nicht gerade zimperlich mit ihrem Körper umgegangen – und erst recht nicht mit dem anderer Leute. Ob sich da nicht vielleicht ein Erkenntnisgewinn durch vielerlei Versuchsreihen ergeben haben kann? Zum Beispiel könnte man dann feststellen, dass 87 von 106 Gefangenen nach dem Bad in der hellgrauen Mocke keine Hühneraugen und Dornwarzen mehr hatten und 39 von 42 gegnerischen Kriegern ohne Rheumabeschwerden aus dem schwarzen Modder stiegen. Vielleicht kamen bei den damals üblichen Garzeiten viele feindlich Gesottene auch ganz ohne Vitalfunktionen aus dem Badness-Bereich.

Vielleicht führten die maorischen Bademeister sogar eine Strichliste. In dem Fall hätte dein Fremdenführer doch recht gehabt: Dann hätte er nämlich dir gerade etwas von evidenzbasierter Medizin erzählt!

Wenn die Maori eine solche Statistik gehabt hätten, dann wäre die Schlammkur durchaus evidenzbasiert. Aber um im Medizinolymp mitzuspielen, sollten die Testreihen dop-

pelblind und randomisiert sein. Würdest du ähnlichen Respekt gegenüber Homöopathen, Astrologen oder Hirseheilern aufbringen? Die machen das ja auch schon seit Jahrhunderten. Das Argument, es handle sich um eine jahrhundertealte Praxis, taucht immer wieder auf, meist bei Dingen, die eh nicht helfen. Dabei unterliegt man einem Trugschluss: Wenn etwas vor hundert Jahren bekannt war, das auch heute noch richtig ist, heißt das nicht, dass alles, was vor hundert Jahren bekannt war, auch heute noch richtig sein muss. Somit kann der Satz höchstens Faszination ausdrücken, aber nicht als Argument dienen.

So, jetzt musst du schreiben: »Aber das ist ja wie im Mittelalter, du Inquisitor! Ich bin Galileo!«

Dann kann ich nämlich schreiben: Eben nicht! Eher im Gegenteil: Galileo war der Logiker, also ich, die Inquisition, die Ideologie, also du. Aber das schreibst du ja gar nicht, und es würde auch den Rahmen dieses Buches sprengen . . .

Du hast natürlich recht: Dann würde das Buch ausufern. Also setze ich weiter oben wieder an. Dass solche Versuche doppelblind – was bedeutet, dass weder Versuchsleiter noch Versuchsperson wissen, ob ein Wirkstoff oder ein Placebo verabreicht wurde – und randomisiert – also ohne vorhersehbaren Versuchsablauf – abliefen, kann ich mir im maorischen Kontext sehr gut vorstellen. Die Kollegen galten ja als äußerst unzimperlich. Wenn sie tatsächlich etwas über die Wirkung von Schlamm herausfinden wollten, hätten sie bestimmt alle Feinde mit den unterschiedlichsten Haut- und Knochenkrankheiten auf einen Haufen geworfen und nach und nach in die

verschiedenen Schwefelsuppen gewuppt. Die Frage ist nur, inwieweit sich die Probanden danach noch an ihre ursprünglichen Beschwerden erinnern konnten. Gut, heute laufen evidenzbasierte doppelblind randomisierte Studien vermutlich ein Stück weit strukturierter ab.
Vor Homöopathen und Astrologen habe ich im Übrigen schon seit Langem den Respekt verloren: Seitdem ich wissenschaftliche Berichte gelesen habe, die diesen Unfug auseinandernehmen und denen ich vertraue. Wissenschaftliche Erkenntnisse zur maorischen Schwefelschlamm-Badekultur habe ich noch nicht gefunden. So lange genießen sie mein Wohlwollen.

Wir verlassen das Tümpelfeld und gehen durch ein Waldstück, um ein weiteres Areal zu besuchen. Da greift unser Lehrer zu einem Farnblatt und zeigt uns die Rückseite. Sie schimmert hell – daher auch der Name »Silberfarn«.

Diese Farn-Art wurde von den Maori benutzt, um ihre Laufrichtung anzugeben, wenn sie des Nachts durch die Wälder streiften. Nachfolgende Stammesmitglieder konnten dieser wie ein Pfeil aussehenden Markierung folgen, da sie das Mondlicht reflektiert. Der Letzte dreht den Farn um, damit er nicht mehr zu sehen war. Okay, man hätte ihn auch einfach ins Gebüsch werfen können. Oder ich hätte in Englisch besser aufpassen können, dann hätte ich verstanden, was genau unser Fremdenführer dazu gesagt hat.

Der Silberfarn ist auch das Logo der All Blacks, der neuseeländischen Rugby-Nationalmannschaft. Er soll zeigen: Alle Mann voran! Folgt dem Farn! Die Pflanze taucht in allen möglichen Logos auf. Zum Beispiel bei der neuseeländischen Eisenbahn, in deren Firmenzeichen der Farn aussieht wie eine Schiene, oder besser: in dem die Schiene aussieht wie ein Farn.

Bevor der Wald den Blick auf ein weiteres Schlammpool-Areal freigibt, sehen wir am Waldrand einen Wasserfall. Über mehrere Stufen schießt das Wasser auf einer Breite von 15 Metern etwa 10 Meter hinab. An dieser Stelle im Wald findet schon seit Hunderten von Jahren das Aufnahmeritual für die Jungen der Stämme statt, das einer Taufe gleicht. Nach Schlachten traf man sich hier außerdem, um sich zu reinigen und seine Wunden zu versorgen.

Auch der Riesenfarn hat einmal ganz klein angefangen.

Ein kleines Detail finde ich besonders interessant: In den Felsen des Wasserfalls sind Zeichen eingeritzt. Diese stammen jedoch nicht von den Maori, sondern von den ersten Europäern, die hier vorbeikamen und sofort ihre privaten Graffiti in den Stein meißelten. Offenbar war der Mensch schon immer bestrebt, sich irgendwo zu verewigen. Somit ist der geritzte Name im Schultisch durchaus sehr natürlich und archaisch und als solches nicht mehr verachtenswert.

Weiter geht es den Pool-Trail entlang, vorbei an hellem, dunklem und grauem Schlamm, 40, 80, 120 Grad Celsius. Alles ist zu finden.

»hier machen wir die mondszene«, sagte Tommy unvermittelt.
»Was machen wir?«
»die mondszene«
»Für die ist doch gar nicht gevoted worden!«
»trotzdem«
»Der Helm ist alles andere als hygienisch.«
»trotzdem«
»Das wird keiner verstehen.«
»trotzdem«
»Es ist...«
»trotzdem«
Seit Beginn der Reise fahren wir das Raumfahrerkostüm mit uns herum. Regelmäßig kullert mir der Helm entgegen, wenn ich den Kofferraum öffne. Dauernd habe ich Schläuche im Gesicht, wenn eine Tür nicht richtig zu ist. Und jetzt zücken meine Mannen und Frauen auf einmal eine Tasche und stecken mich in das darin befindliche Kostüm.
»wir drehen die farbe raus und machen das etwas langsamer«, sagt Tommy, der sich sicher ist, auf diese Weise eine super Mondlandungsoptik erzeugen zu können.
Und dann bringt er mich dazu, in leichtem Schritt über getrocknete Schlammhügel zu laufen und Zeitlupe zu spielen, indem ich mit den Händen langsam auf und ab rudere. »Meinst du nicht, die neuseeländische Flagge auf dem Anzug, das Wasserbecken, der Dampf und die Pflanzen um mich herum wirken unglaubwürdig?«, frage ich in einer kurzen Drehpause.
»das sieht keiner effekte du verstehst«, ist seine einzige Reaktion.
Umso verblüffter bin ich, als ich mir die Bilder auf dem kleinen Monitor der Kamera anschaue: Es scheint zu funktionieren. Farbe raus, Tempo runter, und es sieht aus wie eine Mondlandung.

Ich sehe nicht nur erbärmlich aus, sondern genau das wird auch von den anderen Besuchern so gesehen.

Doch die eigentliche Aufgabe wartet noch auf uns. Ich schreibe »uns«, denn wir sind ja ein Team. Wir machen alles gemeinsam. Auch in diesem Fall übernimmt jeder seinen Part: Ich nehme ein Schlammbad, und die anderen schauen zu.

Kurze Zeit später stehen wir vor einem weiteren Pool, der diesmal schon eher die Größe eines Teichs hat.

»In der Mitte ist der 70 Grad warm, hier ist mal einer reingefallen, den haben wir zwar wieder rausbekommen, aber nur mit schweren Verbrühungen«, sagt unser Führer gerade.

»sieht super aus hier machen wir das«, meint Tommy prompt, »ist das möglich«

»In einem See, der 70 Grad hat?«, werfe ich schnell ein, bevor irgendwer »ja« sagen kann.

»ja«

Zu spät.

»aber das gibt klasse bilder«

»Was an den Worten ›Verbrühungen‹ und ›schwer‹ hast du nicht verstanden, Tommy?«

»Am Rand wird's kälter, so 40 Grad«, fällt mir der Eingeborene in den Rücken.

Ja klar, er will wohl mal wieder ein Bleichgesicht in seinem Maori-Bad sterben sehen.

Der hilfesuchende Blick, den ich meinem Team zuwerfe, lässt jede Hoffnung auf Schonung vergeblich erscheinen, selbst Renate lächelt und nickt. Soll die nicht von Berufs wegen besonders auf mich achten?

Eine kurze Rücksprache des indigenen Brühmeisters mit dem Leiter des Spa-Zentrums und dessen Überlegung, dass dies ja schon seit Jahrhunderten von den Menschen hier gemacht werde, lässt die trügerische Hoffnung aufkommen, dass ich mein Überleben vielleicht doch noch sichern kann.

Das Team wird also aktiv. Alex baut die Kamera auf, damit alles schön zu sehen ist, Renate hält ein Handtuch hoch, damit mei-

Hier sieht man, wie unglaublich schwer es ist, einen entspannten Urlauber in einem Schlammbad zu spielen.

ne Intimsphäre beim Umziehen gewahrt ist, und die anderen ... schauen zu.

Ich ziehe also meinen Badezwirn an und wate in die Masse, die Mineralien und Wasser enthält. Und, was soll ich sagen, es ist cool. Also eben nicht, also warm. Wie eine Badewanne. Ich soll zwar nicht weiter als einen Meter hineingehen, aber an der Stelle, an der es so aussieht, als läge ich mittendrin, ist es schön warm und muckelig. Nur etwas entschlackt, weil hier wohl regelmäßig Schlamm entnommen wird.

Dass ich langsam nach unten rutsche – Richtung 70 Grad –, darf ich mir nicht anmerken lassen, weil die Aufnahme sonst nicht mehr so schön aussehen würde. Trotz der Gefahr, in heißere Gefilde abzudriften, genieße ich die Erfahrung. Ein Bad im warmen Wasser kann sehr entspannend sein und alle Sorgen vergessen lassen.

Als ich meine natürliche Badewanne verlasse, spüre ich ein angenehmes Prickeln auf der Haut. Ein paar Mitarbeiter, die das Ganze überwacht haben, blicken skeptisch an mir hinunter. Kurz denke ich noch »soooo warm!«, stelle dann aber fest: Ich habe am ganzen Körper rote Flecken.

Unsere Fachbegleitung sagt, das hätte er jetzt aber noch nie gesehen.

Na, danke. Axel, der Kameramann, checkt schnell, ob alles im Kasten ist, während Tommy überlegt, ob er genug Schnittmaterial hat, bevor ich an der mysteriösen Fleckenkrankheit sterbe. Ja, ich sehe die Gedanken beinahe in Arial 46 über seine Iris laufen.

»Die anderen Badegäste sehen nicht so aus?«, frage ich vorsichtig.

»Nein«, antwortet einer der Schlammfacharbeiter, »die sind ganz rot.«

Aha. Ich bin erleichtert, bei meinen Teammitgliedern fällt die bereits auf Feierabend geschaltete Mimik etwas in sich zusammen.

Zur Beruhigung kann ich sagen, dass nichts zurückgeblieben ist. Also von der Haut. Genau genommen auf der Haut. Nachdem ich mich mit trübem Wasser gereinigt habe, bin ich wieder halbweiß, bis auf die Milliarden Schlickkrümel, die sich in jede Körperöffnung gesetzt haben. Ja, in jede.

Jetzt geh ich erst mal duschen – mit 'nem Wattestäbchen.

Zu früh gefreut: Mit dem Duschen wird es erst mal nix, denn wir dürfen die Aufgabe des nächsten Tages nicht aus den Augen verlieren, und dafür müssen wir eine große Strecke zurücklegen. Direkt im Anschluss an das Schlammbad.

Diese Aufgabe, die natürlich keine Aufgabe, sondern eine große Freude für mich ist, besteht in dem Besuch der Marlborough Sounds. Im Vorfeld der Reise haben Recherchen ergeben, dass es sich dabei um eine Gegend handelt, die sich durch totale geologische Zerfledderung auszeichnet und aus unzähligen Buchten besteht, die tief ins Landesinnere reichen. Es soll gigantisch sein.

Die Sounds befinden sich am Nordende der Südinsel, aber zuerst geht es nach Blenheim, einem Ort südlich der Sounds. Hier werden wir nächtigen und unsere Kraftreserven für den nächsten Tag auffüllen.

Wir fahren also zum Flughafen Rotorua zurück, um dann die 42 812 070,88 Zentimeter Luftlinie vom Rotorua Airport nach Blenheim zu bewältigen, wie mir ein kurzer Blick auf Google Earth zeigt. Bei der Distanzmessung fallen mir quadratische Strukturen im Wald, westlich des Lake Taupo auf. Was könnte das sein? Ich tippe auf Landestellen für Hubschrauber, eventuell zur Waldbrandbekämpfung. Wahrscheinlicher ist aber, dass es sich dabei um Orientierungspunkte für Außerirdische handelt.

Da mir gerade letztere Vermutung, gelinde gesagt, etwas unwahrscheinlich vorkam, habe ich es mir nicht nehmen lassen, das örtliche Tourismusbüro anzuschreiben und um Aufklärung zu bitten. Selbstverständlich habe ich deine Theorie von den Hubschrauberlandestellen geschickt in meiner Mail platziert. Wollte ich mir doch ein Lob ob meiner bemerkenswerten Beobachtungsgabe nicht entgehen lassen. Die zuständige Dame schrieb auch gleich zurück und versorgte mich mit dem Wissen, dass es sich um einfache Lichtungen handle, auf der frisch geerntete Bäume für den Weitertransport gelagert würden. Für Hubschrauberlandungen seien diese Flecken viel zu klein. Ich bedankte mich artig ... nur um dann doch noch mal bei Google Earth nachzuschauen und alle weißen Flecken zu vermessen. Diese »Lichtungen« sind im Durchschnitt 47,8 Meter groß, und auf keiner einzigen ist auch nur ein Baumstamm zu sehen. Bernhard, ich bin jetzt auf deiner Seite! Das sind Landmarken für Aliens. Geduldet und gedeckt vom Besucherzentrum des Redwood Forest. Und der interstellare Besuch beweist Geschmack: Statt den halben Planeten in Schutt und Asche zu legen oder sich unerkannt in Novosibirsk herumzutreiben, machen sie es sich am schönsten (!) Arsch der Welt gemütlich.

Nun, wir wollen nach Blenheim. Und wie macht man das am besten? Man fliegt.

Genau. Super Idee. Das war bestimmt das beste Transportmittel. Wenn ihr auf der Nordinsel nichts mehr sehen wolltet, hättet ihr euch doch genauso gut einen Reisebus mieten und die Fenster mit blickdichter Folie abkleben können.

Oh, weit gefehlt, Herr Zimmermann. Wollen schon, aber wir hatten keine Zeit. Alleine 2089 Vorschläge der User sprechen eine deutliche Sprache.

So hätte ich – wie vielfach vorgeschlagen wurde – sehr gerne den Mount Taranaki im Süd-Westen gesehen. Ein Vulkan, der vor 135 000 Jahren das erste Mal und 1854 zuletzt ausgebrochen ist. Damit liegt er noch in den geologischen Windeln und kann vielleicht grade mal den Schnuller selbst halten.

 Hast du zufällig The Last Samurai gesehen? Da versuchen sie, dir genau diesen überaus hübschen Kiwi-Vulkan als Fujiyama zu verkaufen. Quasi als mehr oder weniger bewegte Fototapete hinter einem japanischen Kulissendorf.

Übrigens, nur so nebenbei bemerkt, hatten die Samurai im 19. Jahrhundert Holzscheiden für ihre Schwerter, weswegen der metallische Klang im Film ebenfalls totaler Blödsinn ist. Dieses Film- und Fernsehgeschäft ist ja so was von unpräzise …

 Wir hätten außerdem auf Kapiti Island Vögel beobachten können. Da gibt es den Südinseltakahe, Kākako, Brown Teal, Stitchbird und Tieke, Miromiro, Piwakawaka, Ruru, Wekaralle, Hihi und den Toutouwai. (Ich geb's zu: Das hab ich aus der Wikipedia kopiert. Ich versuche erst gar nicht den Anschein zu erwecken, ich hätte diese Namen auf Anhieb richtig geschrieben.) Fürderhin hätte sich ein Ausflug zum Mount Ngauruhoe angeboten, den wir auf der Reise gen Süden nur über-

flogen. Dies ist ein aktiver (!) Vulkan, der bei Herr der Ringe *die Komparsenrolle als »Schicksalsberg« übernommen hat.*

Wie wäre es mit einem Abstecher nach Napier gewesen – immerhin ist das eine der am besten erhaltenen Art-Déco-Städte der Welt? Von dort hättet ihr euch weiter durch die Region Hawke's Bay trinken können. Exzellente Rotweine warten hier auf ihre Verköstigung!

Nicht zu vergessen das Wai-o-Tapu Geothermal Wonderland, wo man einen Geysir gezielt zum Sprudeln bringen kann, indem man einfach mal Seife hineinwirft. Oder wir hätten am East Cape als Erste in Neuseeland die Sonne aufgehen sehen können.

So wählten wir als Transportmittel also das Flugzeug.

Als ordentliche Europäer, die als Vielflieger weltweit unterwegs sind und wissen, dass man mit elektronischen Spezialgeräten wie Kamera, Tonmischer und AAA-Batterien immer sehr viel früher am Flughafen sein sollte, betreten wir natürlich überpünktlich die Abflughalle und wollen uns in die Schlange einreihen.

Doch die gibt es nicht. Der Schalter ist auch nur deshalb schon besetzt, weil sich jemand vom Bodenpersonal der bereits abgefertigten Flüge nicht schnell genug vom Acker gemacht hat. Ein Glück, dass der Flughafen überhaupt geöffnet hat. Wieder einmal stellen wir fest, dass man sich in Neuseeland keinen langen Sicherheitschecks unterziehen muss. Fliegen ist hier wie Busfahren: Man kommt einfach, geht zum Abflugsteig und wartet auf

Wir waren nur glücklich, wenn es mindestens einen Stromanschluss, einen Adapter, eine Verlängerung und eine Mehrfachsteckdose gab.

das Gefährt. Hoffentlich müssen wir nicht stehen und uns wie im Bus an so komischen Schlingen festhalten.

Da der Check-in nach kurzer Zeit erledigt ist, setzen wir uns. Jeder sucht sich eine Beschäftigung, die mit Strom zu tun hat. So weit kommt es noch, dass man sich bei einer Internetkampagne direkt miteinander unterhält! Es werden SD-Karten kopiert, Videos geschnitten, an der Kamera technische Einstellungen kontrolliert. Einige schreiben auch an neuen Konzepten für – irgendwas. Jeder beantwortet irgendwelche E-Mails. Ich selbst bestelle Kaffee und skype danach mit Renate, die mir gegenübersitzt. Einfach, weil es geht.

Da wir gerade so viel Zeit haben – vielleicht ist dies der richtige Moment, um den armen Tommy einmal so richtig zu würdigen:

Toll!

So, fertig.

Nein, das war natürlich ein Scherz.

Es ist ja bekannt, dass ein Teil unserer Arbeit darin besteht, die Aufgabe des Tages, die natürlich keine Aufgabe ist, sondern freiwillig von mir erledigt werden wollen muss, filmisch zu dokumentieren. Durch die zwölf Stunden, die wir hierzulande hinter Deutschland zurück sind, ist es uns möglich, die Filme zeitnah ins Internet zu stellen, indem wir nachmittags mit der Nachbearbeitung des aufgenommenen Materials beginnen und es nach Abschluss der Schnitt- und Vertonungstätigkeiten direkt ins Internet hochladen. So steht es in Deutschland ab sieben oder acht Uhr morgens Ortszeit zur Verfügung. Wir haben also in der Regel etwa vier Stunden Zeit, um die Filmspots fertigzustellen. Kein Problem. Hier ein Schnitt, da ein Soundeffekt, dort eine Überblende. Fertig.

Leider haben wir nicht mit Tommys akribischem Perfektionismus gerechnet. Sein Credo: Es sollen ja keine Videos sein, in denen jemand dokumentarisch das eine Bild ans nächste reiht.

Nein, Tommy erzählt kleine Geschichten. Und so folgt Schnitt auf Schnitt. Da eine Einstellung, die mit einer anderen überblendet wird und so einen harmonischen Blumenstrauß facettenreicher Abwechslung bildet.

Als ich am ersten Tag nach zwei Stunden mal sehen wollte, »wie weit du denn so bist, Tommy«, hatte er bereits eine halbe Minute Einleitung geschafft. Es fehlten also noch zwei Minuten dreißig, um den Spaß komplett zu machen ...

Das ist in vier Stunden nicht zu schaffen, und so sitzt unser Regisseur Nacht für Nacht, teilweise bis zum Morgengrauen, in seiner kleinen Kemenate. Virtuelle Schere und Klebeband um ihn herum verteilt, Pixelreste im Haar, aber vor allem mit so unglaublichen Augenringen, dass er damit locker die Sommerreifen seines Autos ersetzen könnte.

Von einem netten, sympathischen und immer freundlichen Regisseur verwandelt er sich von Nacht zu Nacht immer mehr in einen Zombie. Gekrümmter Rücken, angeschwollene Lymphknoten, belegte Stimme, Schleier vor den Augen – Tommy ist nur noch ein Schatten seiner selbst. Aber eines bleibt er immer: freundlich. Man erkennt es nur nicht mehr so deutlich.

Und so sitzt er auch hier am Flughafen und wartet auf den Flieger nach Blenheim. Tief über den Laptop gebeugt, hängen schon Hautfetzen seiner wundgetippten Finger zwischen den Tasten. Speichelfäden verbinden sich mit dem Mousepad. Ich will ihm etwas Gutes tun und lasse ihn in Ruhe. Den anderen besorge ich Kaffee.

Und so gehe ich an die Kaffeebar. Hier in Neuseeland bietet die Bestellung eines Latte Macchiato allerdings eine ziemlich sichere Chance, als Fremder aufzufallen.

»An espresso with bubbled milk«, versuche ich mich verständlich zu machen.

»Bubbled?«

»Okay, creamed«

»Creamed?!«

»Okay: Soda milk. «

Ich rate allen davon ab, sich vorzustellen, was ich über die Theke geschoben bekomme.

Okay, dann lass ich das. By the way: Ich alter Globetrotter bestell immer einen »Coffee« wenn ich einen Kaffee möchte. »With milk«, wenn ich in guter Fremdsprachenform bin. Und rat mal, was dann meistens passiert ... Ich bekomme eine Tasse Kaffee! Irre, ne?

Wahnsinn, du alter Fuchs, du. Das ist wirklich eine geniale Idee. So einfach kann das sein! Jedenfalls dann, wenn man Kaffee mit Milch will ... Ich wollte aufgeschäumte Milch mit einem Espresso. Also eine befleckte Milch, einen Latte Macchiato. Darin ist der Milchanteil etwas höher, und die Bohnen sind stärker geröstet. Dieses spezielle

Getränk wäre mit den Worten »Coffee with Milk« nicht zu bekommen.

Zum Glück hält sich unsere immer gut gelaunte Neuseelandfachfrau Awesome-Amazing-Katie oft in Europa auf. Sie weiß, was ich mit Latte Macchiato meine und erklärt mir, dass man hier einen Single Shot bestellen muss, um mein Lieblingsgetränk gereicht zu bekommen.

Irgendwann sitzen wir endlich im Flieger, der uns nach Wellington bringen soll. Und genau das auch macht.

Der Hauptstadtflughafen ist weitaus größer als der von Rotorua. Und auch voller. Und internationaler.

Während wir auf die zweimotorige Kleinstmaschine nach Blenheim warten, beobachte ich die Menschen und bin über die Vielfalt des mich umgebenden Völkchens fasziniert. Dicke, Dünne, Große, Kleine, Pākehā und Maori, Klingonen und sogar zwei Romulaner.

Ich kann ja stundenlang nur Leute ansehen. Das führt in Deutschland oft zu ungewollter Kontaktaufnahme. Das liegt vermutlich daran, dass ich das Glück habe, hin und wieder in den Wohnzimmern der Leute am abendlichen Fernsehvergnügen teilzunehmen. Während ich meist schick und geputzt im Fernseher platziert bin, sitzen mir die anderen in Schlafanzug oder Schlüpper gegenüber. Das führt zu einem Verbundenheitsgefühl, das von Einseitigkeit geprägt ist. Nicht, dass mir Menschen unangenehm sind, die mich erst anschauen, denen kurz darauf der Moment des Erkennens ins Gesicht geschrieben steht und die sodann auf mich zukommen. Meist kenne ich sie nicht. Auch nicht, wenn sie sagen, sie seien die auf der anderen Seite des Bildschirms. Da tummeln sich hin und wieder mehrere Tausend Menschen, und ich kann mich leider nicht an jeden erinnern.

Im Ausland hingegen kann ich Leute ganz entspannt beobachten und sogar anstieren. Zwar laufe ich Gefahr, wegen Aufdringlichkeit eins in die Fresse zu kriegen, aber das ist völlig okay, das ist der Preis der Freiheit.

Ich erinnere mich an etwas anderes, das hier in Neuseeland meinen Blick bannte: Es war vor drei Tagen, nach unserem Strand-Dreh. Wir flogen mit dem Hubschrauber zurück zum Flughafen in Kerikeri, wo wir auf den Fahrservice warten mussten, der uns abholen sollte. Wir hatten den Weg durch die Luft genommen, um unterwegs noch ein paar Aufnahmen aus der Vogelperspektive zu machen. Außerdem wollten wir so schnell wie möglich im Hotel sein, damit Tommy mit dem Schneiden beginnen konnte. Der Wagen, der uns am Flughafen abholen sollte, war zur selben Zeit wie wir gestartet, die Strecke führte durch die Ahipara Road, Pukepoto Road, Kaitaia-Awaroa Road, über den State Highway 1, den State Highway 10 und durch die Wiroa Road. Freundlicherweise lieferte Renate als Fahrerin am Flughafen außerdem die Hubschraubertür ab, die wir ausgebaut hatten, um schönere Bilder zu machen. All das dauerte seine Zeit, und wir waren mitnichten früher im Hotel. Hätten also direkt mit dem Wagen fahren können.

Während wir am Flughafen auf den Wagen warteten, hatten wir genügend Zeit, einen Single Shot zu bestellen und auch zu trinken.

Trotz deiner bereits bewiesenen Kaffee-Expertise klingt der Begriff »Single Shot« für mich immer noch nach: »Bei dem Drink hebt dir mit einem Schluck in 0,3 Sekunden die Schädeldecke ab«.

Da kam eine Gruppe Geschäftsleute rein. Zwei Männer, eine Frau. Zwei Anzüge, ein Rock mit Business-Jackett.

Was mich stutzig machte, war das Gesicht der Frau. Sie hatte ein traditionelles Tā moko im Gesicht. So nennt man die Tattoos der Maori auf dem Körper – und somit auch auf den Gesichtern. Ist bei Männern allerdings die gesamte Gesichtspartie verziert, reduziert sich der Farbschmuck bei Frauen meist auf die Unterlippe und das Kinn.

Diese anachronistisch anmutenden Hautzeichnungen waren auf eine besondere Art beeindruckend: eine moderne Frau mit einer historischen Tätowierung.

Neugierig, wie ich nun mal bin, fragte ich natürlich sofort, also am nächsten Tag, unsere immer gut gelaunte Neuseelandfachfrau Awesome-Amazing-Katie.

Von ihr erfuhr ich, dass diese Form der Gesichtsverzierung keinesfalls nur in alten und traditionsbewussten Maori-Familien zu finden ist. Zwar hat diese Form der Tätowierung zunehmend an Bedeutung verloren, je mehr die Kulturen der englischen

Siedler die der Maori verdrängten, aber als Gegenbewegung erlebt sie jetzt eine Renaissance. So gibt es immer mehr Neuseeländer, die damit eine Verbindung zu ihrer eigenen kulturellen Maori-Vergangenheit ausdrücken wollen. Jede einzelne Form hat ihre Bedeutung, jedes Muster sagt etwas aus. Und bei meiner eigenen, nun schon 20 Jahre dauernden Tattoo-Planung sollte ich darauf achten, dass ich mir auf keinen Fall das Zeichen für »Trauer um den Tod eines Maori-Jungen« stechen lasse, nur weil ich es vielleicht schön finde.

Die Muster sind beständig, nur die Technik hat sich verändert. Heute werden natürlich im Großen und Ganzen moderne Tätowiermaschinen mit Magnetspulenantrieb oder auch Streckenbach/Kohrs-Tätowiermaschinen mit Rotationsantrieb benutzt. Früher sah das anders aus: Es wird angenommen, dass der Begriff Tattoo sich vom Tahiti-Wort tatau ableitete und eine lautmalerische Umschreibung der Geräusche ist, die dabei entstehen, wenn mit einem scharfen Messer, meist aus Albatros-Knochen, eine Kerbe in die Haut geschlagen und in diese dann Farbe eingelegt wird. Dieses Verfahren – und auch das Stechen mit der Nadel – war und ist schmerzhaft, aber wurde von rituellen Handlungen und Gesängen begleitet. Das lenkt wohl ab.

Sollte ich mich jemals tätowieren lassen, greife ich auf das Gerät mit der Magnetspule zurück. Das klingt so, als hätte es einen USB-Anschluss. Und das Motiv ist auch schon klar: Eine Mittelaltergitarre, um die sich mehrere Drachen winden. Manche mögen sagen: »Das geht gar nicht!« Aber ja, ich will was Modernes.

Ich habe in einem Buch noch einen Auszug aus einem Maori-Epos gefunden, der sich mit dem Tätowieren beschäftigt. Weiß aber nicht genau, ob ich dieses Werk hier zitieren

kann, ohne die FSK-Freigabe zu riskieren. Darin geht's nämlich ganz schön erotisch zu, nur um vom ehrvollen Hautgeritze abzulenken.

Kurzfassung: Ein Häuptling lässt seinen Sohn schmerzvoll vom Meistertätowierer des Stammes malträtieren. Beide frotzeln im Vorfeld des Gemetzels darüber, ob der Jugendliche das Prozedere ruhmreich über sich ergehen lässt oder ob er unehrenhaft schreit und wimmert. Um ihn von der rituellen Pein ein wenig abzulenken, »massieren zahlreiche junge Frauen seine Männlichkeit«. Dann hat er eine Erektion, blabla ... Fertig, alles toll, man kennt das ja und, zack, ist der Sohn ein Held.

Danach wird der Hautschneidemeister an den Nachbarstamm verliehen und soll dort der Frau des Häuptlings den Venushügel tätowieren. Die liegt in den Armen ihres Mannes nackt in der Sonne. Er bewundert sie wortreich dafür, dass ihr Körper wegen der schneidenden Malträtierung bebt, aber kein Laut der Verzweiflung ihre Lippen verlässt. Und dann hat sie vor lauter Schmerzen einen amtlichen Orgasmus!

Eigentlich eine schöne Geschichte, ne? Aber ein bisschen zu sexy, um es zu rezitieren, fürchte ich.

Findest du? Ich nicht. Hast du die Adresse von dem Typen?

Endlich geht der Flug, der uns nach Blenheim bringen soll. Die Maschine für diese Ultrakurzstrecke ist ultraklein. Auf jeder Seite des Ganges nur ein Sitz. Der Co-Pilot persönlich hilft uns in den Flieger. Bordpersonal ist nicht zu sehen und nach dem Start wohl auch nicht mehr zu erwarten, kein Platz.

Der Flug dauert 30 Minuten, also geht es nur hoch und danach wieder runter. Was den Service anbelangt, gibt es nur eine Möglichkeit: Beim Start legt der Pilot die Getränkedosen auf den Boden, und die rollen dann einmal durch den Gang nach hinten. Man greift zu, wenn das gewünschte Getränk dabei ist. Bei der Landung legt man die leere Dose einfach zurück. Den Rest erledigt die Schwerkraft.

Bei unserem Flug lassen sie auch das aus, aber wir fliegen ja schließlich nicht Business-Class.

Anders als beim Hinflug von Frankfurt nach Neuseeland. Dort saß ich in einem großen Sessel. Die ersten zwei Stunden verbrachte ich damit, eine Karte des mir gehörenden Areals zu erstellen. Mein Handgepäck wurde in einem eigenen Fach unterhalb des Vordersitzes verstaut. Da dieser aber recht groß war, kam ich an den Eingang des Faches nur, wenn ich mich bückte und ein paar Meter über den Boden krabbelte. Auf der anderen Seite befand sich in Kniehöhe eine Vertiefung, in der ich zum Schlafen die Beine verstauen konnte. Nicht nur meine eigenen, es wäre genug Platz für eine mehrköpfige Familie gewesen. Daraufhin beschloss ich, zwei Kinder aus der Economy-Klasse zu adoptieren. Bei mir war einfach mehr Platz, und die Eltern wären sicher froh, ihren Nachkommen eine bessere Zukunft zu bescheren.

Die Anzahl der Öffnungen und Klappen, die ich in Reichweite meines Sitzes betätigen konnte, war schier unermesslich: Glas-Absteller, Kopfhörerfach, Ablage für die Fernbedienung, Klappe für den Esstisch, Fach für Zeitschriften, ein Schminkspiegel (beleuchtet und natürlich auch vergrößernd) und zu guter Letzt das Wichtigste – die Elektroabteilung: Klappe auf, und sofort standen mir internationale Steckdosen für Strom, zwei USB-Steckplätze, ein Netzwerkkabel und irgendein Videoeingang zur Verfügung. Ich schloss meine mitgebrachte Elektronik an, aber leider machten die Triebwerke danach so komische

Geräusche. Nachdem ich es ausgesteckt hatte, war alles wieder normal.

Ich betatschte begeistert die ganzen Einrichtungsgegenstände. Jeder Knopf wurde wieder und wieder gedrückt, sodass die Mitreisenden schon müde lächelnd auf mich herabsahen. Danach testete ich das Bordprogramm, das rund 400 Filme bot. Davon waren gefühlt 399 indische Bollywood-Streifen, der Rest handelte von vielfältigen Problemen, die sich nur durch Anwendung exzessiver Karatetechnik lösen ließen.

 Ich kann deine Begeisterung nachvollziehen. Meine Erinnerungen an Langstreckenflüge verlieren sich meist in einem Nebel aus Beinschmerzen und wegen Unterforderung rebellierenden Muskeln. Regelmäßig habe ich auch das Glück, von den 300 Sitzplätzen genau den zu erwischen, bei dem der Multimediabildschirm im Vordersitz dauerhaft schwarz bleibt. Trotzdem muss ich aus purem Neid und um mein umweltfreundliches Image zu festigen, anmerken, dass diese luxuriöse Form der Fernreise unter ökologischen Gesichtspunkten natürlich vollkommener Wahnsinn ist. So viel mehr Kerosin verblasen für ein bisschen mehr Glück in Form eines elektrosmogverseuchten Fernsehliegesessels über den Wolken. In Sachen Ökobilanz hättest du besser Werbung für Mecklenburg-Vorpommern oder noch besser für Bonn-Wachtberg gemacht, statt für Neuseeland.

Falls es dich interessiert, ich habe auch gerade eine Reise hinter mir. Hatte ebenfalls viel Platz um mich herum. Konnte mir sogar zwischenzeitlich die Beine vertreten, die fabelhafte Aussicht genießen und einen Blick ins Cockpit werfen. Nur beim Bordprogramm musste ich ein paar Abstriche machen. Und einen

Snack habe ich auch nicht bekommen. Da geht noch was auf der Strecke von Deutz nach Nippes, liebe Kölner Verkehrs-Betriebe! Dafür haben sie heute wenigstens keine Häuser über unserer U-Bahn einstürzen lassen.

Sicher hat sich der weitere Verlauf des Fluges zu deiner vollsten Zufriedenheit gestaltet. Und hoffentlich hallte es in der weiträumigen Business-Klasse nicht allzu sehr, als die Flugbegleiterin beim Einschenken versehentlich mit der Champagnerflasche auf den Rand des Kristallglases dängelte. Konntest du dich bei dieser Auswahl an Unterhaltungsfilmen überhaupt entspannen? Achte darauf: In jeder guten Bollywood-Inszenierung müssen die folgenden neun Rasas, die Zentren alter indischer Kunst und Ästhetik, thematisiert werden: Liebe, Heldentum, Ekel, Komik, Schrecken, Wundersames, Wut, Pathos und Friedvolles.

Nachdem du dich ja bereits heldenhaft um den Nachwuchs des Pöbels aus der Economy-Class gekümmert und das wundersame elektronische Steckfeld-Universum in deinem Sitz erforscht hast, bist du bollywoodmäßig auf einem guten Weg.

In den Bollywood-Filmen kommt übrigens immer eine Wet-T-Shirt-Szene vor, in der die Hauptdarstellerin, natürlich bekleidet, im Wasser badet. Dann steigt sie aus den Fluten und ... na ja, macht die Zuschauer rollig.

Ich habe jetzt 122 dieser Szenen angesehen und mit meinem Handy vom Display abgefilmt. Du kriegst dann einen Zusammenschnitt.

Hier, im Flieger von der Nord- zur Südinsel, ist solch ein Service nicht zu erwarten und wenn man ehrlich ist, auch nicht nötig. Eine halbe Stunde Flug und aus dem Fenster der Blick auf das weit unter einem liegende Neuseeland reichen zur Ablenkung völlig aus. Rund sechs Stunden, nachdem ich dem warmen Schlammbad in einer Eleganz entstiegen bin, dass Kreationisten ihre Freude an dieser Form der Menschwerdung gehabt hätten, treffen wir im Hotel in Blenheim ein. Hier ist es bequemer als im Miniflieger, aber es hat weniger Filme als die Business-Class zur Auswahl.

Ich geh nun aber wirklich duschen.

7 | MARLBOROUGH SOUNDS

Göttliche Kratzer

Träfe ich jemals jemanden, der Neuseeland noch nicht kennt und vorhat, es zu bereisen, würde ich ihm raten, die westlichen Felsen im östlichen Teil des Nordens der Südinsel zu besuchen. Vielleicht käme ich ja mit. Es sind die Marlborough Sounds und einfach atemberaubend. Steile Berghänge fallen, fast bis zur Wassergrenze bewaldet, zu tiefen Meeresbuchten ab, die sich kilometerweit ins Landesinnere ziehen. Die Küstenlinie, an der wir jetzt entlangschippern, scheint unendlich lang, und wenn man sie mit fraktaler Geometrie betrachtet, strebt sie dorthin.

Fraktale? Keine »ganzzahlige« Dimension? Ich vermute mal, du möchtest hier nicht auf die gebrochenen Dimensionen verweisen. Vielmehr erinnert mich deine Schilderung an die Überlegungen, die du eigentlich jedes Mal zum Besten gibst, wenn es um die Größe von Ländern geht. Je genauer ich die Grenze vermesse, desto länger wird die Strecke. Die Küste Groß-Britanniens, auf ein Viereck reduziert, ist kürzer als mit 6, 12, oder 19 260 379 Ecken dargestellt. Wir wollen uns gar nicht ausmalen, was herauskäme, wenn du anfingst, atomare Dimensionen mit in deine Berech-

nungen hineinzunehmen. Jedes Mal muss ich mir das anhören.

Bei den Recherchen zu diesem doch recht theoretischen Thema fand ich übrigens einen direkten Bezug zwischen Neuseeland und Fraktalen: Denn in der Mathematik gibt es den sogenannten Barnsley-Farn: ein durch Zufall generierter Farn.

In den Marlborough Sounds folgt eine Bucht auf die andere, und in jeder finden sich wieder zahllose Einbuchtungen, die verbuchtet sind und kleine Nebenbuchten beherbergen. Wenn ich jemals eingebuchtet werden sollte, dann hoffe ich, dass es hier ist.

Obwohl diese Meeresarme an norwegische Fjorde erinnern, hinkt der Vergleich, weil die Sounds im Gegensatz zu den Fjorden nicht durch Gletscher entstanden sind.

»Dereinst gab es hier ein riesengroßes Gebirge«, erzählt Jakob uns nun eine Legende, die hier jedes Schulkind kennt. »Gipfel reckten sich gen Himmel, Täler gruben sich tief in die Erde hinab. Doch da machten sich gewaltige Kräfte bemerkbar, Beben erschütterten die Erde, und diese senkte sich demütig ab. Plötzlich brach an einer Stelle Wasser über einen flachen Bergkamm, und die wogenden Massen suchten sich ihren Weg durch die vielen zerklüfteten Schluchten und Täler und füllten sie an, bis nur noch die höchsten Gipfel des einst so mächtigen Gebirges aus dem Wasser ragten.«

Wissenschaftler haben eine weitaus einleuchtendere Erklärung: Um 1400 befuhr Kupe, einer der polynesisch-stämmigen Entdecker Neuseelands, mit einem der großen Hochseekanus, wahrscheinlich dem Tākitimu, die Meerenge zwischen Nord- und Südinsel. Plötzlich wurde er von einem Kraken angegriffen. Kupe besiegte den Oktopus in einem harten Kampf, doch er hielt sich dabei mit einer Hand am Festland fest, wobei seine kräftigen Finger große Furchen ins Festland trieben und Steine und ganze Felsen mit bis zum Meer rissen. So entstand das, was heute die Sounds sind.

 Kupe ist wirklich eine Zentralfigur der maorischen Mythen, die sich mit der Besiedelung von Aotearoa aus dem mythischen Land Hawaiki beschäftigen. Bei vielen Stämmen der Maori gibt es Legenden darüber, wie Kupe, der Seefahrer, das Land entdeckte, es mit seinem Kanu umrundete und seine Rätsel löste. Wie es sich für einen Helden gehört, hatte er dabei natürlich so manch schwere Prüfung zu bestehen. Dass es unzählige Variationen des Themas gibt, ist für jahrhundertealte mündliche Überlieferungen relativ normal. Diese unterscheiden sich in der Zahl der Kanus, die mit Kupe übers Meer kamen, in den Orten, an denen er mit seinen Mannen landete, und in den zeitlichen Angaben, in denen sie nur so plus minus 500 Jahre übereinstimmen.

Der frühe Landvermesser und Ethnologe Stephenson Percy Smith veröffentlichte als einer der Ersten eine Fassung der Legende von Kupe. Er wollte dabei den Anschein erwecken, dass es sich hierbei um deren »klassische« Version handle. Quasi der gemeinsame Nenner aller umläufigen Varianten. Interessanterweise gehen heutige Forscher wie David Simmons davon aus, dass Smith nur eine einzige Quelle hatte, deren Version er niederschrieb. Im Zuge der Rückbesinnung auf alte kulturelle Werte und Inhalte der Maori wird seine Version oftmals von den Maori selbst als eine Art Ursprung gesehen und dementsprechend weitergegeben. Anthropologisch ein typischer Fall von Konstruktion der eigenen Kultur. Die Maori hatten, wie viele andere von der Kolonisation betroffene Gesellschaften, das Problem, dass die indigenen Bevölkerungsteile durch die Einwanderer zu ethnischen Minderheiten wurden. Dadurch wurden große Teile ihrer Kultur verdrängt, die sie erst in den letzten Jahrzehnten wieder hervorzuholen versuchen. In Neuseeland spricht man in diesem Zusammenhang auch von der Maori-Renaissance. Für die Maori hat das Erstarken ihrer kulturellen Identität auch für ihre politische Autonomie viele positive Auswirkungen gehabt. Ein Beispiel dafür ist der Maori Language Act von 1987. Seitdem ist Te Reo Māori die zweite offizielle Amtssprache in Neuseeland. Da die maorische Kultur mittlerweile ja auch ein Aushängeschild für den neuseeländischen Tourismus und deshalb mit Blick auf das Image des Landes nicht mehr wegzudenken ist, fällt es den Pākehā vermutlich auch leichter, den Maori in ihren Bestrebungen entgegenzukommen. Wäre ja doof, wenn die Maori irgendwann alle auswandern und die Pākehā sich mit Schuhcreme und aufgemalten Tattoos in maorische Folklorevereine verwandeln müssten.

Überall an den Hängen der Sounds haben sich Menschen angesiedelt. In jeder Bucht finden sich vereinzelte Häuser mit Steg. Das Wasser bietet die beste Verbindung zur Außenwelt, es sei denn, man möchte stundenlang durch die Wälder wandern, denn Straßen zu den Häusern gibt es keine. Dieser Idylle konnten natürlich auch die Bauherren größerer Hotelanlagen nicht widerstehen. Aber zumindest die Hotels, an denen wir vorbeifahren, fügen sich harmonisch ins Landschaftsbild ein. Sie sehen eher aus wie ein altes englisches Dorf, denn wie eine Mallorca-Bettenburg.

Was für ein Leben, denke ich mir, während ich die Landschaft betrachte. Wie soll ich diesen Job bloß später als Arbeit verkaufen?

Vielleicht, indem ich mich dem widme, was heute von mir gefragt ist. Die Aufgabe des Tages wartet auf mich!

»Mach in Picton bei einer Angeltour in den Sounds Jagd auf den Red Snapper. Grill ihn abends bei leckerem Bier!« Das ist der erste Vorschlag, der zur Abstimmung stand, von Tobias aus Warstein.

Sofort will ich wissen, was das ist, der »Red Snapper«. Eine experimentelle Band aus England? Diese Form des Kannibalismus ist mir natürlich fremd. Aber wenn sich der User wünscht, dass ich sie jage, mache ich das natürlich gerne. Ich kann die drei Jungs gern grillen, essen muss man das ja dann nicht. Steht auch nicht in der Aufgabe. Aber zum Glück findet der Vorschlag keine Mehrheit und so muss ich mich nicht in ein moralisches Dilemma begeben. Ich freue mich immer noch darüber, als ich herausfinde, dass es sich beim Red Snapper um einen Fisch handelt, den schon die Maori unter dem Namen Korea kannten. Das hätte ins Auge gehen können – womöglich hätte ich noch Nord-Korea geangelt .

Der andere Vorschlag ist sehr allgemein gehalten: »Betrachte Neuseeland aus der Vogelperspektive«, dachte sich Steffi aus Brasilien aus, ja es waren auch Deutsche aus Übersee dabei.

Da wir das bereits getan haben, kommt es nicht in Frage. Auch wenn ich mir sehr gut vorstellen kann, einfach den ganzen Tag in einer Cessna durch die Luft geflogen zu werden und sattes Grün zu betrachten. Tommy würde das sicher auch irgendwie spektakulär geschnitten kriegen. Aber er will nicht.

So ist es das feuchte Element, gefordert im dritten der Vorschläge, dasjenige, auf dem wir uns weiterbewegen werden.

»Liefere in den Marlborough Sounds als Postbote mit dem Schiff Briefe aus«, steht nämlich als Drittes auf der Liste. Der Vorschlag stammt von Bruno aus Köln.

Um die Bevölkerung in den Sounds nicht völlig der Vereinsamung anheimfallen zu lassen, transportiert die neuseeländische Post die Briefe dort mit einem Postboot hin und her. War das Boot zunächst nur eine kleine wacklige Jolle, wollten mit der Zeit immer mehr Touristen die tägliche Runde für ihre Ausflüge nutzen. Inzwischen ist das Bötchen zu einem Schiff angewachsen, kann bis zu 70 Personen transportieren, und selbst das reicht in der Hauptsaison nicht aus.

Ich habe also die große Ehre und darf einen Teil der Post austragen. Das heißt, der Kapitän macht alles – bis auf den kurzen Moment, in dem die Post aus dem Fenster gereicht wird. Das ist mein Job. Wahrscheinlich bin ich nur dann versichert.

Die Übergabe ist allerdings schon komplex genug: Das Schiff nähert sich dem Steg, ein Angehöriger einer der dort ansässigen zwei oder drei Familien ist dafür zuständig, die abzuschickende Post in einem Sack zu übergeben und gleichzeitig den Leinenbeutel mit den neuen Sendungen in Empfang zu nehmen.

Das System ist ausgeklügelt. Hängen Flaschen oder Kanister am Steg, weiß der Kapitän, der die Bewohner hier alle mit Namen kennt, dass er weiterfahren kann und beim folgenden Halt seine Fracht übergibt.

So fahren wir von Steg zu Steg. Hier gebe ich einen Sack ab, da bekomme ich einen. Hier muss ich mich etwas strecken, da … auch. Aber der Kapitän lenkt das 30 Meter lange Boot so geschickt an die Holzkonstruktionen heran, dass ich meine recht instabile Körperhaltung kaum ändern muss. Erst denke ich, dass ich niemals an den Empfänger der Post heranreichen werde – auf einmal bin ich nah genug dran.

Die ganze Zeit ist das stärkste Gefühl ein durchdringendes »Wow!«. Was für eine Landschaft! Wie so oft denke ich daran, dass das Herumreisen von Tag zu Tag keine Zeit lässt, die Ziele in Ruhe zu genießen.

Ich muss an den heutigen Vormittag denken. Um zu zeigen, was man in Neuseeland alles anstellen kann, bin ich als Kanufahrer übers Wasser gepaddelt. Ich steuerte kurz auf die Kamera zu und erzählte, was ich an diesem Tag vorhatte. Der Kanuverleih, dessen Boote wir nutzen wollten, gehörte zu einer kleinen Lodge. Angeschlossen war ein kleines Gelände mit endemischen Tieren, einer Vogelaufzuchtstation und einer Reihe von Kunstwerken, die an den Bäumen hingen und auf dem Areal verstreut waren. Das Ganze lag eingebettet in eine der unzähligen Buchten. Nach dem Rundgang machten wir eine kleine Pause und genossen eine Mahlzeit im Freien. Hier eine Woche einfach nur zu sitzen, aufs Wasser zu schauen und hin und wieder mit dem Kajak hinauszufahren oder in einem mehrtägigen Marsch den berühmten Queen Charlotte Track entlangzuwandern, das wäre mein Wunsch.

Jetzt auf dem Schiff weht mir der Wind um die Nase und meine nicht vorhandenen Haare ins Gesicht. Ich konzentriere mich völlig auf meine Postbotentätigkeit.

An einer Stelle bin ich allerdings leicht überfordert. Wir fahren mit dem Boot auf den Steg zu, wo ich bereits eine Person erspähe. Nun kommt wieder der spannende Moment: Besitzt der Kapitän genug Nerven, das Schiff so lange am Steg zu halten, bis ich es geschafft habe, den Sack an Land zu befördern, oder dauert es ihm einfach zu lange, und er dreht wieder ab, während ich noch halb mit dem Oberkörper zwischen Steg und Boot hänge?

Zuerst dachte ich, es wären alte maorische Schnitzereien. Aber dann erfuhren wir: Ein Künstler hat Köpfe an die Bäume modelliert. Schön ist's trotzdem.

Ich stelle mich also in Position, halte den Sack schon mal mit der einen Hand hoch und mich mit der anderen an der Fensterkante fest, um das Gleichgewicht nicht zu verlieren.

Endlich, das Boot berührt sanft die großen hölzernen Stämme, die nur wenig nachgeben, weil sie fest im Boden verankert sind. Es knirscht leicht, der Steg ächzt unter der Kraft des Bootes.

Ich lehne mich aus dem Fenster, meine Finger krallen sich am kalten Metall fest. Dann strecke ich die Hand aus und reiche den Postsack hoch, wo eine Frau den Beutel packt und mir einen anderen reicht. Dabei lächelt sie mich mit dem internationalen Gesichtsausdruck an, der bedeutet: »Ich kenn dich nicht, tu mir nichts, aber geh wieder.«

Ich lächele zurück. »Keine Angst, hänge eh nur an drei Fingern, wenn ich loslasse, falle ich ins Wasser«, soll das heißen.

Aber dann versucht sie mich doch noch zu verwirren, indem sie einen Schwall Worte auf mich herabregnen lässt.

Ich lächele tapfer weiter. »Das ist sehr interessant«, geht es mir dabei durch den Kopf, »also wenn ich es verstehen würde ... Mann, Sie reden aber viel, ich versteh nur nichts ... Warum hört sie nicht auf zu reden und atmet zwischendurch mal?«

Das Einzige, was ich heraushöre, ist, dass das Wort »dog« dauernd auftaucht. Ich will mich nicht beleidigen lassen, nur weil durch das verkrampfte Lächeln mein Mund so weit aufgerissen ist, dass man die gefletschten Zähne sehen kann, und mir nun auch noch die Zunge raushängt.

Ängstlich blicke ich mich um, ob mich die gesprächsfreudige Dame auf dem Steg vielleicht vor einem Canidae warnen will. Ich sehe aber keinen. Zum Glück kann ich sehr hilflos aus der Wäsche gucken, und der Briefverteilungsprofi, der bis jetzt am Ruder gestanden hat, übernimmt.

Das kurze Gespräch verfolge ich dann, so gut ich kann, während ich zurück auf den nassen harten Stahlboden der Kapitänskajüte plumpse. Teile der geäußerten Laute kommen mir bekannt vor.

Der Skipper erzählt mir anschließend, dass an dieser Stelle normalerweise gar kein Mensch komme, sondern immer nur der Hund der Familie. Er trage den alten Sack zum Boot und den neuen zurück zum Haus. Aber der treue Gefährte sei bereits seit ein oder zwei Tagen nicht mehr aufgetaucht, und die Dame habe darum gebeten, dass wir Ausschau hielten, ob er sich irgendwo in den Felsen verlaufen habe.

Ich versprach, meine Augen aufzuhalten, aber ein kurzer Blick Richtung Land machte mir klar, dass es vollkommen aussichtslos war, dort einen Hund entdecken zu wollen.

Hier einen braunen Hund zu sehen, ist eher... schwierig

An der nächsten Anlegestelle zückt der Kapitän auf einmal nicht nur den Sack Post, sondern auch noch eine Tafel Schokolade, einen Knochen, ein Stück Brot und kleine getrocknete Fleischkügelchen. Als wir dann an der Anlegestelle ankommen, weiß ich, warum: Dort steht ein Mädchen (Schokolade), an ihrer Seite ein Hund (Knochen), die Mutter (Post) kommt dazu und hat eine Katze im Schlepptau (getrocknete Fleischkügelchen). Aber was ist mit dem Brot? Auf einmal tauchen Hühner auf, die über den Steg auf uns zulaufen. Noch bevor sie ankommen, haben wir schon wieder abgelegt.

In der Post, so klärt mich der Skipper auf, seien die täglichen Hausaufgaben des Mädchens. Die Kleine besuche keine normale Schule, sondern so eine Art Fernschule.

Alle anderen an Bord finden das voll schön und freuen sich für das Mädchen, das inmitten der abgeschiedenen Natur aufwachsen darf. Ich habe für derlei romantische Empfindungen einfach zu viele dänische Krimis gelesen ...

Das verstehe ich nicht. Ich lese aber auch keine dänischen Krimis. Genaugenommen lese ich eh viel zu wenige Bücher. Wahrscheinlich habe ich in kurzer Zeit mehr Bücher geschrieben als in letzter Zeit gelesen. Das ist angesichts des überschaubaren Umfangs meiner Bibliographie allerdings nicht gerade rühmlich.

Nun ja. In den dänischen Krimis, die ich gelesen habe, kommen unvorstellbar böse Menschen vor, die in unglaublich mannigfaltiger Art und Weise unfassbar viele Menschen in unüberschaubar langer Zeit töten. Beim ollen Olsen haben die meist alleine mit ihren Eltern auf irgendwelchen einsamen Höfen gelebt. Und, na ja, die hatten eine echt üble Kindheit und niemanden, dem sie sich anvertrauen konnten.

Als ich auf diese Familie am Steg zurückblicke, kann ich mich nicht dagegen wehren, dass mir düstere Gedanken durch den Kopf geistern. Diesbezüglich, dass dieses Mädchen alleine mit seinen Eltern lebt. Abgeschieden und dem Wohl und Wehe der Eltern ausgeliefert. Dann, eines Nachts, gelingt ihm die Flucht, den Steg entlang zum rettenden Boot. Sie schafft es, einige Meter vom Ufer wegzurudern, die Hoffnung gibt ihr Kraft. Aber das Seil, mit dem das Boot vertäut ist, treibt hinter ihr im Wasser. Eine Hand greift in das dunkle Nass und umschließt den Knoten am Ende. Ein kurzer Ruck lässt das Mädchen zusammenzucken, sie muss sich mit einer Hand abstützen. Sie dreht sich langsam um, und während sie Stück für Stück zurück zum Land gezogen wird, schält sich mit jedem Meter die Fratze der wahnsinnigen Mutter aus dem Nebel, und das Mädchen hört bereits das wütende Schnaufen des Vaters …

»Die hat's gut!«, sagt Renate hinter mir.

»Was? Wo? Wer?«

»Das Mädchen. Umgeben von Wald – ein Schritt, und sie steht in der Natur. Ruhe und Entspannung, viel Zeit mit den Eltern und dem Hund. Und wenn sie will, fährt sie einfach mit dem Motorboot in die Stadt.«

»Ja, schön …«, stimme ich nach kurzem Zögern zu.

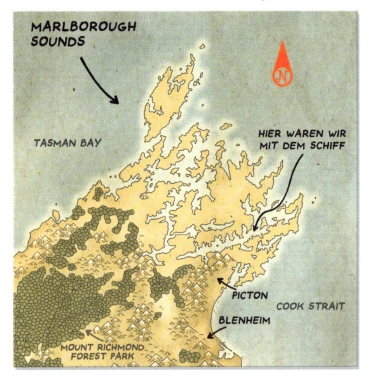

Wir führen unsere Runde noch zu Ende. Kurz bevor das Boot den äußersten Punkt auf der Route erreicht hat, legen wir in der Bucht an, wo auch James Cook oft vor Anker gelegen hat. Mehrere Gedenktafeln weisen auf seine Besuche hin. Nachdem wir dort selbst auch eine Stippvisite absolviert haben, können wir den Tag erfolgreich für beendet erklären.

8 | WHALE WATCHING
Apnoetauchen von wahren Profis

Der gestrige Tag hat mich erst spät ins Hotel gespült, da wir nach unserem Ausflug über die Sounds noch die lange Küstenstraße von Picton nach Kaikoura bei einem grandiosen Sonnenuntergang genossen haben.

Was hier so schön nach natürlicher Landschaft aussieht, ist Ginster. Er wurde eingeschleppt und hat sich hemmungslos vermehrt. Ich finde das zumindest optisch nicht sooooo schlimm.

Der neue Morgen beginnt für mich deshalb mit einem sehr frühen Weckruf. Ich sehe nur eine Möglichkeit, meinen matten Körper in irgendeiner Form in Form zu bringen: duschen.

Plötzlich geht der Rauchmelder los. Es piept im Schlafzimmer, im Flur, im Nachbarzimmer und im Wohn-/Essbereich. Ja, es ist ein Apartment.

Eiligst wickle ich mir das Frotteehandtuch um die Hüften und gehe vorsichtig durch die Wohnung. Schritt für Schritt wandle ich über den Teppich, immer auf der Lauer, ob sich da nicht eine Flamme von der Seite meiner bemächtigen will. Ich schnuppere und beobachtete, ob mir schwindelig wird.

Ich gehe zur Eingangstür und befühle sie. Kalt. Also scheint alles in Ordnung zu sein. Ich öffne. Nichts.

Ich schlurfe zurück ins Bad und begutachte die Situation. Für mich stellt sich die Sache nach einiger Analyse ganz einfach dar: Der Wasserdampf hat beim Duschen das Badezimmer verlassen. Ist an die Decke des Schlafbereichs gekrochen und hat dort den Kontakt des Rauchmelders ausgelöst.

Jetzt muss ich nur noch warten, bis das nervige Gepiepse wieder ausgeht.

Doch dazu lässt man mir keine Zeit.

Trotz der frühen Morgenstunde klopft es an der Tür. Ängstlich erwartend, dass mehrere Feuerwehrleute in schicken Uniformen das Apartment stürmen und mich zu Boden werfen, um mich dem sicheren Tod zu entreißen, drücke ich die Klinke runter und spähe hinaus.

Es ist ein Mann in Bademantel und Hausschuhen. Der Vermieter. Bei ihm in der Wohnung geht auch ein Alarm los, wenn irgendwo in der Apartmentanlage Feuer gemeldet wird.

Wir gehen durch die Wohnung, und ich hoffe, dass diesen Anblick nie jemand bei Facebook posten wird: Ein älterer Herr im Bademantel, gefolgt von einem jungen muskulösen Mann, auf dessen sonnengebräunter Haut sich noch die letzten Wassertropfen zu Perlen formen, während ein Handtuch sich um den ansonsten unbekleideten Körper schmiegt. Beide gehen Richtung Schlafzimmer und …

… eine halbe Stunde später sitzt unser Team im Auto und fährt Richtung Meer.

Wahnsinn, hier wird sich erneut einer meiner Kindheitsträume erfüllen.

Seit meinen unschuldigen zehn oder elf Jahren bin ich begeisterter Wal-Fan. Ich habe damals sogar ein eigenes »Informationsbüro für Walangelegenheiten« in meinem Kinderzimmer eingerichtet. Der Balkontisch diente als Büromöbel, dort hatte ich sämtliche Literatur über Wale aufgereiht: WAS IST WAS und ein Bildband *Tiere des Meeres*. So wartete ich auf interessierte Kundschaft. Als Kind ist man natürlich ein wenig außerhalb der öffentlichen Wahrnehmung, und so musste ich mir meinen ersten Kunden selbst akquirieren: meinen Vater. Er musste für seine Schulklasse einen Infozettel wollen. Auch der zweite Kun-

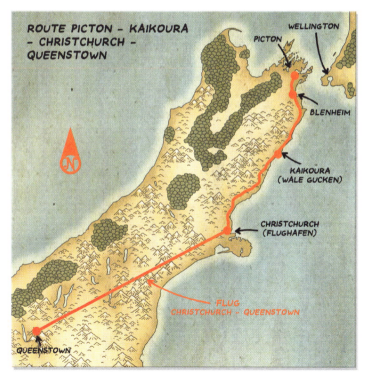

de war schnell gefunden: mein Vater, der für eine Forschungsreise vorbereitende Informationen wollen sollte. Und dann stand auch schon der dritte Kunde in der Tür: meine Mutter, die uns beide zum Essen holte.

So ist es verständlich, dass ich mich schon auf der Fahrt zum Einsatzort über die Vorauswahl der Vorschläge zur heutigen Aufgabe freue, die ja keine Aufgabe ist, weil freiwillig. So freiwillig, dass ich in diesem Fall auch Geld dafür bezahlt hätte.

Denn sämtliche Ideen hatten mit Walbeobachtung zu tun: »Iss nach dem Whale-Watching einen Hummer«, schlägt Ursula aus Düsseldorf vor. »Gib auf einer Wal-Fahrt den Delphinen Nachhilfe in Deutsch«, ist eine Idee von Friedrich aus Eitorf, und: »Moderiere eine Wal-Beobachtungstour«, entspringt dem Geist von Hildegard aus Jülich.

Folglich ist heute in jedem Fall Whale Watching angesagt. Ich habe so etwas bereits zwei Mal gemacht. Einmal sah ich Buckelwale vor der amerikanischen Ostküste. Es ist mir ein wenig unangenehm, es einzugestehen, aber ich hatte Tränen in den Augen. So sehr haben mich diese Riesen des Meeres gerührt.

Das macht mich ja ganz schwermütig. Kaum eine Gefahr auf diesem Planeten vermag es, deine Emotionen zu wecken. Nerven wie Stahl. Und jetzt werden die Augen bei ein paar Tonnen Meeressäuger feucht. So erlebe ich dich ja sonst nur, wenn du zum wiederholten Mal den Film Der kleine Lord *schaust, oder bei der Auslieferung des neusten iPads.*

Ein andermal war ich vor der kanarischen Insel La Gomera auf Grindwal-Suche unterwegs. Diese kleinen, eher delphingroßen Geschöpfe waren weniger beeindruckend, dafür aber sehr interessant, zumal wir beobachten konnten, wie Walkinder vor die

Mütter schwammen, um dann gestupst zu werden. Sehr süß. Später erzählte uns jemand, dass Grindwale ihre Toten manchmal auf diese Art ein Stück weit mitnehmen ...

Aber ein solches Spektakel ist heute nicht zu erwarten. Denn hier stehen Pottwale auf dem Reiseplan, die größten Zahnwale überhaupt. Diese habe ich noch nie gewatcht.

Um sie zu sehen, fahren wir erst einmal weit aufs Meer hinaus. Als Fachmann weiß ich natürlich, dass diese Tiere dazu neigen, um die 350 Meter tief zu tauchen und dort dann Happahappa zu machen. Das ein oder andere Exemplar geht überdies auf Feinkostfang und taucht dafür ganze 1 000 Meter tief. Und es gibt sogar Anzeichen, dass der oder die eine oder andere einem besonderen Häppchen schon mal in 3 000 Meter Meerestiefe gefolgt ist. Somit bietet sich der seichte Strandbereich leider nicht zum Beobachten an.

... bis auf die seltenen Gelegenheiten, wenn sich eines dieser Tiere selbst an den Strand begibt. Das geht dann allerdings für den Fisch nicht sonderlich gut aus. Der Druck des eigenen Gewichts zwingt seine Organe, die Funktion zügig einzustellen. Er stirbt.

Hm ... lieber Tobi, der Wal – ein »Fisch«? Es fällt mir schwer zu glauben, dass dir dieser Lapsus wirklich unterlaufen sein soll. Ich vermute mal, du hast dieses Wort mit Absicht hierhin geschmuggelt und hoffst, ich falle erst darauf herein und dann über dich her. Zerpflücke dich wegen deiner vorgeblichen Unwissenheit, stelle dich wegen des leichtsinnigen Gebrauchs dieses Wortes bloß. Ich beschließe hiermit, es einfach zu übergehen, nicht weiter zu vertiefen, sondern einfach hinzunehmen.

Nur: Ich kann nicht. Wale als Fisch zu bezeichnen, ist die sicherste Art und Weise, einen Besserwisser im Frühstadium zu erkennen. Es beginnt mit einem Verengen der Augen zu Schlitzen, dann wirft die Stirn Falten, und zu guter Letzt bewegt sich der Kopf leicht zurück. Er nimmt quasi Anlauf, bevor der Besserwisser mit Worten zuschlägt: DER WAL IST KEIN FISCH, ER IST EIN SÄUGETIER, HAT KEINE SCHUPPEN, SONDERN SOGAR MANCHMAL HAARE, UND IST LUNGENATMER! MAN ERKENNT DAS VOR ALLEM AN DER SCHWANZFLOSSE, DIE NATÜRLICH FLUKE HEISST UND QUER, NICHT HOCHKANT, VERLÄUFT...

Jetzt geht's mir besser...

»Fisch«
sollte ein Witz sein...

SCHON WIEDER DIESES WORT »FISCH«, ICH HABE EBEN ERST
...Ach so, ein Witz.

Um mal zum Wesentlichen zurückzukehren: Infolge seines Todes fängt ein gestrandetes Wal-Tier nicht nur ungeheuerlich an zu müffeln, sondern es besteht akute Explosionsgefahr! Zugegeben passiert das nicht besonders häufig, aber das letzte Ereignis dieser Art ist noch nicht allzu lange her: Am 26. Januar 2004 flog ein Pottwal in Taiwan vor den Augen Hunderter Schaulustiger beim Abtransport ohne weitere Zugabe von Sprengmitteln in die Luft. Ich verzichte an dieser Stelle darauf, einen Bildbeweis zu recherchieren. Zuschauer, die sich urplötzlich in 50 Tonnen angefaultem Walfleisch wiederfinden... Iiih, bäh.

Befinden sich die Tiere allerdings in ihrem bevorzugten Element, gehören sie nicht nur an der Wasseroberfläche zu den faszinierendsten Lebewesen. Vor allem, weil sie sich selbst in unserer von wissenschaftlicher Erkenntnis geprägten Zeit noch viele Geheimnisse bewahrt haben. Als Jäger legen sie sich gern auch mal mit einem Riesenkalmar an. Dieser findet sich zwar regelmäßig in den Mägen von Pottwalen, zeigt sich den Forschern unter Wasser aber selten bis gar nicht. Wie sie es mit ihrem relativ kleinen Kiefer und dem gigantischen Körper schaffen, solche Tiere zu erlegen, bleibt vorerst ein Rätsel. Der Darm eines ausgewachsenen Exemplars kann übrigens eine Länge von 250 Metern erreichen. Unvorstellbar, was da los ist, wenn auf dem Speiseplan des Vorabends Linseneintopf stand.

Als kleines Bonbon wird der Katamaran, mit dem wir uns zum Walbeobachten aufs Meer wagen, bereits wenige Minuten nach Verlassen des Hafens gestoppt, und wir beobachten einen Albatros. Einen Riesenalbatros. Und alleine das ist den Ausflug schon wert, weil mir so ein Tier eigentlich nur aus Dokumentationen bekannt ist, die ich mir dauernd ansehe. Bisher hatte ich so einen Vogel noch nie direkt im Blickfeld.

Haben die da in deinen Dokumentationen eigentlich auch erzählt, dass die Maoris Knochen der Albatros-Schwingen nicht nur für den Bau ihrer Tätowiergeräte, sondern auch dazu verwendet haben, um daraus Flöten zu bauen? Die Kāauau ist so ein Gerät. Sie ist bis zu 20 Zentimeter lang und mit drei bis sechs Grifflöchern versehen. Angeblasen wird dieses Aerophon über eine scharfe Kante. Findest du das interessant? Ich tippe, dass 99,4 Prozent der Leser diese

Information für vollkommen überflüssig halten. Wäre sicher anders, wenn ich ausführlich davon berichtet hätte, dass die Maori solche Flöten auch aus den Knochen ihrer Feinde gebastelt haben ...

Lange verweilen wir nicht bei dem Albatros, denn der Skipper hat irgendetwas gesehen, das auf einen Wal hinweist. Es wird wohl der sogenannte Blas gewesen sein, wie der Bordinformant erklärt. Ein mehrköpfiges Team der Firma, die die Walbeobachtungen anbietet, ist mit an Bord und versorgt die Touristen mit Infos. Ich bin zwar kein Tourist, sondern bei der Arbeit, aber die Informationen nehm ich trotzdem mit.

Wale atmen beim Auftauchen ihre körperwarme Luft aus. Das darin befindliche Wasser kondensiert dann in der kälteren Luft. Dadurch entsteht eine Nebelwolke, die sehr charakteristisch für jede Walart ist. Doppelblas, Einfachblas, Verbundblas und Sicherheitsblas.

 ... sowie Panzerblas, Buntblas, Blasbaustein, Blasreiniger, Einmachblas und ein Blas Kölsch.

Der Pottwal hat eine charakteristische Wolke, die in einem Winkel von ungefähr 45 Grad über der Wasseroberfläche nach vorn geblasen wird, daran ist er offenbar sehr leicht zu erkennen. Ich blicke aus dem Fenster und sehe – nichts.

Zum Glück sitzen wir aber in einem Hochgeschwindigkeitsboot. Darin gibt es spezielle Schalensitze, die den Körper stabil halten, falls wir von einer seitlichen Welle aus der Bahn geworfen werden sollten. Leider sind diese Sitze auch saugemütlich, und ich schlafe ein. Das ständige Auf und Ab trägt sicher dazu bei. Es ist ein bisschen so, wie auf dem Arm der Eltern zu liegen, während sie einen hin und her wiegen, während ein schönes Liedlein ertönt, das den Schlaf herbeiruft. Nur halt, während die Eltern Achterbahn fahren und nicht singen, sondern »Ahhh« und »Ooooohhh« schreien, wie die Passagiere auf dem Katamaran.

So bin ich froh, dass wir während der Fahrt nicht herumlaufen dürfen, habe ich damit doch eine Ausrede, warum ich dauernd die Augen zumache, während ich meine müden Knochen immer tiefer in das Sitzmöbel versenke.

Ich bin einfach müde. Jetlag ist das schon lange nicht mehr. Ich hatte erwartet, so etwas wie Urlaub und Erholung zu erleben, aber wir kommen abends oft erst spät in unser Hotel, und am nächsten Morgen geht es meist schon früh wieder los.

Das Boot bringt uns immer weiter weg von der Küstenstadt Kaikouras. Plötzlich wird es langsamer und hält dann ganz an. Alle rennen an Deck und schauen sich draußen um.

Und tatsächlich, da ist einer. Oder besser etwas. Mal sehe ich etwas, das ich für eine Rückenflosse halte, und hin und wieder nebelt es nach oben.

Wirklich erstaunlich, wie so ein riesiges Tier, das eigentlich nur ein klein wenig seines Rückens aus dem Wasser reckt, so beeindruckend sein kann. Es macht – gar nichts. Es liegt da rum und treibt vor sich hin.

Wahrscheinlich denkt es sich: Wenn ich die Touristen nicht sehe, sehen die mich auch nicht. Ziemlich dumm für ein Tier mit einem Neun-Kilogramm-Gehirn.

So ein Putzeimer voller Hirn klingt ja erst mal cool. Aber bei einem Gesamtgewicht von bis zu 50 Tonnen macht das nur einen Anteil von 0,018 Prozent aus. Beim Menschen, den wir ausnahmsweise mal beide als intellektuell überlegen ansehen wollen, kommen wir auf einen Anteil von ungefähr 1,85 Prozent. Ohne in den Fächern Biologie und Walfang jemals nen-

nenswerte Erfolge verzeichnet zu haben, spekuliere ich einfach mal, dass diese Relation etwas mit der Intelligenz des jeweiligen Hirnbesitzers zu tun hat. Oder wie ist es sonst zu erklären, dass der Wal den Tag überwiegend damit verbringt, im Meer herumzudümpeln, statt wie der Homo sapiens, der seine Zeit besser nutzt und gelegentlich neue Technologien entwickelt? Zum Beispiel das Internet, damit er dann dem Rest seiner Spezies mitteilen kann, dass er gerade mit Dümpeln beschäftigt ist.

Die Menschen um uns herum sorgen sich nicht um den Verstand dieser größten aller Mammalia – denn inzwischen erspähen wir immer mehr Exemplare der Gattung Physeter catodon, die im Wasser treiben.

»Da, schau! Ui! Ah! Toll...! Das ist...! Also wirklich!... Nein! Ja! Wow!«, erklingt es von allen Seiten.

Plötzlich knarzt eine trockene Ansage aus dem Bordlautsprecher.

»Take your camera. Now! And away.«

Hä? Ich versteh gar nichts. Man soll die Kamera ziehen, und dann ist der Wal weg?!

Erst nach dem zweiten oder dritten Mal verstehe ich, was es bedeutet, ein Pottwal-Watcher zu sein. Man wartet auf das Abtauchen der Tiere. Kurz vorher heben sie ihre Fluke an und winken quasi zum Abschied. Danach können sie dann für fast anderthalb Stunden weg sein.

Immer wieder taucht ein anderes Tier der Schule unter.

Im Laufe der Zeit habe ich es dann heraus und mache sogar Bilder mit mir selbst im Vordergrund.

Das hat Tommy mir erklärt.

»du brauchst ne anbindung«

»Was brauche ich?«

»ne anbindung wegen der geschichte«

»Welche Geschichte? Das ist ein Bild, da bewegt sich nichts.«

»auch bilder erzählen geschichten«

»???«

»bilder mit walen gibt es wie sand am meer nix besonderes«

Immer Anbindung an das Motiv. Ich und der Wal. Ich bin das mit der Mütze.

»Ja, aber das Bild ist von mir.«

»wer weiß das«

»De..., also ... di... Niemand.«

»eben also guck dass du mit drauf bist dann ist es eine geschichte«

Kommt es bei dieser Art der Darstellung nicht auch auf das Ziel einer Dokumentation an? Wenn ich Professor Grzimek auf jedem seiner Filme in ähnlicher Weise hätte in die Kamera grinsen sehen, wäre das zwar ganz prima an ihn angebunden, aber tierfilmerisch irgendwie unrund. Bei Löwen, Flusspferden und Giftschlangen zudem äußerst fahrlässig.

Zunächst einmal bedanke ich mich ganz herzlich bei dir, dass du meinen Ausflug auf einem Hochseeschnellboot und das spontane Abknipsen abtauchender Wale zum Festhalten des Moments mit dem dokumentarischen Anspruch eines Tierfilmers gleichsetzt. Der allerdings verbringt

gerne mal Stunden, Tage oder gar Monate, wenn nicht Jahre, im Busch oder unter Erdhügeln. Manchmal sogar im Wasser, um später von all den vielen Aufnahmen die Essenz zu zeigen, quasi die Diamanten aus dem großen Sandhaufen des Gesehenen. Wenn dabei der Fotograf immer mit auf dem Bildmaterial wäre, würde es die Würde des Motivs beeinträchtigen. Aber hier ist der Unterschied: Ich bin das Motiv.

Der majestätische und selten zu erblickende Wal, das eigentliche Objekt der temporären Begierde, gerät zum Nebendarsteller? Warum kommt mir gerade bloß der Name »Ahab« in den Sinn?

Die ganze Zeit höre ich natürlich auch den Gesprächen der anderen Mitfahrer zu. Irgendwann wundere ich mich über den inflationären Gebrauch des Wortes »Sperm«. Das kann ich sofort

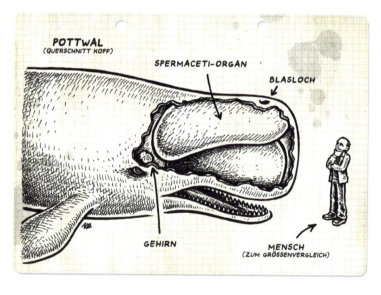

übersetzen, weil ich während meiner Revoluzzer-Katholiken-Phase oft das Lied »Every Sperm is Sacred« von Monty Python gehört habe. Aus Protest. Alleine in meinem Zimmer.

Ich werde dann aber schnell der Tatsache gewahr, dass der »Pottwal« im Englischen »Sperm Whale« genannt wird. Man mag sich gar nicht vorstellen, wie jemand auf diesen Namen gekommen ist. Was war das Erste, das man gesehen hat, als man nach einem Namen für den Wal gesucht hat ...

Die Erklärung, die uns der Tour-Begleiter gibt, ist dann doch völlig anders, aber nicht weniger anzüglich: Der Waltran, der sich in diesem großen unförmigen Ding befindet, das gerne als Kopf bezeichnet wird, hat die Konsistenz von Sperma. Dieser Waltran heißt Spermaceti: »Samenflüssigkeit eines Meerungeheuers«.

Die Skurrilität dieser Namensgebung hat weniger mit der leicht schmuddeligen Anmutung zu tun, die vielleicht das Herz eines über Vierzigjährigen höher schlagen lässt, sondern mit der Vorstellung, dass dieser Name an jeder Kinderzimmerwand hängt, an der Poster mit Pottwalbildern befestigt sind.

Außerdem möchte ich sehr gerne mit fundamentalen amerikanischen Evangelikalen einmal über die Schöpfung Gottes und natürlich insbesondere die des »Sperm Whale« reden und jedes Mal nach dem Namen und der genauen Aussprache fragen.

Weniger schmuddelig ist die Funktion der Pampe beim Meeressäuger: Sie dient als Empfänger des Echolotsystems im Wal, da sie direkt vorn liegt und nur eine kurze Leitung ins zentrale Informationsverarbeitungssystem benötigt. Und sie funktioniert so gut, weil ein ausgewachsener Pottwal mit mehr als zwei Tonnen davon in seinem Kopf herumschwimmt. Leider ist

> diese enorme Menge auch einer der Gründe für seine Verfolgung. Dem toten Tier entnommen, verwandelt sich der Tran in eine wachsartige Substanz und diente bis zum Verbot des Walfangs als Kerzenwachs und Schmiermittel. Außerdem wurde er Kosmetika und Gerbstoffen beigefügt.

Die deutsche Bezeichnung Pottwal, die sich vom niederdeutschen »Pott«, also Topf, ableitet, ist weit weniger anstößig, dafür aber eine Beleidigung für die Eleganz dieser Meeressäuger.

Diese lassen sich nicht durch das zunehmende Interesse beirren, das ihnen zu Wasser und auch aus der Luft entgegengebracht wird. Denn über uns kreist eine kleine Propellermaschine, die anscheinend auch nach diesen Cetacea Ausschau hält.

Ein zweites Boot ist in der Nähe, und durch Funk wird sich verständigt, wer wann wo einen Wal gesehen hat. Als der letzte Riese abgetaucht ist, fahren wir los und treffen uns an einer anderen Stelle wieder.

> Als hilfreich hat es sich erwiesen, sich Walen in einem Winkel von 30 Grad zur Zugrichtung zu nähern. Möglichst in der gleichen Geschwindigkeit, in der die Tiere schwimmen. Alles andere, so fanden Forscher heraus, setzt die Meeressäuger nur unter Bedrängnis und Stress. Neuseeland soll übrigens in der Überwachung und Durchsetzung eines möglichst artgerechten Whale Watchings vorbildlich sein.

Ein Motorenknattern lenkt meinen Blick nach oben. Das kleine Walbeobachtungsflugzeug, das schon eben ständig über uns kreiste und nach den Laurasiatheria Ausschau hielt, ist auch schon da.

 Laurasiatheria. Was für ein schönes, mir unbekanntes Wort. Genüsslich an meinem Matetee schlürfend, sinnierte ich, mein Blick folgte dabei gedankenverloren einem Güterzug, der an meinem Fenster regelmäßig vorbeidonnert, um was es sich dabei handeln könnte. Ein spezifisches Walvolk? Die Bezeichnung für eine Schule junger und verspielter Miniwälchen, die immer wieder fröhlich die in der Sonne glitzernde Wasseroberfläche durchbrechen?
   Nein. Viel schöner! Ein schneller Blick ins Netz verrät, dass der Begriff eine Gruppe höherer Säugetiere meint, die molekulargenetisch auf einen Haufen geworfen werden können. Jetzt musst du mir nur noch verraten, ob die Flugzeugbesatzung auch nach Schweinen, Spitzmäusen, Tapiren und Kamelen Ausschau gehalten hat. Die gehören nämlich auch dazu!

Ich frage mich, ob es nicht einen Moment gibt, wo so ein Wal voll angenervt ist und einfach mit seiner Riesenfluke auf die Wasseroberfläche schlägt, um »Halloooo! Geht's noch?« zu sagen.

 Klar gibt es so einen Moment. Frag mal die Kollegen von der Essex. Die segelten mit ihrem Schiff im 19. Jahrhundert im Pazifik herum und versetzten den ein oder anderen Wal durch ihre Zwangsakupunktur in Rage. Einer dieser schwimmenden Fleischklopse fand das so unlustig, dass er den 238-Tonnen-Segler durch ein paar gezielte Kopfnüsse kurzerhand versenkte. Die Überlebenden konnten sich

gerade noch in ihren Beibooten aus dem Staub machen, waren teilweise Monate unterwegs und erschossen und aßen sich gegenseitig, um zu überleben. Nachzulesen ist das Ganze übrigens in einem interessanten Buch von Herman Melville, der einen Roman daraus gemacht hat. Moby Dick hat er ihn genannt.

Die Herren Walfänger gaben den gefürchteten Gegnern, die die Täter-Opfer-Beziehung umkehrten, auch Namen. Moby Dicks Vorbilder waren wehrhafte Wale wie Mocha Dick, Timor Jack und, wie passend für meine Reise, New Zealand Tom. Sie versenkten neben der Essex (1820) auch die Pusie Hall (1835), die Two Generals (1838), die Pocahontas (1850) und die Ann Alexander (1851). Hätte ich an ihrer Stelle auch getan. Gerade lese ich, dass ein erlegter Wal neben das Schiff gekettet und dann an einer Stelle angeschlitzt wurde. Anschließend zog man an der Haut, der Wal drehte sich, und wie bei einer Rolle Klebestreifen konnte man so die gesamte Fettschicht am Stück abziehen...

Nach der Begegnung mit etwa 20 Pottwalen, die allein oder zu zweit zu sehen sind, fahren wir weiter.

Wir sichten noch eine Delphinschule, die vor unserem Boot herumspringt. Ein Paar Seerobben winken uns von nahen Felsen zu, Möwen kreisen in der Luft, und in der Ferne sieht man auch wieder einen Albatros.

Jetzt beginnt die eigentliche Aufgabe, die die Mehrheit der Internetnutzer mir angedeihen lassen wollen. Ich soll die Whale-Watching-Tour moderieren. Dummerweise habe ich weder Ahnung noch Englischkenntnisse. Aber das Boot hat ein Mikrofon und mein Regisseur eine Vision...

Alle Passagiere sitzen wieder in ihren Hartschalensitzen. Tommy gibt kurz eine Erklärung für alle ab, dass wir Deutsche seien und es sich bei mir um einen Comedian handle.

Lacher.

Der funktioniert immer: Deutsch und Comedy in einem Satz.

Außerdem werde »der da«, dabei zeigt er auf mich, jetzt etwas erklären, das keiner verstehe. Alle sollten daher dämlich gucken. Ich trete nach vorne, greife mir das Mikrofon des Tour-Guides und rede so ein albernes Pseudoenglisch. Hauptsache viele Roarroars drin.

Alle blicken mich wie erwartet völlig verständnislos an.

Die Kamera läuft, nimmt alles auf und fertig. Tommy wird einen hübschen Film draus machen.

Jetzt wechsle ich in verständliches Englisch, bedanke mich bei allen und sage auch, dass es ein wunderschönes Land sei, ich wiederkommen wolle und andere nette Sachen.

Schade, die Leute schauen immer noch verständnislos zu mir hin.

Ich setze mich in meinen Hartschalensitz und gebe vor zu pennen.

Hier noch einmal die kleinen Verwandten der Großen Zahnwale, weit spielfreudiger.

9 | MILFORD SOUND
Auf der Suche nach der Suche

Nachdem wir gestern bei Kaikoura die großen schwimmenden Verwandten der Flusspferde gesehen hatten, fuhren wir direkt weiter nach Christchurch, gaben das Wohnmobil beim Verleih ab und flogen mit dem Flugzeug nach Queenstown.

Es war bereits so spät, dass ich von der Stadt nicht mehr viel sah, sondern direkt ins Hotel, dort ins Zimmer, dort ins Bett und dort dann in den Schlaf stürzte.

Jetzt stehe ich vor dem großen Fenster meines Zimmers und blicke auf die Stadt mit dem dahinterliegenden Lake Wakatipu vor der Kulisse des Mount Talbot und anderen Bergen, deren Gipfel teilweise noch mit Schnee bedeckt sind. Heute werde ich die Stadt wohl ebenfalls nicht mehr sehen, die Arbeit ruft.

Einige Vorschläge sind bereits aus dem Rennen.

Johanna, Stuttgart: »Lerne nette Menschen aus aller Welt bei einer Kurzkreuzfahrt im Milford Sound kennen.« Eine andere Userin ist um meine Körperhygiene besorgt – Elisabeth, Karlsruhe: »Nimm eine Dusche unter einem Wasserfall und sing dabei laut. Vielleicht vertreibt es ja die Sandflies.« Auch sehr schön.

Es gewinnt aber zu meiner Freude ein Vorschlag, der mich an meine ureigensten Wünsche erinnert.

Edvard, Hamburg: »Schlag im Fjordland-Nationalpark dein Zelt auf«, steht da, »und erzähl am Lagerfeuer mitten in der Wildnis eine Gruselgeschichte.«

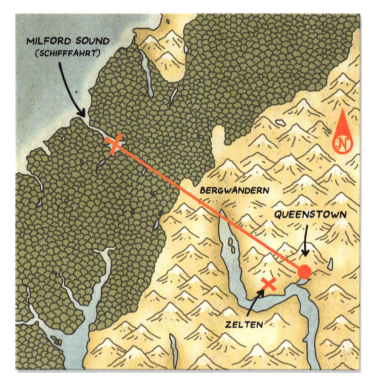

Die Frage ist nur, wie soll man das in einem Film auf interessante Weise unterbringen und dabei auch noch das Land zeigen? Ein wenig ratlos überlegen wir dies und das. Dann komme ich auf die glorreiche Idee, vielleicht die Suche und den Weg zum Lagerplatz zu zeigen.

 Aus dramaturgischen Gründen lässt du recht unsubtil anklingen, Urheber der Idee zu sein. Aber ich weiß, dass sie von Tommy stammt ... Ich hab doch an dem Tag noch mit dir telefoniert.

Danke!

Die Geschichte, die wir also erzählen, ist die, dass ich zu Fuß und mit verschiedenen Fortbewegungsmitteln unterwegs bin, um den Zeltplatz zu finden, auf dem ich dann am Lagerfeuer meine Geschichte erzähle.

Das Ganze soll sich rund um den Milford Sound abspielen.

Im Vorfeld habe ich mich natürlich schlau gemacht: Sound heißt eigentlich nur Meeresarm, und der reicht hier 15 Kilometer von der Tasmanischen See ins Festland hinein. Dieser hier hat seinen Namen vom Ort Milford Haven in Wales. Im Gegensatz zu den Marlborough Sounds handelt es sich beim Milford Sound auch um einen Fjord. Es ist also nicht nur Wasser in ein gewöhnliches Tal gelaufen, als sich das Festland absenkte, sondern diese Buchten entstanden durch einen Gletscher. Während der Eiszeit schliff dieser dann nicht nur sich selbst, sondern auch Felsen auf seinem Weg ins Meer ab.

Das bin ich bei meinem ersten Skiurlaub. War zwar nicht in Neuseeland, aber daran dachte ich, als ich die Schneeflächen sah.

Irgendwann schmolz er und das Meerwasser lief ins Tal. Anschließend hob sich die Landmasse noch einmal an, weil das Eis ja entschwunden war und dadurch Gewicht entfiel. Und schon sieht es toll aus. So einfach geht das, da braucht es kein Vulkangedöns, auch Schnee macht schön. Wenn er weg ist.

Leider ist der Weg in diese malerische Landschaft alles andere als optimal. Unser Quartier liegt in Queenstown, der mit 10 000 Einwohnern nicht allzu großen Hauptstadt des Queenstown-Lakes-Distrikts in der Region Otago. Es gibt nur eine 286 Kilometer lange Straßenverbindung, die lockere drei bis vier Stunden dauert. Erst weit nach Süden und dann in einem großen Bogen um die Mavora Lakes und die sie umgebende Gebirgslandschaft herum, weil einfach keine 16-spurige Autobahn quer durch den Fjordland-Nationalpark gebaut werden darf.

Schon die ersten Segler befuhren den Sound nicht, weil die Einfahrt am Meer zu eng war, als dass man vermuten konnte, hier auf einen so langen Meeresarm zu stoßen. Außerdem hatte man Sorge, durch die Enge des Tales zur Manövrierunfähigkeit verdammt zu sein. Pech gehabt, die haben was verpasst.

Was sollen wir tun, damit uns die lange Autofahrt erspart bleibt? Da wir über unsere immer gut gelaunte Neuseelandfachfrau Awesome-Amazing-Katie recht gute Kontakte zu den diversen Schaltstellen in der Region Southland haben, werden wir am Morgen zu einem kleinen Wiesenplatz gefahren, wo ein Hubschrauber auf uns wartet. So fliegen wir einfach über die Berge. Dadurch allerdings nur mit einem kleinen Team: Tommy, die immer gut gelaunte Neuseelandfachfrau Awesome-Amazing-Katie, Alex, Jakob und ich. Renate, Elke und die immer lächelnde Claudia müssen in Queenstown bleiben und arbeiten: shoppen, Landschaft ansehen und schlafen.

Schade für sie, denn es ist gigantisch. Der Pilot hat nur leider seine Maschine total oder gar nicht unter Kontrolle, denn hin und wieder stürzt er hinter irgendwelchen Felskämmen plötzlich nach unten. Ich denke dann zuerst an einen Strömungsabriss, erinnere mich aber jedes Mal daran, dass Hubschrauber nicht abstürzen können, weil Rotorblätter ja durch den Wind in

Bewegung gesetzt werden und dadurch den Sturz abbremsen. Noch schneller folgt dann die Erinnerung an Videos von Hubschraubern, die das gar nicht wussten.

So fliegen wir durch ein steiniges Tal, direkt auf eine Felswand zu. Unten ist das Eis bereits zum großen Teil geschmolzen, und die Hänge sind von reißenden kleinen Bächen zerschnitten. Weiter oben ist es kalt genug, um den Schnee noch etwas zu halten. Und an einem Bergkamm ist an der steilen Kante des Grates eine zerfurchte Bruchstelle entstanden, wo große Eismassen noch übereinanderliegen, aber an anderer Stelle bereits ins Tal gestürzt sind und den Blick auf die Felsen freigeben.

Hier wäre ich gerne Klettern gegangen, bis ich mir vorstellte, was passieren würde, wenn einem einer dieser Würfel auf die Birne klatscht – oder besser: durch die Birne klatscht.

Direkt dahinter liegt das nächste Tal, und der Pilot lässt den Hubschrauber wieder in einem atemraubenden Manöver abwärtsstürzen. Völlig ungefährlich, aber der Typ ist so cool, dass die Eisflächen wahrscheinlich erst dann entstehen, wenn wir uns nähern.

Es ist beeindruckend zu sehen, wie der Frühling die letzten großen Eisschollen auf den Berghängen zu großen Bruchkanten werden lässt und das blauschimmernde Eis unter uns hinwegzieht. Der Schatten des Hubschraubers bildet nur einen kleinen Punkt auf dem Boden. Ich beobachte, wie er hüpft und springt, und mir wird klar, wie wild und uneben es dort sein muss.

Schließlich kommen wir in Milford Sound, der nach dem Fjord benannten Ansammlung einer Handvoll Häuser, an und sind kaum aus dem Helikopter gestiegen, als uns schon der Fluch der Schönheit bewusst wird: Mücken. Es gibt dort zwei Arten von Nematocerae. Die eine ist die Sandmücke. Die ist sauklein und vor allem: Es gibt sauviele davon.

Schon James Cook nannte sie die »nervigste Mücke der Welt«. Und der muss es wissen, immerhin hat er eine Menge von der Welt gesehen. Die Neuseeländer haben diesem Ausspruch sogar ein Denkmal gesetzt und die Mücke überlebensgroß an die Wand des Hafenterminals im Milford Sound gehängt, mit Cooks Zitat darunter.

Diese Viecher sind einfach überall und setzen sich sofort auf die Haut. Noch während sie mit ihren Facettenaugen nach rechts und links spähen, ob der Tod per Handschlag heraneilt, rammen sie ihr Stechborstenbündel in die Haut. Dann spritzen sie durch einen Kanal ihren gerinnungshemmenden Speichel, damit man sich, selbst wenn der Tod sie ereilt, doch wenigstens an sie erinnert.

Der Schmerz tritt zum Glück nicht sofort ein. Nein, das wäre zu einfach. Man hat noch ein oder zwei Stunden Zeit, vor den anderen anzugeben: »Mir macht das nichts aus, mein Körper kann das! Pah, ihr Weicheier, stellt euch nicht so an.«

Doch alsbald erhebt sich die Haut und bildet rote pockenartige Hügelchen. Zuerst spürt man nur ein kurzes Gebritzel, aber dann setzt ein Juckreiz ein, der die folgende Woche das gesamte Denken auf diese kleine Stelle auf der Haut lenkt. Und das an ganz vielen Stellen. Zum Glück kann man sich mit ungeschnittenen Fußnägeln die Haut an den Waden großflächig abschälen. Was für ein Segen.

Die einzige Möglichkeit, die wir haben, um uns diesem Ansturm zu entziehen, ist es, in Bewegung zu bleiben oder uns in den Wind zu stellen. Um nicht den ganzen Tag unter den Rotorblättern des Hubschraubers zu verharren, setzen wir uns in Bewegung und machen uns auf den Weg zum einzigen Hafen, an dem man die Mücken auch mal anschauen kann, wenn sie groß sind. Wir fahren mit einem »Linienbus« vom »Flughafen« zur »Ortschaft«. Diese drei Begriffe lassen auf eine größere Metropole schließen. Aber es gibt überhaupt nur eine Linie, die da fährt. Und neben dem Hafen finden sich eigentlich nur noch ein paar weitere Gebäude, nämlich die, in denen die Menschen wohnen, die sich um die Heerscharen einfallender Touristen kümmern. Das war's. Zwanzig Minuten Fußweg entfernt gibt's ein Hotel, und wenn das voll ist, kann man auf der Wiese davor zelten. Sämtliche Touristen, die hier im Sommer wohl noch scharenweiser einfallen als die Mücken, verlassen das Naturschutzgebiet abends wieder, da es so gut wie keine Übernachtungsmöglichkeiten gibt.

Wir gehen in die mückenfreie Wartehalle am Hafen. Einzig zwei Modelle, um die zwei Meter groß, erinnern an das Grauen draußen vor der Schiebetür. Während ich noch auf die überlebensgroßen Stechrüsselträger an der Wand blicke, werde ich von diversen Touristen zur Seite geschoben, die hier auf die bereits im Hafen liegenden Boote warten. Dann schält sich die immer gut gelaunte Neuseelandfachfrau Awesome-Amazing-Katie mit einem Stapel Bootskarten aus der Menge heraus. Auf geht's, wieder raus zu den kleineren, dafür umso aufsässigeren Drecksviechern.

Ich wedle mit einem Prospekt, und jedes Mal, wenn ich das Papier an meinen Augen vorbeiziehe, registriere ich einen weiteren Teil Information, den ich mir wie folgt zusammensetze: Hier lohnt es sich auf jeden Fall, den Milford Sound per Schiff zu überqueren, wer schwimmen will, bräuchte dafür sehr lange. Sehr, sehr lange. Wer aufgepasst hat, weiß, wie weit es bis zum Meer ist.

15 Kilometer, ne?

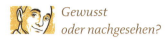
Gewusst oder nachgesehen?

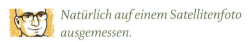
Natürlich auf einem Satellitenfoto ausgemessen.

Meteorologisch gesehen ist es hier überdies sehr interessant: Die umliegenden, über 1 200 Meter hohen Berge blockieren die vom Meer heranziehenden Wolken, dann steigen sie hoch, weil's denen einfach zu eng wird, und dabei regnen sie ab. Die Folge ist, dass das Gebiet zu den niederschlagreichsten Gegenden der Erde zählt. Fast könnte man es schon als Regenwald bezeichnen. Bei schlechtem Wetter, also so richtig schlechtem Wetter, können an den Berghängen kurzzeitig Wasserfälle von 1 000 Meter Höhe entstehen. Fische, die es sonst nur in der Tiefsee gibt, schwimmen im Sound begeistert herum, da die obere Süßwasserschicht, die durch die enormen Niederschlagsmengen bis zu 40 Meter Wassertiefe erreicht, viele verdunkelnde Sedimente mitführt.

Wir haben derzeit totales Glück: Es regnet in Strömen, und somit ist der Ausblick auf den Fjord und die ihn umgebenden Berghänge noch gigantischer als bei langweiligem Sonnenschein. Wasserfälle stürzen, von unendlich vielen Vorsprüngen rauschend, die Wände herab. Hervorstehende Felsen trennen die weiße Wasserwand und machen daraus zwei nebeneinanderlaufende helle Streifen vor grauem Stein, bevor sich die Wassermassen wieder vereinen und gemeinsam in einem tosenden Inferno die Seeoberfläche durchbrechen und dabei eine große Wolke Gischt in der Luft zurücklassen. Wolken ziehen über die Hänge, doch so, als könnten sie sich nicht von den kantigen

Wänden trennen, verteilen sie sich dazwischen. Die vom Wind weitergetriebenen Wassernebel der Wasserfälle erinnern mich an Finger, die verzweifelt versuchen, Halt zu finden. Die umgebenden Hänge sind mit grünen Pflanzen bewachsen, Bäume und Sträucher stehen dicht an dicht.

Nur den Mücken ist der Regen offensichtlich egal. Die werden nicht einmal nass, weil sie von der von den Wassertropfen weggedrückten Luft zur Seite geschoben werden. Hoffentlich müssen sie wegen dem dauernden Hin- und Hergeschiebe kotzen.

Milford Sound, Panorama natürlich.

Wir wollen verdeutlichen, dass die Suche nach einem Zeltplatz mich in immer einsamere Gegenden führt, ich also immer kleinere Verkehrsmittel nutzen muss. Ergo sollte das erste ein größeres Schiff sein. So besteigen wir eines der im Hafen liegenden großen Ausflugsschiffe und fahren raus in Richtung Meer. Wind setzt ein, und die Mücken sind wie weggeblasen. Nein, sie sind weggeblasen.

Leider kann man die Fahrt selbst nicht sehr gut beschreiben, weil es einfach nur Boahs und Aaahs sind, die man von sich gibt, wenn man wie wir diesen Weg nimmt. Geschrieben sieht das einfach albern aus:

Boah, ahh, daa, uii, boaa, ahhh, ui, hei, ahhh, ohhh, ahhh, boaahhh, boah, ahh, daa, uii, boaa, ahhh, ui, hei, ahhh, ohhh, ahhh, boaahhh boah, ahh, daa, uii, boaa, ahhh, ui, hei, ahhh, ohhh, ahhh, boaahhh boah, ahh, daa, uii, boaa, ahhh, ui, hei, ahhh, ohhh, ahhh, boaahhh boah, ahh, daa, uii, boaa, ahhh, ui, hei, ahhh, ohhh, ahhh, boaahhh boah, ahh, daa, uii, boaa, ahhh, ui, hei, ahhh, ohhh, ahhh, boaahhh boah, ahh, daa, uii, boaa, ahhh, ui, hei, ahhh, ohhh, ahhh, boaahhh boah, ahh, daa, uii, boaa, ahhh, ui, hei, ahhh, ohhh, ahhh, boaahhh boah, ahh, daa, uii, boaa, ahhh, ui, hei, ahhh, ohhh, ahhh, boaahhh boah, ahh, daa, uii, boaa, ahhh, ui, hei, ahhh, ohhh, ahhh, boaahhh boah, ahh, daa, uii, boaa, ahhh, ui, hei, ahhh, ohhh, ahhh, boaahhh boah, ahh, daa, uii, boaa, ahhh, ui, hei, ahhh, ohhh, ahhh, ahhh, ohhh, ahhh, boaahhh boah, ahh, daa, uii, boaa, ahhh, ui, boaahhh boah, ahh, daa, uii, boaa, ahhh, ui, hei, ahhh, ohhh, ahhh, boaahhh boah, ahh, daa, uii, boaa, ahhh, ui, hei, ahhh, ohhh, ahhh, boaahhh.

Und der Grund für die Ausrufe dauert noch eine Weile an, ist aber immer wieder gleich schön anzusehen.

An ein paar Stellen kann man indes besondere Aahhs und Ohhs loslassen: So sehen wir zum Beispiel Harrison Cove, ein Seitental, an dem ein anderer Gletscher in das Hauptgletschertal geflossen ist. Welche von den beiden Eiszungen zuerst da war, kann man bisher nicht genau sagen. Aber die Neuseeländer sind dran an dem Fall. An dieser Stelle fallen jedenfalls die Lady Bowen Falls 161 Meter steil ins Wasser und sind damit die höchsten permanenten Wasserfälle am Milford Sound. An dieser Stelle wurde übrigens die Szene aus Wolverine gedreht. Die, an der er aus der Hütte flieht und den Wasserfall hinunterspringt. Ich halte das aber für einen Special Effect. Denn da unten war alles voller Steine, und das tut weh. Auch diesem Wolfsdingens.

Neben Comicfiguren fällt dort vor allem Wasser runter. Das machte man sich zunutze, um ein kleines Wasserkraftwerk zu installieren, welches die Siedlungen mit Strom und Wasser versorgt. Aber was kann diese Information schon an Unterhaltungswert gegen einen Kinowolf ausrichten, der völlig überreagiert, wenn's mal stressig wird, und dann immer seine große Messerschneide aus dem Handrücken fahren lässt ... leider blockieren die Dinger immer die Turbinen.

Auf der anderen Fjordseite befindet sich mit dem Mitre Peak »der höchste Berg, der direkt ins Meer mündet«. Toll. Das daneben ist dann wohl »der höchste Berg, der auf halber Höhe einen Felsen zeigt, direkt ins Meer mündet, von dem aus aber Wurzelwerk das Wasser berührt«.

Egal, welcher Rekord, Hauptsache schön anzusehen.

Und am Fuße des Mitre Peak begegnen uns wieder Delphine. Diesmal zieht eine kleine Schule aus vielleicht sechs Tieren an uns vorbei, taucht unter, taucht auf und zieht ruhig von dannen.

»Die schlafen!«, sagt der Kapitän.

Von oben kam der eine Gletscher und floss in das Tal des anderen Gletschers durch das wir jetzt fahren. Der Kölner Dom kam erst später dazu. Ich glaub vor drei Wochen am Computer

Jedenfalls ist es das, was ich durch die vom Wind verzerrten Außenlautsprecher verstehe.

Was? Die schlafen? Das finde ich dann doch recht krass. Schlafwandeln ist dagegen lahm. Mir kommt dann aber der Gedanke, dass schlafen oder sich zur Ruhe betten für Delphine, die ja zu den Lungenatmern gehören, ein äußerst kompliziertes Unterfangen ist, weil die sich ja nicht einfach hinlegen können. Denn das nennt man bei Delphinen wissenschaftlich »absaufen«.

Und jetzt kommt es. Achtung. Tataa! Delphine schlafen mit nur einer Gehirnhälfte. Russische Forscher haben das in den Siebzigerjahren entdeckt. Eine Dekade, bevor ich mein Walinformationsbüro aufgemacht habe! Die Hirnhälften wechseln sich in den Ruhephasen ab. Die eine schläft, die andere ist wach. Die Delphine bewegen sich nur sehr eingeschränkt und sehen bloß mit einem Auge. Das würde ich auch gerne können.

Und wir haben noch einmal Glück, denn wir stoßen auf vier ganz seltene Pinguine. Ich hab ein Foto gemacht und den wesentlichen Ausschnitt vergrößert. Ich finde, sie sehen putzig aus.

Wenn man graublaue Fisch- und Möwenscheiße zusammen mit Knochenresten und Krabbenkadavern süß findet ... ja!

Hast du wieder mit deinem Schlüsselanhänger fotografiert, oder was? Das kannst du dem Verlag übrigens selbst erklären, dass es sich hier um eine druckfähige Fotografie handeln soll und nicht um eine Graustufentestseite von deinem alten Nadeldrucker im Keller.

Das sind Pinguine, egal was Tobi darin auch sehen mag ...

Schließlich fahren wir noch kurz unter die 155 Meter hohen Stirling Falls. Die stürzen die letzten 10,15 Meter über einen Felsüberhang ins Wasser, und das Boot kann mit dem Bug direkt darunterfahren, sodass der Wasserfall aufs Bootsdeck pladdert. Wir stellen uns natürlich vorne an die Spitze.

Falsch: Ich stelle mich an die Spitze.

Auch Falsch: Tommy stellt mich an die Spitze.

»geh mal dahin«

»Wohin, nach vorne?«

»ja dahin«

»Aber da werde ich nass, da fällt Wasser von oben ...«

»aber es sind tolle bilder«

»Aber total nasse tolle Bilder, das will doch keiner ...«

»wir beschreiben deine suche nach einem zeltplatz und zeigen dabei neuseeland der wasserfall ist neuseeland also bitte ...«

»Ich ... Okay.«

Und so stehe ich dann vorne am Bug des Schiffes, das dann Wasserfallpetting macht und mich dabei vollsaut. Aber ich bin nicht allein, nein, auf dem Schiff sind gefühlte 300 Asiaten. Und die stehen alle vorne an der Spitze und schreien: »Uuuu-uaaaaaah!«

Es macht kurz »knirsch«, und ich fürchte, von den vier seltenen Pinguinen gibt es nur noch drei. Hätten sie sich nur nicht in diese eine windgeschützte Ecke des Fjords verkrochen.

Zum Glück ist es aber nur das Ächzen des Schiffes, als der Kapitän die Motoren anwirft und mit dem Kommando »Volle Fahrt zurück!« verhindert, dass sein Schiff in den Felsen eindringt.

Nicht, dass es durch den Aufprall zu einer Ölpest gekommen wäre. Die gab es schon mal: im Februar 2004. Man vermutet, ein Umweltschützer habe einige Tausend Liter Diesel in den Fjord geleitet, um die Umwelt vor dem Tourismus zu bewahren. Gut, da fragt man sich schon, ob der vorher einen halben Liter aus dem Tank durch die Nase gezogen hat.

Dann geht es zurück zum Hafen. Wir haben nichts mehr zu tun und schlendern über Deck. An Bord kann man essen und sich so viel Tee holen, wie man möchte, das ist bei dem Wind und der Kälte auch nötig. Tja, man hätte es auch haben können wie eine Reisegruppe nach uns: Oben ist bereits ein separater Raum reserviert, in dem die Tische bereits eingedeckt sind. Servietten stehen schön gefaltet auf den Tellern mit Schmuckrand, das Besteck ist liebevoll drapiert, und Sektgläser stehen bereit, um gefüllt zu werden.

»Oh, für wen ist das?«, frage ich eine aus Deutschland stammende Dame, die hier auf dem Schiff ihren Dienst tut.

»Für ein Gruppe Amerikaner«, antwortet sie.

Okay, so geht es also auch. Ich vermute, das sind ein paar der Letzten, an denen die Wirtschaftskrise spurlos vorübergezogen ist, und gehe mir noch einen Tee im Pappbecher holen.

Im Hafen angekommen, ist es dann endlich wieder windstill.

Und nach kurzer Zeit machte es »sssSSSssss«. Die Mücken sind wieder da.

Den ersten Teil unseres Filmes *Bernhard sucht einen Zeltplatz* haben wir auf dem Schiff gedreht. Jetzt steht die nächste Station an, und das Transportmittel für den Weg dorthin soll ein wenig kleiner sein.

In der Nähe des Hafens, gerade einmal zwei Autominuten entfernt von der Stelle, an der wir angelegt haben, gibt es einen Kanuverleih. Man holt uns mit einem Jeep ab, und wir rollen auf den staubigen Platz, wo ein ganzer Berg Boote liegt. Die Geschichte für unser Tagesvideo setzt sich nun damit fort, dass ich mit dem Kanu versuche, eine schöne Stelle zu finden, an der ich dann mein Zelt aufschlagen kann. Aber schnell darf es nicht gehen, nein, ich soll jedes Mal so etwas sagen wie: »Hm ... das ist sehr schön, aber ich finde bestimmt etwas noch Schöneres«.

Gesagt, getan. Das Boot steht bereit, der Außenborder am Schlauchboot wird ins Wasser abgesenkt, und Alex, unser

Kameramann, sitzt schon an der luftgefüllten Reling und blickt in den Sucher seiner volldigitalen Bildaufzeichnungsmaschine.

Ich muss mich erst mal umziehen. In so einem Kanu ist man ja nah an der Wasserlinie, und es könnte nass werden. Der Kanuten-Guide weist mir den Weg, und ich betrete ein großes Zelt in der Nähe, wo die Kanugäste passende Kleidung verpasst bekommen. Hinter einem Vorhang aus Handtüchern ist so was wie ein geschützter Bereich. Dort steige ich aus meinen Klamotten und bekomme richtige Kanukleidung: Eine enge Frottee-Leggins, die schon mal jemand getragen hat, ein schweißabsorbierendes T-Shirt, das schon mal jemand getragen hat, und eine Fleece-Jacke, deren Kragen dauernd an meinen Mund kommt und mir den Speichel von den Lippen feudelt. Auch die hat schon mal jemand getragen.

Zum Glück bin ich nicht fies vor so einer Sache. Aber vor drei solchen Sachen schon…

Schließlich wird mein Outfit noch um eine alberne gelbe Schwimmweste ergänzt. Nachdem nun wirklich jede Attraktivität aus meinem Erscheinungsbild getilgt ist, stellt sich das ganze Team um mich herum auf.

»Eh, geil, siehst du scheiße aus, komm, mach mal 'n Foto!«, höre ich ermutigende Rufe. »Is nur für Facebook«

Wenn man schon peinliche Leggins verteilt, müssen die nicht noch gestreift sein, so dass man die vor wirklich jedem Hintergrund erkennt.

Das können keine Freunde sein.

Du hast dich dazu hinreißen lassen, eine Schwimmweste zu tragen? Wie soft dich doch eine Insel voller Schafe macht!

Ich erinnere mich an eine gemeinsame Kanufahrt auf einem der großen rheinischen Urströme: der Sieg. Wir zwei Helden und dein noch heldenhafterer Hund in einem Boot. Leichtes Gepäck für zwei Tage Camping. Bevor ich an Bord der schaukelnden Zwei-Mann-Plastikkiste ging, streifte ich mir noch eine leuchtend rote Weste über und wollte dir gerade in die deine helfen, als du mich mit einem süffisanten Grinsen darauf aufmerksam machtest, dass du einerseits ein ausgezeichneter Schwimmer seist und dass andererseits die Sieg an diesem Tag an den meisten Stellen gerade mal die obligatorische Handbreit Wasser unter dem Kiel versprach. Außerdem sähen wir dann vollkommen albern aus. Als wären wir in Nehbergs Kielwasser auf dem Weg nach Brasilien und hätten uns kurz hinter Betzdorf mal eben verfahren. Ich nahm den Imageverlust in Kauf und behielt die Weste an, als wir die Wasserwanderung starteten. Die ersten Kilometer waren akustisch geprägt vom Winseln des wasserscheuen Hundes und dem Knirschen, das entstand, wenn der Boden unseres Plastik-Wakas mal wieder über das Geröll 20 Zentimeter unter der Wasseroberfläche schrappte. Nur in schärferen Kurven gab es schon mal so was wie Strömung, Geschwindigkeit und die vage Ahnung, der Strom habe im Laufe der Zeit einen tiefen Graben in diese Seite des Flüsschens gewaschen. Wir hatten gerade vor, die Regenjacken überzuziehen, um nicht durch den einsetzenden Nieselregen den restlichen Tag in feuchten Klamotten zu paddeln, da geriet die Situation außer Kontrolle. Eine dieser semiharmlosen Kurven kam direkt auf uns zu. Oder ver-

mutlich war es umgekehrt. Diese hatte sich aber als echte Rheinländerin mit allerlei Astwerk und Gestrüpp kostümiert. Profis, die wir nun mal sind, lehnten wir uns zeitgleich steuerbords weit aus dem Boot, um diesem ganzen Zeug auszuweichen. Beide! Der Gedanke »Scheiße!« war noch nicht mal komplett formuliert, da fanden wir uns, den Hund, die Paddel und das Gepäck im Wasser wieder, das Boot kieloben neben uns treibend. Die Aufgaben waren im Folgenden klar verteilt: Der Hund geriet in Panik, du versuchtest, mit den vollgesogenen Klamotten irgendwie an der Wasseroberfläche zu bleiben, und ich kümmerte mich um den Rest. Nämlich darum, Boot, Paddel und Gepäck beisammenzuhalten, bis wir wieder aus der großen Kurve ins flache Wasser getrieben würden. Während dein Hund noch damit beschäftigt war, so schnell wie möglich auf die einzige erreichbare Insel zu klettern – deinen Kopf – und dich nun nicht nur ein Haufen Kleidung, sondern auch noch ein paar Kilo angstvoll jaulenden Hundes nach unten drückten, hatte ich meinen Teil der Aufgaben bereits erfüllt. Alle Utensilien waren wieder sicher in meinen Armen gelandet. Und ich hatte mir sogar Boden unter den Füßen erstrampelt.

Dank der Schwimmweste.

Das Ergebnis war allerdings das Gleiche. Wir waren total durchnässt, die Sieg nun komplett in unserem Canadier, und der Hund bekam Durchfall.

Ich bin gespannt, was du hier im Waka-Land für eine Figur an Bord machst!

Dann steche ich in See, genau genommen in den See, auch wenn dieser irgendwann ins Meer mündet. Zwar haben wir nicht genug Zeit, um weiter hinaus in den Fjord zu fahren, aber ein paar schöne Stellen zum Anlanden gibt es bestimmt auch hier in

Reichweite. Überall sind schmale Schotterstrände. Und dort, wo ein Fluss in den Sound mündet, befindet sich eine breite Sandbank, rechts und links davon sind kleine Buchten.

Sobald der erste Paddelschlag getan ist und das Kajak im Wasser vorangleitet, geht es mir gut. Die Gedanken gehen auf Reise, Ruhe setzt ein. Diese direkte Nähe zum Wasser, diese unmittelbare Übertragung von Kraft auf Bewegung, dieses leise Plätschern, wenn der Bug ganz sanft das Wasser ...

»BERNHARD? GEHT DAS AUCH SCHNELLER?«

Normalerweise versuche ich Tommys tantrischen Singsang durch fehlende Satzzeichen und konstante Kleinschrift zu visualisieren, aber das hier klingt schlicht anders. Eigentlich kann es nicht sein, dass er so mit mir redet. Ich blicke zum Schlauchboot und sehe Jakob, der die Hände noch wie einen Trichter vor dem Mund hält. Klar. Niemals hätte Tommy so viel Energie in seinen Stimmapparat gesteckt. Vor allem nicht, wenn er mit mir redet. Das motorisierte Schlauchboot ist weit vor mir, und seine Insassen sind weit entfernt von jeder körperlichen Anstrengung.

Ich verstehe – ich bin einfach zu langsam. Alex schaut zu mir und zeigt dabei dauernd auf seine Kamera, weil er wohl verzweifelt versucht, mich näher heranzuzoomen, dabei aber feststellt, dass die Optik das einfach nicht hergibt.

So kommt es zur bitteren Erkenntnis, dass ich wohl mithilfe fossiler Brennkraft gezogen werden muss. Wie viele Eisbären müssen daran glauben, damit ich schneller werde? Es ist so deprimierend.

Nur die letzten paar Meter auf den Kies auffahren, das sollte ich selbst machen.

Wenigstens die Bilder sehen nach total schnellem Fahren aus, aber der Paddler könnte auch jeder andere sein, weil Alex nur Detailaufnahmen macht. Da eine Bugwelle, hier die Spitze eines Paddels.

Irgendwann lassen sie mich los. Ich fahre zum nächstgelegenen Kiesstrand, steige aus, sage meinen Satz: »Hm … das ist sehr schön, aber ich finde bestimmt etwas noch Schöneres«, und steige wieder ein. Perfekt halte ich das Gleichgewicht, mit einem Fuß stoße ich mich ab, und nach dem Einsteigen, das Paddel in der Hand, fahre ich sofort los. Die große Gemeinde der Paddelfreunde wird in mir einen der ihren erkennen.

Ich sehe, wie Tommy den Mund bewegt, dann brüllt Jakob: »NOCH MAL!«, quer durchs Naturschutzgebiet. Zwei Südinseltakahe sterben durch Hörsturz. Schade, sind selten.

Ich paddle wieder zurück, wende, lege an, steige aus.

»Hm … das ist sehr schön, aber ich finde bestimmt etwas noch Schöneres!«

Professionell einsteigen, losfahren. Ich werde Fanpost von Paddlern bekommen.

»JETZT DA!«, wiederholt Jakob den Flüsterbefehl von Tommy, der gleichzeitig im Boot steht und wie ein Dirigent mit den Händen herumfuchtelt.

Ich fahre 100 Meter quer über den Fjord-Arm an Land, steige aus. »Hm … das ist sehr schön, aber ich finde bestimmt etwas noch Schöneres«, rein, los. Es werden wohl Kanukalender mit mir gemacht werden.

»so jetzt nur das einsteigen«

Ich erschrecke: Tommy redet wieder direkt mit mir, denn ich bin gerade direkt neben dem Schlauchboot.

Ich also wieder an Land, aussteigen, einsteig … Platsch! Ich verliere das Gleichgewicht, lande im Wasser, versuche mich mit der Hand abzustützen, das Paddel stößt hart gegen meinen Unterkiefer und schiebt die linke Wange über das Jochbein. Der Ärmel wird erst nass, dann kalt, die enge Leggins noch enger.

»super lustig nehm ich«

»Aber das sieht doch voll albern aus, alle werden denken, ich bin ein Volltrottel!«

»ja die werden dich lieben«

»Aber ... ich will vielleicht gar nicht geliebt werden.«

»doch willst du wir müssen weiter«

»Tommy, ich ...«

Doch dann fällt mir ein Trick ein.

»In meinen Augen kann man lesen: ›Neuseeland ist scheiße!‹«, sage ich zum Kunden, der immer gut gelaunten Neuseelandfachfrau Awesome-Amazing-Katie.

Stille.

»Okay, wir machen's noch mal«, sagt sie.

Ich liebe Werbung.

Es geht also noch eine Weile so weiter, mal paddeln, mal gezogen werden. So fahren wir noch ein wenig den Arthur River rauf, der hier im Deepwater Basin fast unmerklich in den Milford Sound übergeht.

Ich steige aus, ein, aus, und irgendwann fahre ich einfach nur noch hin und her, wegen der Bilder.

Dann bin ich fertig und bedaure doch irgendwie, die kleine Kajakrunde beenden zu müssen. Denn selbst so kurze Momente wecken bei mir immer Erinnerungen an größere Bootstouren, und ich verspüre den unbändigen Wunsch, länger zu bleiben und einfach nur von Bucht zu Bucht zu fahren und dann irgendwann irgendwo zu zelten. Warum bin ich nur beruflich hier?!

Warum bist du nur beruflich da? Na, weil es einfach schöner ist, da zu arbeiten als in Hückeswagen, Bitterfeld oder in meiner kleinen Kölner Kemenate, wo seit Tagen der Regen am Fenster herunterläuft! Kennst du die Formulierung: »Jammern auf hohem Niveau«? Nein? Das dachte ich mir.

Lieber Tobi, du vergreifst dich im Ton. So kann nur jemand reden, der zu Hause gemütlich auf dem Sofa sitzt, den Fernseher vor sich, den Kühlschrank nebenan und das elektrische Feuer an der Decke. Ein Griff zur Rechten, eine Drehung mit der Hand und es wird warm im Zimmer, ein Schritt aus dem Raum, und man kann heiß baden oder wenigstens duschen. Umgeben nur von seinen Liebsten, oder besser, noch nicht mal von denen.

Aber ich bin hier, weit weg, mit mehr oder weniger fremden Menschen. Muss mein Fortbewegen mit Muskelkraft erreichen, Feuchtigkeit zieht durch meine Kleidung, Wind gerbt mein Gesicht, Mücken zerstückeln meine Haut. Und bei dem Ganzen kann ich noch nicht mal meinen Blick schweifen lassen, weil ich dauernd auf irgendwelche Berge schaue, deren Hänge mit Pflanzen bewachsen sind, Bäume und Sträucher stehen dicht an dicht. Das Ganze besteht aus so unendlich vielen Grüntönen, dass man meinen könnte, jedes einzelne Blatt wolle die Freude über das kühlende und belebende Nass, welches unentwegt von oben herabfällt, mit einer besonders schönen Schattierung zeigen.

Armer Kerl! Dann trotte ich Glückspilz jetzt mal zu meinem Kühlschrank. Fische einen seit Tagen abgelaufenen Joghurtdrink heraus, dessen Ingredienzien garantiert mehr »E« enthalten, als das Wort Neuseeland, setze mich damit vors Fenster und versuche, irgendwo im Dunst aus Regengischt und Abgasen den fünf Kilometer langen Güterzug auf der Brücke vor meiner Wohnung zu erspähen. Hören und spüren kann ich ihn schon. Ich Glücklicher ...

Ich steige aus dem Boot und stapfe leicht triefend gen Umkleidekabinenzelt. Mir kommen zwei deutsche Touristen entgegen, die gerade ihre Tour starten wollen und sich offensichtlich freuen, mich zu sehen.

»Der Hoëcker!

»Eh, geil, sieht der scheiße aus, komm, mach mal 'n Foto! Is nur für Facebook.«

Ich steige aus den Gebrauchtklamotten und freue mich über meine eigenen Socken. Tommy hatte sie netterweise zum Trocknen nach draußen gehängt. Dummerweise in den Regen.

Man fährt uns dann zurück zum Flughafen, wo schon der Hubschrauber wartet. Das Gefährt, mit dem uns der Kajakverleiher, ein Bart tragender junger Mensch in viel zu langen Boxershorts, dort hinbringen will, regt allerdings meinen moralischen Widerstand.

Schon vor dem Einsteigen in den kleinen Bus bin ich überrascht, ich möchte sogar sagen: verstört. In großen Lettern prangt an der Seite die Aufschrift: »The Great Annual Nude Tunnel Run«! Als ich nachfrage, ist es genau das, wonach es klingt. 1998 in einer Bierlaune ins Leben gerufen, rennen nun jedes Jahr um die hundert Kiwis nackt durch den Homer-Tunnel, einen Straßentunnel, der den Milford Sound mit Queenstown verbindet. Er ist 1,2 Kilometer lang und hat 11 Prozent Steigung. Die 20 Neuseeland-Dollar Startgebühr werden für einen gemeinnützigen Zweck gespendet. Ich vermute mal, der Betrag geht an die Angehörigen von in Tunneln verschollenen Nackten ...

Auch die Fahrt in diesem Vehikel ist gewöhnungsbedürftig: Ok, ohne Anschnallgurt fahren, habe ich auch schon mal ... also, ich habe davon gelesen, dass es Leute gibt, die so was machen. Aber hier handelt es sich um einen VW-Bulli, dessen hinterer

Bereich mit einer großen Matratze ausgelegt ist. Die Deckenverkleidung des Wagens hat Flecken. Aber das Schlimmste ist, dass wir mit vier Mann auf den Restsitzen sitzen, und wir haben unseren Kontakt zur neuseeländischen Bevölkerung, nämlich die immer gut gelaunte Neuseelandfachfrau Awesome-Amazing-Katie, hinten auf die Matratze drapiert. Abgesehen von unseren Gedanken, für die ich mir wohl noch Jahre lang mit Seife die Zähne putzen muss, sieht es so aus, als würden vier Zuhälter ihre Mitarbeiterin zum nächtlichen Arbeitsplatz bringen.

Wir nehmen es mit Humor. Sie hoffentlich auch.

Der Hubschrauber steht schon bereit, und bis wir starten können, laufen wir die ganze Zeit im Kreis herum. Die Mücken. Sie sollen einfach keinen Angriffspunkt haben. Ich fürchte nur, die Dreckstiere sind klug genug, immer kurz auf einem von uns zu landen, schnell einen Schluck Blut zu schlürfen, abzuheben, zu warten, bis der Nächste vorbeikommt, um dann

wieder bei einer kurzen Landung schnell zuzuschlagen. Dann wieder hoch, warten, runter und so weiter. Wir sind die perfekte Sushi-Bar für Mücken, immer kommt was neues Leckeres vorbei.

Wenig später heben wir endlich ab.

Für das Video des Tages über die Wanderung quer durch Southland auf der Suche nach einem Campingplatz hat Tommy hoch oben in der Luft plötzlich die Idee, dass es einfach super Bilder wären, wenn ich auf einem Bergkamm entlanglaufen würde.

Wir fragen den Piloten. Entspannt, wie Neuseeländer nun mal sind, lässt er mich kurzerhand auf einem Bergrücken aussteigen.

Wir landen, und ich springe aus dem Heli. Kein Wanderweg, kein Pfad nimmt meinen Schuhen den Schwung. Ich sinke knöcheltief ins feuchte Gras. In Kriegsfilmen habe ich mal gesehen, wie die Soldaten immer sofort gebückt wegrennen. Das sah so gut aus, das mache ich auch mal. Keine Ahnung, warum, ich bin nicht unter Beschuss, und der Vietcong ist hier auch nur vereinzelt kulturell ansässig. Aber vielleicht ist es sicherer, wegen der Rotorblätter.

Keine drei Schritte später donnert es hinter mir los, und der Hubschrauber hebt ab. Ich stapfe durch das feuchte Gras und genieße das Gefühl, mitten auf einem Berg durch unberührte Natur zu laufen. Meine Füße haben keinen richtigen Halt, ständig knicke ich um, weil Steine unter dem Mutterboden liegen. Habe ich mal eine ebenere Stelle gefunden, rast der Schatten des Hubschraubers auf mich zu oder überholt mich von hinten. Dann biegen sich die Grashalme in alle Himmelsrichtungen, und ich habe Mühe, gerade zu gehen. Ständig halte ich meine Mütze fest. Dann geht es vor mir steil hinab, und ich drehe mich um, und gehe zurück, damit ich auf der Ebene bleibe.

Für einen Moment herrscht Stille, ich bin allein. Strecke mich, schaue in Richtung Horizont. Dann blicke ich mich um, denn ich höre wieder den Motor. Und wie ein bösartiges Insekt, das langsam aus dem Dickicht des Busches auf ein hilfloses Opfer zusurrt und es dabei mit seinen starren Facettenaugen nicht aus dem Blickfeld lässt, erhebt sich das rotorgetriebene Fluggerät aus dem Tal in die Luft und nimmt die Verfolgung auf.

Während es immer näher kommt, fürchte ich schon, dass die stählernen Rotorblätter mich in kleinen Schüben auf die Felsen werfen. Dann kippt das Flugobjekt zur Seite und erhebt sich in die Höhe.

Weit, weit oben, kaum auszumachen mit dem bloßen Auge, dreht der Hubschrauber mehrere Runden. Dann setzt er in einiger Entfernung auf. Ich stapfe darauf zu. Mein Gesicht ist rot vor Anstrengung, der Wind hat mir die Tränen in die Augen getrieben, aber im Herzen bin ich glücklich, diesen unberührten Boden betreten zu haben.

In der Kanzel des Helikopters sicher verstaut, bin ich dann doch froh, dass sie mich wieder eingeladen haben. Ich bin mir sicher, dass Tommy das eigentlich nicht wollte. Sicher hatte er schon zum Piloten gesagt: »fertig lasst uns fliegen der findet alleine nach hause«, sich dann aber daran erinnert, dass auch er so etwas wie ein Gewissen besitzt. Ergo lud er mich wieder ein. Vielleicht hat er es auch einfach nur verschusselt, weil er immer noch an die immer gut gelaunte Neuseelandfachfrau Awesome-Amazing-Katie auf der Matratze im Auto denkt.

Die Bilder, die Alex durch das winzige Fenster im Helikopter gemacht hat, sehen einfach gut aus, und ich bin sehr froh, so etwas wie eine Bergwanderung unternommen zu haben, selbst wenn sie nur zehn Minuten gedauert hat.

Jetzt geht es erst mal zelten. Zwar ist es erst Nachmittag, also noch nicht dunkel, aber wir wollen den Sonnenuntergang filmen, und das bedarf einiger Vorbereitung.

Als Drehort haben wir den Moke Lake, einen See in der Nähe von Queenstown, auserkoren. Er liegt mit seiner spiegelglatten Oberfläche, eingeschlossen von Berghängen, einfach nur da und strahlt unendliche Ruhe aus. Dort befindet sich auch ein Campingplatz. Aber nicht so einer mit Wasser, Strom und Kabel-TV, Frittenbude, Bowlingbahn und Fahrradverleih, sondern einfach nur eine eingezäunte Wiese.

Obwohl wir dort campen, werden wir den Zaun im Video natürlich nicht zeigen. Man soll das ruhige Wasser im Hintergrund sehen, vorne das Zelt, und hinter all dem geht die Sonne unter. Das Ganze wird Tommy in Zeitraffer zeigen, so dass der Zuschauer mitverfolgen kann, wie es Abend wird. Am Schluss soll nur noch das Zelt leuchten, das wir vorsorglich mit einer Lampe ausstatten werden.

Wenn das mal nicht schön ist, da würde man auch im Winter gerne draußen schlafen.

Alles ist vorbereitet. Das Zelt steht, die Lampe hängt, und die Kamera ist auf einem Stativ befestigt. Eingeschaltet wartet sie jetzt darauf, eine halbe Stunde Sonnenuntergang aufzunehmen. Als nach zwanzig Minuten die Sonne gerade mal eine Nuance rötlicher ist, dämmert es mir, dass ich die nächsten Stunden vermutlich nicht mit Action-Drehs verbringen werde. So wandere ich ein Stück den See entlang und folge einem kleinen Pfad zu einer ruhigen Stelle des Sees.

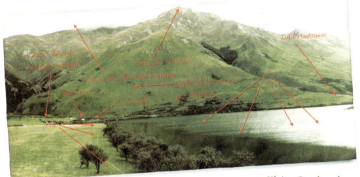

Kleine Ortskunde

Ich nutze die Gelegenheit und panoramiere meine Erinnerung mit dem Handy. Dann laufe ich gemütlich wieder zurück.

Es wird dunkel, was ich auch daran merke, dass mir immer, immer kälter wird. Jetzt entzünden wir noch ein Feuer vor dem Zelt.

Doch dann kommt die schwierige Zusatzaufgabe, die keine Aufgabe, sondern die pure Freude ist: »Erzähle eine Gruselgeschichte.«

Tommy und ich denken uns kurzerhand eine neue Legende über Neuseeland aus. Dank der zunehmend abnehmenden Temperaturen ist das Zittern in meiner Stimme nicht gespielt, als ich sie zum Besten gebe: »Im Jahre 1769, als James Cook nach Neuseeland kam, wollte er der Erste sein, der die unbekannten Inseln betrat. So ließ er sich von einem Seemann, Erik McHaffner, an den Strand rudern. Doch als er aus dem Boot steigen wollte, sprang der Seemann vor ihm in den Sand und reichte Cook die Hand. Somit war er es, der Neuseeland zuerst betrat, und James Cook wusste das. Er bat den Seemann, mit ihm in den nahe gelegenen Wald zu gehen. Und es wurde nie wieder etwas von McHaffner gesehen.

Doch bereits ein paar Jahre später erzählten die ersten Siedler von einem Schatten, einem Geist, der irgendwo auf den beiden Inseln immer wieder auftauchte, und manches Mal verschwand jemand, der sich daraufhin an einem Ort befand, den er nie zuvor betreten hatte.«

Wir freuen uns beim Gedanken daran, dass diese Geschichte vielleicht wirklich einmal in die Legendenwelt Neuseelands eingeht und von Großvätern an ihre Kinder weitergegeben wird.

Am Schluss meines Vortrags soll dann nur noch kurz ein Geist auftauchen und mich erschrecken. Als kleiner, schneller Gag am Ende. Den Geist will Tommy spielen. Und damit nehmen die Überstunden ihren Lauf.

Es fängt damit an, dass er hinter einem Busch stehen, aber nicht ganz, sondern nur ein wenig, zu sehen sein möchte. Zunächst brauchen wir einen Busch, der etwas abseits der Zeltstätte befindlich ist. Um das ins rechte Licht zu setzen, wird eine große Lampe vor dem Busch aufgebaut. Claudia hält diese lächelnd fest, damit der Wind sie nicht umweht. Elke lenkt den Schein einer kleineren Leuchte gekonnt so hinter das Blattwerk, dass es ganz tolle Schatten gibt. Renate steht versteckt hinter einem Busch und wedelt mit einem großen Tuch, damit Tommys langer Mantel hin und her weht und total unheimlich aussieht. Zusätzlich muss Jakob das flackernde rote Licht halten, um das Feuer zu simulieren, das vor dem Zelt vor sich hin knistert, hier zwischen den Büschen aber nicht mehr zu sehen ist. Und die immer gut gelaunte Neuseelandfachfrau Awesome-Amazing-Katie, die sich in eine große Decke gehüllt hat, damit ihr nicht zu kalt wird, stützt den riesigen Strahler, der das Mondlicht erzeugt. Alex macht Ton, Alex macht Bild, und Alex findet, dass das nun wirklich etwas zu viel für eine Person ist. Endlich ist alles an der richtigen Stelle. Nach mehreren Versuchen greifen sämtliche Gewerke Hand in Hand für das eine, das perfekte Bild. Tommy korrigiert immer wieder: Da ein Millimeter nach links, hier ein Stück höher, dort etwas später flattern lassen. Dann kommt der große Moment. Alle sind auf Anfang, es wird gedreht.

Tommy tritt ins Licht und sagt fehlerfrei seinen Text: »Huhuuuuu!«

Fertig.

Damit ist der Dreh beendet, und wir haben jetzt eine wunderbare Gegenlichtaufnahme von etwas, das Tommy sein könnte.

Nach dem Dreh sind alle durchgefroren und haben blaue Fingerkuppen. Es ist ein Uhr morgens, und wir fahren ins Hotel. Niemand will die Nacht jetzt noch hier draußen verbringen. Mir wäre die Temperatur zwar egal, aber ich habe Angst, dass Tommy noch so eine klitzekleine Idee hat.

10 | HERR DER RINGE
Ein Nazgul auf zwei Rädern

Als ich wusste, dass es nach Neuseeland geht, konnte ich natürlich nicht an mich halten und habe es jedem erzählt, den ich traf. Mit folgenden Sätzen versuchten meine Gesprächspartner dann immer einen Lacher zu landen:

- Grüß mir Gandalf!
- Schläfst du in Hobbiton?
- Pass auf, die Bäume schlagen aus!
- Wenn's kalt wird, ist's 'n Nazgul!
- Grüß mir Sauron!
- Isengard soll ganz toll sein!

Okay, ich habe geschmunzelt. Na ja, mitleidig gelächelt.

Aber es ist einfach so: Das Erste, was die Leute mit Neuseeland verbinden, ist Peter Jacksons Verfilmung von *Der Herr der Ringe*. Und ich nehme mich da nicht aus: Ich freute mich auf große Schlachtfelder, Dörfer inmitten grüner Auen, Burgen vor gigantischen Bergkulissen.

 Also mir geht es nicht so. Ich dachte immer, die hätten das in Irland gedreht. Oder in Hollywood. Das ist doch dieser Film mit den Dinosauriern auf der einsamen Insel, wo der Typ,

der jetzt im Rollstuhl sitzt, diesen Roboter spielt, der die Frau in New York per E-Mail kennenlernt?

Viele Leute, die ich vorher traf, konnten ganze Passagen aus dem Film zitieren, sie kannten die abenteuerlichsten Details über den Dreh, und viele von ihnen sammelten alle möglichen Devotionalien. Das wundert mich gar nicht: Wenn wir Deutschen etwas machen, dann richtig. Und so ist es nicht verwunderlich, dass von allen HdR-Fans der Welt diejenigen mit der meisten Inbrunst und Begeisterung aus Deutschland kommen.

Die drei Buchstaben HdR sollte ich den Laien vielleicht kurz erklären: Sie stehen für *Herr der Ringe*. Wir Fans kürzen das ab.

Die Suche nach HdR-Sets gleicht der Suche nach archäologischen Artefakten. Nachdem die Filme abgedreht waren, startete man eine Go-Green-Kampagne, um alle Sets wieder abzubauen und die Landschaft nach Möglichkeit in den Zustand zurückzuversetzen, in dem sie vorher war. Ökologisch gesehen ein hervorragender Gedanke. Für Filmfans eine Katastrophe. Denn so findet man meist einfach nur Landschaften, anstatt der beeindruckenden Kulissen. Jüngst kam Peter Jackson allerdings auf die Idee, hier den Zweiteiler zum Buch *Der Hobbit* oder *Hin und zurück* zu drehen, neue Sets entstehen, und man kann auch wieder Menschengemachtes aus Mittelerde sehen. Wie beliebt das Thema ist, merkten wir schon bei der Vorbereitung der Reise: Die ersten Vorschläge für Reiseziele drehten sich fast alle um *Der Herr der Ringe*: »Klettere im Kostüm von ›Boromir‹ einen Berg in den Southern Alps hoch, so wie Sean Bean im Making-of von *Herr der Ringe*!«, schrieb uns da zum Beispiel jemand. Aufgrund der vielen Einsendungen der User ist völlig klar, dass wir zu diesem Thema wenigstens einen kurzen Film drehen müssen, zumal ich selbst das auch unbedingt will. Und ich bin mir sicher: Es wird das meistgeklickte Video von allen werden.

Boromir? Für alle, die von dieser einzigartigen und fremden Geschichte ebenso unerleuchtet sind wie ich, habe ich mich in die Welt der Großfüße, Spitzohren und Houdinis der Fantasy begeben: alte Werke gewälzt, im verstaubten Almanach geblättert und digitale Enzyklopädien mit allerlei unverständlichem Zierrat auf den Seiten studiert. Nun entzünde ich hier die Fackel der Erkenntnis: Boromir ist der erstgeborene Sohn des Ortsvorstehers von Gondor, Denethors des Zweiten (nicht des Ersten!) und seiner Gemahlin Finduilas von Dol Amroth. Wer sich das schon mal für die angestrebte Lektüre in eine Kladde schreiben möchte, möge Platz für die an dieser Stelle noch nicht erwähnten 72 Millionen Charaktere, Völker und sonstiges tolkienesisches Gedöns lassen.

Ein anderer Vorschlag war: »Gollum endlich unseren Schatz geben. Wir wollen ihn, wir brauchen ihn, wir müssen ihn haben. Du hast ihn gestohlen.« Was auch immer der Einsender damit meinte.

Gollum? Das ist doch dieser geistig und ästhetisch leicht minderbemittelte Kollege? Der Freak, den man früher auf den Jahrmärkten in einem Käfig gehalten und den sensationslustigen Besuchern zum Gruseln vorgeführt hatte. Armer Kerl. Dem sollte wirklich mal einer was geben.

Und ein weiterer User wollte das ganz große Drama: »Verkleide ein paar Freunde als Orks, steige in einen grauen Kartoffelsack und rufe mit großer Geste: ›Ihr ... kommt hier nicht ... VORBEI!‹«

 *Orks?*
Iiiihh, bäh!

Das ging leider nicht, denn ich habe keine Freunde, und außerdem waren das keine Orks, sondern es war ein Balrog.

 Aha. Ein Balrog ... (?)

Der überwiegende Teil der Ideen ist harmlos. Ich soll »die Heimat der Hobbits aus *Herr der Ringe* kennenlernen und herausfinden, ob Frodos Bett groß genug für Dich ist ...«

Es ist schon erstaunlich, wie sehr die Leute auf meine Größe fixiert sind. Wie gedankenlos! Ich habe schon öfter überlegt, ob die Gesellschaft Menschen mit einer optischen Auffälligkeit wirklich gleich behandelt. So ist es natürlich eine genetische Besonderheit, die mein Äußeres bestimmt. Genauso wie es die Gene bestimmen, ob jemand schwarz oder weiß ist.

Sehr oft höre ich Kommentare zu meinem Äußeren wie den folgenden: »Sie sind ja recht klein, aber sehr klug.«

Lustig. Und eigentlich nett gemeint.

Wenn jemand aber sagt: »Sie sind schwarz, aber trotzdem klug!«

Nicht lustig. Böööööse. Diskriminierend.

Zu mir sagt man auch gerne so was wie: »Golfen ist dein Sport, du bist näher am Ball.«

Lustig.

Da könnte man doch auch jemandem mit einem Tourette-Syndrom sagen: »Tanzen ist dein Sport, du wackelst ja eh dauernd hin und her.«

Nicht lustig.

Das ist wirklich tragisch. Verletzend und entwürdigend. Vielleicht hilft es dir, die Menschen mit diesen Beispielen zu sensibilisieren. Ich wünsche dir viel Kraft und Energie, um dafür zu kämpfen, nicht ständig auf diese Kleinigkeit ... äh ... Größendings ... na, du weißt schon, was ich meine, reduziert zu werden. Wenigstens versucht niemand, daraus Kapital zu schlagen. Mal was anderes: Wie war noch gleich der Titel deines ersten Bühnenprogramms?

Comedy vom Kleinsten. Wieso ...?

... nur so ...

Heute wollen wir also eine Szene aus *Herr der Ringe* nachdrehen.

Es lagen wie immer mehrere Vorschläge vor, auch welche, die nichts mit Tolkiens Meisterwerk zu tun haben:

1. Leih beim Central Otago Motorcycle Hire eine Harley aus und erkunde die wunderschöne Umgebung.
2. Spiele Jury und bewerte Bungee-Jump-Sprünge mit Scorekarten. Als Gewinne winken Augenbinden, Sekundenkleber, Windeln.
3. Spiel eine Szene aus *Herr der Ringe* nach!

Wir selber hofften natürlich auf Nummer 3, aber die 2 ging in Führung, während 1 recht schnell abgeschlagen war. Ich präferierte 1, weil weniger anstrengend als 2 und 3. Bei 2 hatte ich Sorge, Teil von 2 zu werden, würde aber, wenn nicht 1, lieber 3 als 2 machen, und wenn 3, dann 1 dazu, aber nicht 2. Am besten wäre natürlich die 6. Also 1 + 2 + 3!

Tolkien also. Gesagt, getan. So machen wir uns auf den Weg quer durch Mittelerde. Und das sieht hier ziemlich gut aus.

Stimmt! Habe mir gerade die kompletten 9 Stunden Jackson-Film im Schnelldurchlauf angesehen, um das zu überprüfen. Die Gegend ist echt hübsch! Hast du auch diese weiße Stadt gesehen? Das Wetter ist aber nicht so gut, ne!? Und seit wann gibt es in Mittelerde Vulkanier?

Wir starten in Queenstown, das ich mir morgen mal in Ruhe ansehen werde.

Es warten zwei Jeeps vor dem Hotel, darin zwei Guides. Diese Kiwis gehören zu einer Outdoor-Firma, deren Mitarbeiter sich hier gut auskennen und neben den Standards wie Kanufahren, Wandern und Angeln privat auch so Randsportarten betreiben wie »aus dem fahrenden Auto auf Hasen schießen«. Und treffen.

Bevor man hier in bösartiges Geheule ausbricht, sollte man darüber informiert sein, dass Hasen und Kaninchen in Neuseeland nicht endemisch sind. Sie wurden eingeschleppt, damit die ersten Siedler was zu essen und was zum Spielen hatten.

 Sauerländer sind im Rheinland auch nicht unbedingt endemisch. Fändest du es denn auch okay, wenn man aus fahrenden Autos auf mich schießt?

 Och ... Aber ich gebe zu: Ob alleine schon das Nicht-von-dort-stammen Grund genug ist, sie zu jagen, halte ich für Speziesismus, also Rassismus gegenüber Tieren. Schließlich erklären wir Kartoffel, Tomate und Tulpe auch nicht den Krieg.

 Schlimmer noch als eine Kriegserklärung: Wir züchten das Gestrüpps immer wieder neu, um

es anschließend zu vernichten. Das haben noch nicht einmal die perfiden Römer mit ihren Feinden versucht!

Allerdings gibt es hier für Hasen keine natürlichen Feinde, daher machen sie das, was für sie schon sprichwörtlich ist: sich vermehren. Sogar Mark Twain hat sie 1895 gesehen und schrieb darüber: »Die hatten den Mann, der die Kaninchen hier eingeführt hat, gefeiert und gelobt. Heute würden sie ihn hängen, wenn sie ihn zu fassen bekämen.«

Und in der Tat: Die putzigen kleinen Nager werden hier gehasst. Zehn Hasenartige fressen so viel wie ein Schaf. Aber Schafe vermehren sich langsamer. Und sie geben mehr Wolle als Kaninchen.

Ich selbst habe zur Jagd eine einfache Haltung: Es ist die natürlichste und tierfreundlichste Art, an Fleisch zu gelangen.

Genau. Und das am besten aus dem fahrenden Auto heraus, wie wir weiter oben lernen durften. Schön den Schießprügel aus dem Seitenfenster halten und eine Runde Karnickel wegbrizzeln. Damit bist du so freundlich zu den Tieren! Und so natürlich, natürlich ...

Natürlich handelt es sich bei der von unserem Fahrer praktizierten Form der Jagd um einen extremen Auswuchs, den man wohl nur verstehen kann, wenn man unter den extremen Bedingungen dieses Erdteils versucht zu überl... na ja, wenn man da halt so herkommen tut.

Aber wenn man grundsätzlich davon ausgeht, dass man Fleisch essen will, wie soll man es denn dann deiner Meinung nach machen? Das Rind in den Arm nehmen und es mit dem Rest der Herde auf dem letzten Weg be-

gleiten? Sanft auf ein Kissen betten und warten, bis es eingeschlafen ist, dann dasselbe Kissen benutzen, um ... Mal ehrlich: Es hat ja den Großteil seines Lebens auf einem Quadratmeter gequetscht gestanden, da kann es im Tod ja wenigstens Freude haben. Wenn schon tote Tiere, dann doch ein Leben lang frei herumlaufen lassen und am Ende ein kurzes »Peng« und weg.

Die beiden Jungs des Outdoor-Erlebnis-Anbieters fahren uns also mit ihren Land-Rovern mitten in den Mount Aspiring National Park hinein. Hier erstreckt sich eine unglaubliche, grandiose Landschaft, die von den Fjordlands bis ins Hoch-

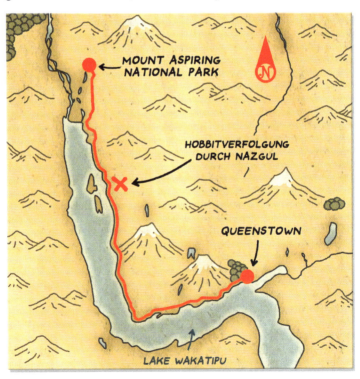

gebirge reicht. Über 3 000 Meter hohe Berge grenzen an Seen und Wälder. Es ist kaum in Worte zu kleiden, aber einen Versuch ist es allemal wert: Vor uns liegt der nördliche Ausläufer des Lake Wakatipu. Die Sonne steht schräg vor uns und wirft undefinierbare Schatten auf die Bergkette, die sich jenseits des glatten Wassers erhebt. Die spiegelnde Oberfläche des unbewegt daliegenden Sees verdoppelt den grandiosen Anblick der schneebedeckten Gipfel, die ganz hinten am Horizont in den blauen Himmel weisen. Die Berghänge zu unserer Linken senken sich gefällig abwärts, um kurz vor dem See fast in eine Ebene überzugehen, so als wollten sie den See nicht aufwecken, sondern weiter ungestört dort schlafen lassen. Leichte Böen lassen hier und da ein paar Kräuselungen auf der Oberfläche entstehen. Dadurch wirkt der See aber nicht unruhig, sondern lebendig wie ein großes Tier, das sich im Schlaf hin und wieder bewegt.

Durch diese Landschaft musste ich die ganze Zeit fahren ... Schrecklich!

Wir fahren eine kleine Landstraße entlang und biegen auf eine Nebenstraße ab, die dann zum Feldweg wird. Dieser endet auf einer Wiese. Hier erleben Tommy und ich unser erstes großes HDRWIDEGG*. Auf der anderen Seite der Wiese, direkt am

---
* *Herr der Ringe* – wow, ist das ein geiles Gefühl!

Ende des Waldes, bemerken wir zwei auffällige kleine Gebäude am Rand eines Dorfes.

Hier halten unsere Guides an.

»Hi wäa«, sagt einer in diesem unverständlichen Neuseeland-Englisch.

»Here we are«, übersetzt Renate.

»hier ist es«, übersetzt Tommy für mich.

»Was?«, frage ich.

»what«, übersetzt Tommy.

»Woa?«, übersetzt Renate.

»The häbt wollg«, sagt der Mann, der von hier kommen tuen tut.

»The Hobbit Village«, übersetzt Renate.

»das hobbit dorf«

»Welches ...«

«mann bernhard das vom peter jackson dem neuen film und wenn du noch einmal was fragst kommen wir hier niemals weg du hörst doch dass die keine ganzen sätze können«

»Bänad thon främ Pitä Jäksns niu fim ...«, beginnt Renate willfährig.

»RENATE!«, beendet Tommy den Dialog.

Aber ich habe bereits verstanden. Es ist kein richtiges Dorf, nein, es ist Teil des Film-Sets von *Der Hobbit*. Welcher Schauplatz der Handlung es genau ist, wird natürlich sofort Thema unserer Spekulationen. Aber wir finden es nicht heraus. Man kommt nicht näher ran. Tommy vermutet eine Hobbit-Siedlung, ich denke eher an die Stadt Esgaroth, aber die steht wegen des Drachens eigentlich auf Stelzen ...

Natürlich zücken wir sofort unsere Kameras, und schon werden alle Neuseeländer in unserem Team schwer nervös. Es gibt da wohl eine leichte Paranoia, was das Veröffentlichen von Bild- und Videomaterial angeht. Es soll so wenig wie möglich im Vorfeld an die Öffentlichkeit gelangen. Komparsen, die Schlange stehen, um beim Dreh dabei zu sein, müssen katalogdicke Vertragswerke unterschreiben, die ihnen die schlimmsten Höllenstrafen androhen, sollten sie auch nur irgendetwas verlauten lassen. Das Ganze natürlich auch auf Elbisch, schließlich haben viele der Beteiligten einen Hau weg und können das lesen und schreiben. Um nicht Gefahr zu laufen, ebenfalls vor ein elbisches Gericht zu kommen, werde auch ich die entscheidenden und verräterischen Stellen aus diesem Buch herausnehmen müssen.

Ich habe sicherheitshalber alles verbalkt, was wahrscheinlich auf Fotos nicht veröffentlicht werden darf.

Nachdem wir etwa 500 Meter weitergefahren sind, dreht sich unser Guide zu uns um.

»Hier wurde die Schlacht um Isengard gedreht«, sagt er.

Wir blicken sehnsüchtig auf krumpelige Bäume. Schöne krumpelige Bäume.

»hier machen wir's«, sagt Tommy.

Ein paar hundert Meter Luftlinie entfernt sieht man immer noch einen Teil des Filmsets, unmittelbar in der Nähe stehen unsere Neuseeländer, die sich schon im Gefängnis wähnen, nachdem wir uns schon wieder auf den Rückweg nach Deutschland gemacht haben. Die Guides blicken nervös zur immer gut gelaunten Neuseelandfachfrau Awesome-Amazing-Katie, diese sieht nervös zum Hobbit-Dorf hinüber, und Tommy und ich schauen entspannt auf den Wald.

Der ganze Tag steht einfach unter drei guten Sternen:

Erstens: Ich liebe *Herr der Ringe*.
Zweitens: Tommy liebt *Herr der Ringe*.
Drittens: Neuseeland sieht aus wie *Herr der Ringe*.

Also passt alles.

Ich schlage voller Begeisterung sofort mehrere Szenen vor, die es sich nachzuspielen lohnt.

»Helms Klamm: Zweitausend Orks stürmen die uneinnehmbare Festung, eine riesige Explosion erschüttert die Mauern, die sodann einstürzen, und die Orks…«

Tommy schaut mich an und schüttelt den Kopf.

»nein«, sagt er.

»Dann eben das schwarze Tor von Mordor: Während zwei Höhlentrolle die Tore öffnen, sitze ich auf einem Pferd vor Hunderten verängstigter Menschen, Elben und Zwerge. Ich, als

Aragon, sage zu den Kriegern: ›In euren Augen sehe ich die gleiche Furcht, die auch mich verzagen ließe...‹«

»nein«

»Okay, pass auf: Wir suchen uns zwölf Mûmakil, diese elefantenartigen Geschöpfe Ardas, und stürmen gen Minas Tirit...«

»nein du bist hobbit«

»Ach, immer diese blöden Hobbits. Die haben doch nur dauernd im Wald rumgehangen.«

»eben«, er zeigt Richtung Bäume, »geh«

Kein Problem, er ist ja schließlich der Regisseur. Nur die alberne Hobbit-Verkleidung werde ich definitiv nicht anziehen.

Zumindest so lange nicht, bis mir Tommy ein Schwert an den Hals hält...

Ich werfe mich also in mein Hobbit-Kostüm. Am meisten Überwindung kostet mich die Perücke. Von wie vielen Schauspielern die schon getragen worden ist, will ich gar nicht wissen, spüre es aber schon kribbeln.

Dann geht es los. Zunächst positionieren wir mich auf einem armseligen Holzstamm. Hier stellen wir die Gandalf-Szene auf der Brücke von Khazad-dûm im Reich von Moria nach. Während dort allerdings gigantische Felswände nach oben und unten im Dunkeln verschwanden, um die unfassbare Größe der Höhle zu zeigen, und Gandalf Glamdrin, sein Schwert, in der einen und seinen Stab in der anderen Hand in den Stein trieb, stecke ich eine billige Kopie von »Stich«, Frodos Dolch, mit den markerschütternden Worten »Du kommst hier nicht vorbei!« in die

Wichtig ist immer eines: Freiwilligkeit!

bereits tote Rinde. Und dann startet Tommy einen Versuch, sich in das Video zu drängen.

Er tritt hinzu und winkt mich aus dem Bild. Das ist so auch abgesprochen. Mehr nicht. Aber er gibt sich selbst Text, und wie ich ihn kenne, wird er den dann später lauter drehen als meine Stimme, Hall drauflegen und Blitz und Donner erschallen lassen.

Er sagt den Satz: »bernhard kommst du?«

Grandios gespielt.

Dann beginnt die eigentliche Szene: Ich treffe auf einen Schauspieler, der einen Nazgul spielt.

Während ich mit dem verhüllten Kollegen spreche und so Sätze sage wie: »Hallo, wie geht's?«, taucht ein Schauspieler auf, der zu Tommy sagt: »Hallo, ich spiele den Nazgul.«

Nun ist klar, ich rede mit einem echten.

Jetzt muss ich fliehen.

Ich durfte sogar reiten. Okay, für den Sprung nahm ich einen Baumstumpf zur Hilfe und das Pferd ist jedes Mal sofort stehen geblieben ... aber im Film sieht es super aus.

Erst renne ich durch den Wald, springe über einen Abgrund. Ich sprinte auf ein Pferd zu, mit dem ich dann im gestreckten Galopp ... also gemäßigtem Trab weiterreite. Dann springe ich ab, renne zu einer Harley Davidson nebst Fahrer, einem Rocker in Lederkluft, und will meine Flucht auf dem Rücksitz der Maschine fortsetzen.

Dabei gibt es einen »politischen« Konflikt. Probleme mit dem Staat und seinem Rechtssystem: Ich will eigentlich aufs Motorrad springen, und dann soll es losgehen. Aber so einfach ist das natürlich nicht. Was wir machen, ist eine »Governmental Campaign«, das heißt, wir sind im Auftrag der Regierung unterwegs. Und da geht alles, aber nicht, ohne Helm Motorrad zu fahren ...

Also spielen der Rocker und ich kurzerhand, dass ich erst einen Helm aufsetzen muss, bevor die Flucht beginnen kann.

Die Fahrt führt uns quer durch die Ebene Rohans bis nach Queenstown.

Dieser leicht fragende Blick zeigt den Gedanken: Ist es eine gute Idee, mit Hobbit-Perücke und Helm von einem Rocker durch die Gegend gefahren zu werden?

 Na klar. Durch die Ebene von Rohan. Für alle Nicht-HdR-Enthusiasten (wie mich): Das ist quasi die Lüneburger Heide von Mittelerde. Also politisch gesehen. Vielleicht eine Art Schleswig-Holstein. Nur eins mit Bergen, Festungen, Zwergen und all dem anderen Gesocks.

Von außen betrachtet ist das schon alles sehr ... skurril:

Ein gelockt-perückter Mensch in Mittelalterklamotten auf einem Motorrad, der eine Weile am gigantischen Lake Wakatipu entlangfährt. Verfolgt von einem ... Nazgul. Mit Schwert.

Tommy hat es tatsächlich geschafft, einen der zwei Harley-Fahrer, die uns als Drehhilfe zur Verfügung stehen, dazu zu überreden, sich komplett in eine schwarze Montur zu werfen und mit einem Schwert in der Hand quer durch den Süden Neuseelands zu brettern.

Aber der Typ ist einfach cool, muss man sagen. Als ich ihn kennenlernte, dachte ich noch, dass er so ein richtiger Rocker sei, der

Ich habe Tommy gesagt, er solle doch auch mal so was anziehen, aber er ist immer noch der Meinung, dass er ohne Gesichtsverdeckung besser aussieht.

gerade mal zehn Worte fehlerfrei von sich geben könne. Dann wartete er aber auf einmal mit komplizierten Sprachelementen auf. Und aus mehrfach verschachtelten Nebensätzen wurde ein Gespräch. Wahrscheinlich hatte er angenommen, dass ich so ein richtiger deutscher Comedian sei, der gerade mal zehn Worte fehlerfrei von sich geben könne. Dann wartete ich aber auf einmal mit komplizierten Sprachelementen auf. Und aus mehrfach verschachtelten Nebensätzen wurde ein Gespräch.

Schon während der Fahrt auf dem Motorrad fällt mir dann auf, dass er mir mit dem Kopf und den Händen Regieanweisungen gibt. Er signalisiert mir so was wie »Lehn dich nach links«, »Mach einen ängstlicheren Eindruck«.

Was er andeutet, setze ich sofort in die Tat um. Immerhin habe ich ein ungeheures Interesse daran, dass er das Lenkrad wieder fest im Griff hat.

Wenig später beruhigt sich die Verfolgungsjagd laut Drehplan ein wenig. Ich soll dankbar absteigen, dann meinen Verfolger sehen, wieder aufspringen, und es geht weiter. Mein Biker gibt seinem Kumpel, der als Nazgul verkleidet hinter uns herfährt, ab und an durch, wann er wo vorbeizufahren hat. Auch korrigiert er wiederholt meine Blickrichtung. Woher weiß er das alles? Er ist doch Komparse?

Als die Abteilung »Aufnahme bewegter Bilder« schon einmal vorgefahren ist, um von einer Anhöhe aus unsere Verfolgung in einer ganz besonderen Perspektive auf DVD zu bannen, dreht mein Fahrer sich plötzlich zu mir um.

»Let's go!«, ruft er.
»But we have to wait …«
»It's okay, let's go.«
»But …«
»I know the place – let's go!«
Ich gebe auf.

Er sieht meinen unsicheren Gesichtsausdruck und erklärt mir dann, dass sein Kumpel und er schon sehr oft beim Film gearbeitet hätten. Seit Jahren seien sie in der Branche tätig. Sie wüssten, wie das gehe und was erwartet werde. Anschließend gibt er Gas und fährt los.

Schön, dass bei unserer Webvideo-Produktion wenigstens die Komparsen für Kinostandard sorgen.

Es ist beruhigend, solche Kompetenzbolzen am Lenker zu wissen.

Allerdings bin ich völlig verwirrt, dass ihr Enthusiasmus auch dann noch andauert, als der Dreh auf der Straße eigentlich bereits beendet ist und die Kamera schon längst, in ihre Fototasche gehüllt, auf dem Rücksitz des Teamfahrzeugs liegt.

Während die anderen Teammitglieder bereits alles eingepackt haben und ermattet in den Geländewagen der Tourguides hinter uns herfahren, sitze ich immer noch auf dem Sozius, denn mein Fahrer und der Nazgul haben noch lange nicht Feierabend. Sie fahren hintereinander, nebeneinander, voreinander her, mit Schwert in der Luft, mit Schwert auf dem Lenker, mit Schwert an der Seite ... Und alles – die ganzen tollen Einstellungen und Bilder – für eine nicht vorhandene Kamera. Ich neige mich einfach nur zur Seite, wenn wieder eine Kurve kommt. Sehr telegen ist das nicht, aber gedreht wird ja eh nicht mehr. Und ich habe Angst, im Wirbelsturm der Komparsenbegeisterung entweder den Halt auf dem heißen Ofen oder den Kopf durch die Klinge des Nazgulschwertes zu verlieren.

Besonders beeindruckend finde ich die Einfahrt nach Queenstown. Nicht, weil auf dem Motorrad hinter uns ein Mann in schwarzem Umhang sitzt und durch die Straßen knattert.

Auch nicht, weil er dabei mit einem Schwert kraftvoll und ungestüm durch die Luft fuchtelt.

Und erst recht nicht, weil vor ihm ein Hobbit mit Helm unterwegs ist, der sich dauernd ängstlich nach seinem Verfolger umblickt.

Nein, ich bin beeindruckt, weil das hier einfach überhaupt keinen interessiert.

Nun ja, sagen wir mal so: Die drei Filmchen von Peter Jackson spielten bisher weltweit knapp drei Milliarden Dollar ein. Allein in Deutschland sahen den dritten Teil in wenigen

Wochen dreimal so viel Menschen, wie es Einwohner in Neuseeland gibt. Eine komplette Branche ist touristisch darauf ausgelegt, den Besuchern die Drehorte zu zeigen und alle Formen von Merchandising zu verticken. Nerdige HdR-Fans werfen die Begriffe Neuseeland und Mittelerde permanent durcheinander.

Und jetzt kommst du.
Als Hobbit verkleidet.
Auf einem Moped.
Uiuiuiuiuiui! – wie ungewöhnlich.

Am Ende holt er mich natürlich ein, der Nazgul, der Böse. Direkt vor dem Hotel. Die Motorräder halten an, ich will durch die Glastür in die Lobby rennen, aber der Nazgul versperrt mir den Weg, steigt vom Motorrad und hebt sein Schwert. Ich sehe dem sicheren Tod ins Auge, aber dann kommt mein Kameramann, Alex, der Held, er rettet mich mit seinen Wolverine-Krallen.

Das war die letzte Szene, die wir hier noch gedreht haben.

»sehr schön drehschluss«, sagt Tommy, dreht sich um und geht.

Nun kann sich auch der Tourist wieder frei bewegen, der vorher im Bild gestanden hat. Auf die Bitte, kurz zur Seite zu gehen, versteckt er sich. Hinter einer Glastür ...

... aber den Touri mit der blauen Kappe auf dem Balkon habt ihr vergessen zu informieren. Der lehnt nämlich wie Tante Erna aus Wanne-Eickel auf seiner Veranda und bestaunt euren Mega-HdR-Dreh. Wo wir schon beim Film sind: In 03'57" schaust du für Sekundenbruchteile direkt in die Kamera. Aber wir sind ja hier nicht bei www.filmfehler.de. Vermutlich war es ein dramaturgischer Griff ins Klo ... äh ... in die Trickkiste, die dramaturgische?

Man beachte den Herrn im Hintergrund, der das ganze Geschehen leicht verwundert beobachtet.

Damit ist mein letzter Arbeitstag beendet. Über eine Woche lang jeden Tag an einem anderen Ort, eine andere Aufgabe, die natürlich keine ... Ich weiß schon.

All dies im Kopf ziehe ich mich dezent in eine Ecke zurück und entledige mich des Kostüms. Und so, wie ich den Hobbit Kleidungsstück für Kleidungsstück abstreife, so fällt auch der Job von mir ab. Morgen haben wir noch einen Tag zur freien Verfügung, der beim Fernsehen unromantisch Off-Day genannt wird.

Als ich schließlich aus meiner Ecke herauskomme, bedanke ich mich erst mal beim Team:

Elke, für die Idee.

Jakob, für den kreativen Input.

Claudia, für ihr aufmunterndes Lächeln und all die Organisation im Hintergrund.

Kati für ihre immer gut gelaunten Neuseelandfachfrauinformationen. Einfach awesome, amazing!

Renate für jedes Staubkorn Puder, jede Nicht-Falte im Hemd.

Alex für jede Einstellung, jeden Ton, jede eingefangene Bewegung.

Tommy für ... bei Tommy bedanke ich mich auch.

»perücke«, sagt er.

»Was?«

»perücke«, wiederholt er.

Ich zerre die falsche Haarpracht von meinem Haupt und beschließe, jetzt ins Hotel zu gehen, um mir die Flöhe aus dem kaum vorhandenen Eigenhaar zu prökeln.

Irgendwie wollte jeder ein Bild von mir in der Montur vor diesem Hintergrund, keine Ahnung, warum.

11 | QUEENSTOWN

Abschied von einem legendären Land

eute ist unser letzter Tag in Neuseeland. Was haben wir nicht alles hinter uns:

Strand, Wald, Berge, Meer.

Menschen, Tiere, Technik.

Sonne, Wind und Regen.

Mit dem gestrigen Clip war die Dienstreise zwar noch nicht beendet, aber es sind darüber hinaus keine weiteren Aufgaben mehr zu erledigen. Jetzt warten wir nur noch auf den Flug und vertreiben uns die Zeit.

Zum Glück sind wir in Queenstown. Nicht, dass man nicht überall in diesem Land entspannen könnte, aber dieser kleine Zehntausend-Einwohner-Ort ist wie dafür geschaffen, Zerstreuung zu bieten. Er liegt am Südrand der neuseeländischen Alpen und damit in einem echten Erholungsgebiet.

Noch morgens im Hotel vertiefe ich mich in die Lektüre eines Infoblattes: Fast in der Mitte des Lake Wakapitu gelegen, schmiegt sich die langgezogene Ortschaft am Ufer entlang und umgibt den Frankton Arm, eine Bucht, an deren äußerem Ende der Flughafen liegt.

Und Queenstown ist die Activity-Stadt schlechthin. Wenn man einen Mangel an Adrenalin hat, ist man hier genau richtig: Wandern, Outdoor, Drachenfliegen, Downhill-Biken, Cart-

Fahren, Speedboat und natürlich Gummiseilspringen – all das ist hier möglich.

Bungee-Springen ist vielleicht die bekannteste aller Aktivitäten, und es soll auch noch hier erfunden worden sein. Aber wie so viele Dinge ist auch dieser ungewöhnliche Freizeitvertrieb nicht aus dem Nichts entstanden, sondern hat einen längeren Prozess, eine längere Geschichte hinter sich. Da wir vor dem Abflug noch so viel unternehmen wollen, erkläre ich das jetzt nur kurz: Als Erfinder gelten die Lianenspringer von Pentecôte auf Vanuatu. In den 1970ern folgten erste Gummibandsprungexperimente eines Sportclubs an der Oxford University. Natürlich wurden die Aktiven verhaftet. Aber in den USA boten sich noch mehr Möglichkeiten, und so etablierte sich diese Form der Freizeitgestaltung. Ein Neuseeländer sprang 1987 vom Eiffelturm, und alle fanden das so toll, dass es kommerziell angeboten und dann zum Kult wurde. Da schließt sich der Kreis zu Queenstown, Neuseeland.

Das moderne, kommerziell angebotene Bungee-Springen kommt also aus Neuseeland. Und auch mit aktiven Urlaubern ohne Gummiseil wird man in Queenstown ständig konfrontiert. Morgens sehr früh begegnen einem die ersten Jogger, von denen mir allerdings nur erzählt wurde, dann Wanderer und diejenigen, die in ihrer Freizeit den Nervenkitzel suchen und dauernd »ahhhhhh« und »ohhhhhhh« und »ihhhhhhhh« schreien wollen.

Das Angebot an Unterhaltung deckt alles ab: von Aktivitäten für die Europäer, insbesondere die Deutschen, die gerne zu Fuß gehen, sei es in den Wald oder den Berg hinauf, und dann sagen: »Ja, schön hier« bis zu den »Ahhhhhh«-, »Ohhhhhhh«- und »Ihhhhhhhh«-Programmen, die eher für den nordamerikanischen Kundenstamm entwickelt wurden.

Für mich ist es etwas befremdlich, dieses ausgelassene Treiben der Letztgenannten zu beobachten. Genau genommen ist es natürlich kein »Treiben«, sondern ein »Treiben lassen«. So sitzen die meist amerikanischen Adventure-Gäste in Hartschalensitzen, deren Schulterbügel sie dicht an dicht zusammenpferchen, während der Fahrer oder Kapitän das wie auch immer angetriebene Boot auf Touren bringt. Dann bremst er abrupt ab, dreht sich dabei um 180 Grad, um sofort danach in Gegenrichtung wieder zu beschleunigen. Im ganzen Tal ist das Motorengeräusch zu hören, und wenn die Schreie an den Berghängen verhallen, kommt unwillkürlich der Gedanke auf, dass irgendwo in der Nähe ein Freizeitpark liegen muss.

Damit nicht genug. Mit Booten fahren sie auch in die engen nahegelegenen Täler hinein und wagen halsbrecherische Manöver zwischen den Felsen, die aus dem Wasser ragen. Spätestens hier ist der Begriff »unberührte Natur« gar nicht mehr zu verwenden. Bei allem Reiz, den das Naturachterbahnfahren durchaus haben mag, bin ich daher froh, so eine Fahrt nicht gemacht zu haben.

Unsere Reisegruppe ist schwer zusammengeschrumpft: Renate ist mit der immer lächelnden Claudia bereits am Vorabend mit dem Auto nach Christchurch aufgebrochen, um sich die ausgedehnte Mackenzie-Hochebene anzusehen. Im Hotel in Queenstown hatte sie das Foto eines schönen kleinen Steinhauses fasziniert, das an einem See in weitläufiger Landschaft lag. Der Rezeptionist erklärte ihr, dass es sich dabei um die Kirche des »Guten Hirten« am Lake Tekapo handle. Und der liegt ziemlich mittig zwischen Queenstown und Christchurch, also auf dem Weg zu unserem Abflughafen. Um die Stelle auf dem Foto in echt zu sehen, nahmen die beiden sich vor, durch die Hochebene des Mackenzie Distrikt zu fahren, über Lindis Pass und Burkes Pass, von wo aus man den Mount Cook aus der Ferne sehen kann. Wenn ich das nächste Mal in Neuseeland bin, möchte ich diese Strecke auch entlangfahren.

Unterdessen besichtigt Alex die Stadt, und Tommy will mal wissen, was dieses Schlafen ist, von dem wir anderen in der letzten Zeit erzählt haben. Elke bleibt ohnehin noch etwas länger auf den Inseln und macht sich heute bereits auf den Weg gen Norden. Beneidenswert!

Und so kommt es, dass ich mich mit Jakob und der immer gut gelaunten Neuseelandfachfrau Awesome-Amazing-Katie auf den Weg mache.

Wir suchen heute das Naturerlebnis, möchten dabei aber auf moderne Technik nicht verzichten. Die Skyline-Gondola bringt uns hinauf auf den Bob's Peak. Lockere 450 Meter Höhenunterschied überwindet das Gefährt auf gerade einmal 730 Metern, und das Ganze mit einer Geschwindigkeit von 14,6 Stundenkilometern. Zumindest steht das auf dem Schild vor dem Eingang.

Oben angekommen, entspanne ich mich erst mal bei einem Kaffee im Restaurant und drehe danach eine Runde auf der Go-Cart-Bahn, die in der Nähe liegt. Das ist ganz anders im Vergleich zu den Miniaturmodellen des Nürburgrings, die in Deutschland herumstehen: Die Bahn hat gerade einmal drei oder vier Schlaufen und ist nur wenig schneller als ein Autoskooter. Ohne Musik am Rand stehen und cool sein ...

Als Freund der vertikalen Bewegungsherausforderung fiel mir bereits bei unserer Ankunft am Flughafen Queenstown ein Prospekt auf: Bäume, Seile, Menschen. Ein Klettergarten. So was hat noch gefehlt, und somit ist das unser heutiges Ziel. Ich freue mich auf Balanceakte in schwindelnder Höhe, Kletterabenteuer zwischen alten Stämmen und eine waghalsige Seilbahnfahrt am Ende.

Die Tour ist dann aber letztendlich viel schlichter: Im Prinzip machen wir fünf Mal das, was ich mir eigentlich nur für das Ende der Tour gewünscht hatte. Also fünf Mal Seilbahn fahren. Von zwei Betreuern geführt, erklettern wir zuerst einen Baum. Natürlich über einen Steg, damit es nicht zu anstrengend ist. Dann geht es ein paar Stufen hinunter, und anschließend hängen uns die beiden Baumwanderbegleiter an ein Seil. An Doppelrolle und Sicherheitskarabiner befestigt, sausen wir ein Stahlseil hinunter.

Das ist Abenteuer ohne Anstrengung. Ich zähle mich da eher zur Gruppe mit europäischen Erwartungen: wenn schon Baumklettern, dann richtiger Hochseilgarten und mit eigener Kraft Hindernisse überwinden.

Nicht, dass das keinen Spaß macht, aber der völlige Outdoor-Flash kommt nicht wirklich bei mir an, da ich gehofft hatte, auch mal meine Hände benutzen zu können, um die Höhenmeter zu überwinden.

Trotzdem ist es ein tolles Erlebnis, mitten im Wald, mit im Wind rauschenden Blättern und einer tollen Aussicht auf einen See, der in die Berge eingebettet ist.

Leider ist das Ganze recht schnell vorbei. Eine Fahrt dauert vielleicht zehn Sekunden, und wenn man zwei Stunden unterwegs sein will, muss man sich als Anbieter schon Mühe geben, die Zeit dazwischen zu füllen. Und das tun sie – erst einmal durch den geschickten Kunstgriff, die Gruppe zu vergrößern und die Anzahl der Betreuer zu reduzieren. So entsteht Stau, und das streckt.

Außerdem wird auf jeder Ebene, also immer zwischen zwei Seillängen, etwas erzählt. Ein kleiner Vortrag über Natur, Umwelt und Wissenswertes aus der Gegend.

Allerdings sind mir die Infos über Nachhaltigkeit und schonenden Umgang mit Ressourcen schon etwas länger bekannt. Hier klingt es so, als wäre das etwas total Neues und Innovatives.

Zwei interessante Dinge höre ich dann aber doch von unserem Guide, und schon deswegen hat sich der kleine Ausflug gelohnt.

Das eine betrifft den Moa. Das große Laufvogeltier, das die Maori in manchen Gegenden innerhalb von gerade einmal fünf Jahren ausgerottet haben sollen. An einer der Seilstrecken steht ein schwarzes Pappmodell dieses Vogels unter uns auf einer Lichtung. Während ich also mit surrendem Geräusch im Ohr, Wind im Gesicht und unter spürbaren Erschütterungen über das Modell gleite, kann ich das ganze Tier in Lebensgröße betrachten und auf mich wirken lassen. Das ist schon groß. Auch von oben wirkt es mit 3,70 Meter Laufhöhe nicht wie ein Hofhuhn. Und wenn diese Tiere Pflanzenfresser und für Menschen ungefährlich waren, kann ich mir schon vorstellen, warum die ersten Polynesier die einfach eingesammelt und verspeist haben. Die recht unscheuen Tiere wurden so schnell ausgerottet, dass nicht einmal Zeit für eine technologische Evolution war, soll heißen: Es mussten noch nicht mal spezielle Waffen entwickelt werden, um sie zu jagen. Bilder, die Maoris mit Bogen zeigen, entspringen der blühenden Fantasie damaliger Forscher und Zeichner.

Wahrscheinlich haben die einfach »Put-put, ins Töpfchen« gesagt, und die Vögel sind dann dort reingehüpft. Wie wir nach der kurzen Seilfahrt lernen, hatten diese Viecher bis auf eine Ausnahme keine Fressfeinde und deshalb vor den Maoris gar keine Angst. Wahrscheinlich haben sie sich nur doof angeguckt.

»Hm ... warum soll ich denn hier ein Fußbad machen?«, könnte dann so ein Vogel gedacht haben. »Oh, das ist aber schön warm hier.«

»... jetzt sogar heiß ...«

»Und wie, das muss aber nicht sein!«

»Au, Au, Au – ich will raus!!!«

Aber da war's dann schon zu spät – und die Maoris etwas später satt.

Hier im Seilbahngarten begegnet mir dann auch zum ersten Mal genau der Fressfeind, der ebenfalls dazu beitrug, dass die Moas keine Gelegenheit hatten, auf der Liste der bedrohten Tierarten zu erscheinen. An einen hohen Baumstumpf ist auf die glatte Schnittkante ein Haastadler geschraubt. Dieser Vogel erhielt den Namen seines Entdeckers, Julius von Haast.

DAS ALTE LIED: DIE GUTGLÄUBIGEN LANDEN IM KOCHTOPF.

Die Vorstellung, dass diese Raubvögel mit einer Flügelspannweite von vielleicht drei Metern und einem Gewicht von bis zu 18 Kilo auf einem Baum lauernd mal eben kurz zum schnellen Snack zwischendurch ihre Krallen in meine Wirbelsäule versenken, ist furchterregend. Dass sie mir gefährlich werden könnten, wäre gar nicht so abwegig, wenn es sie heute noch geben würde. Die Haastadler haben ihre Vorstellung über das äußere Erscheinungsbild eines Moa nämlich glatt auf die Menschen übertragen:

Alles, was zwei Beine hat, passt auch in den Schnabel. In alten Legenden der Insel tauchen große Raubvögel auf, die Kinder fressen: Pouakai, Hokioi und Hakawai. Auf Felsenzeichnungen der Maori kann man sehen, wie diese Jagd auf die Raubvögel gemacht und sie dann wohl ausgerottet haben. Ich hätte das auch so gemacht.

Jetzt könnte ich zwar eine Diskussion über die Neuansiedlung von Wölfen in Deutschland anstoßen und dann auf die, auch bei Naturvölkern vorgekommene, gezielte Vernichtung von Arten eingehen. Aber ich werde wohl schon bei dem Wort »Naturvolk« zu Recht beschämt die Segel streichen. Zu lange war ich mit Tobi unterwegs, der meine Begrifflichkeiten immer wieder mit konsequenter Ruhe korrigierte.

 Mit Genugtuung vernehme ich, dass ich auch während meiner physischen Abwesenheit einen kontrollierenden Platz in deinem Hirn gefunden habe und dir jetzt immer ein kleiner Tobi im Nacken sitzt, der dir jedes Mal vors Großhirn tritt, wenn du auch nur versuchst, an »primitive, wilde Eingeborene« zu denken.

Das andere interessante Stück Allgemeinwissen, das ich mir im Seilbahngarten aneigne, betrifft den Lake Wakatipu. Zwei Baumplattformen nach dem Moa lauschen wir andächtig dem Bericht unserer Begleitung. Abgesehen von der für einen See sehr seltenen Form – zwei großen geschwungenen Bögen – findet sich hier nämlich eine sogenannte »Seiche«, eine stehende Welle. Das heißt, eine immer wiederkehrende Welle läuft von einem Ende des Sees zum anderen. Sie lässt den See regelmäßig um 2 bis 15 Zentimeter ansteigen.

So etwas entsteht oft in Bergseen, insbesondere dann, wenn Wellenlängen genauso lang sind wie der See selbst, und dieses

Phänomen durch Wind, Erdbeben oder unterschiedliche Wasserdichten verstärkt wird.

Die Maori haben allerdings eine weit schönere Erklärung parat. Mit dieser Geschichte möchte ich meinen Bericht schließen, denn die Maori haben es auf einzigartige Weise geschafft, den Eindruck, den dieses Land in jedem Besucher hinterlässt, in Bilder und Geschichten zu verpacken.

Einst lebte hier Manata, die Tochter eines Maori-Häuptlings. Sie liebte Matakauri von ganzem Herzen, aber wie wir das auch von Rapunzel kennen, war es ihr verboten.

Eines Nachts wurde Manata von Matau entführt. Das war kein politischer Extremist, der Gesinnungsgenossen freipressen wollte, sondern ein wilder, gigantischer Riese. Irgendwie sind ja alle Herrscher gleich, und so versprach Manatas Vater, dass seine Tochter jedem zur Frau gegeben werden solle, der sie aus den Händen dieses Monstrums befreie. Was für ein Angebot! Vor allem für die Tochter! Nachher hat der Typ einen Schnauzbart oder Mundgeruch, und die gute Manata wäre doch lieber bei dem Riesen geblieben ...

Aber alles wurde gut: Matakauri schlich sich im Schutz der Dunkelheit in die Höhle Mataus und stibitzte die wahrscheinlich noch jungfräuliche Häuptlingstochter. Ich denke jedenfalls mal, sie war Jungfrau, weil sie das immer sind, die hilflosen Frauen, die erst entführt und dann gerettet werden müssen.

Jetzt hätte er sich mit seiner Braut einfach verpieseln können, aber Matakauri war wohl doch so richtig sauer auf den Herrn mit Schuhgröße 356, der seine Geliebte einfach so mitgenommen hatte. Und er schlich sich ein weiteres Mal zu ihm ins Lager. Da lag er, der lagernde Riese, zwei Mal gekrümmt, wie sich das gehört, wenn man sich so richtig gemütlich einkuscheln will. Die Knie in Queenstown deponiert, den Kopf auf Glenorchy gebettet und seine Käselatschen in Kingston abgelegt.

Matakauri zündete ihn kurzerhand an. Kann man ja mal machen. Is ja warm, auch wenn's etwas stinkt.

Der gut gebaute Mann brannte, und es entwickelte sich eine solche Hitze, dass sich der glühende Körper des Ungetüms tief ins Erdreich hineinschmolz und ein Tal entstand. Das Feuer war so intensiv, dass der Schnee und das Eis der umliegenden Berge zu schmelzen begannen und sich ein See bildete. Und so bedeutet Wakatipu auch in etwa »Loch des Riesen des Gebirges«.

Da man aber das Herz eines Riesen nicht verbrennen kann, schlägt es weiter. Und so hebt und senkt sich der See alle fünf Minuten.

Schöne Geschichte, wie gesagt.

Für mich heißt es jetzt nur noch: zum Flughafen.

Es ist Zeit, Abschied zu nehmen. Abschied von einem Land, das ich zwar nur kurz besuchte, das mir aber doch so viel zeigen konnte. Ich denke bestimmt noch lange an die Wellen, die an die Küste der Südinseln schlagen, an den Wind, der durch die alten Bäume weht, das Wasser, das leise unter den Booten plätschert.

Ein ganze Weile bin ich jetzt deinem Weg gefolgt und habe mit Genuss dieses wundervolle Land durch deine Brille betrachtet. Ich werde nun langsam meinen Schreibtisch aufräumen

und all die Bücher und Artikel – meine analogen Hyperlinks zu deinen Erlebnissen – in irgendwelche Ecken stopfen, um wieder Platz für Neues zu bekommen. Die reine Schreibtisch-Ethnologie liegt mir nicht, und so hoffe ich, beim nächsten Abenteuer wieder mit dir ins Feld ziehen zu können.

Ich möchte aber von vornherein klarstellen, dass ich niemals vorhabe, von einer 192 Meter hohen Plattform zu hüpfen, so wie du in Auckland. Die Schwefelpampe von Hell's Gate schaue ich mir auch lieber von außen an, und ich werde mir auch nicht erlauben, eine Hubschrauberladung voller Handtücher aus dem Hotel zu mopsen, um damit meinen Namen in den Sand zu legen. Zu gerne möchte ich allerdings einen Kauri-Baum berühren, die Sounds mit den Füßen oder einem Boot erkunden und Maori kennenlernen, um ihre Kultur, ihre Vergangenheit und Gegenwart ein Stück weit besser begreifen zu können.

Nach einem kurzen Umsteigestop in Christchurch geht es wieder nach Hause. Doch mein Herz schlägt weiter für dieses Land, und wenn es für etwas schlägt, will es dahin zurück. Irgendwann komme ich wieder, mit Zeit, Muße und einem besseren Mückenspray.

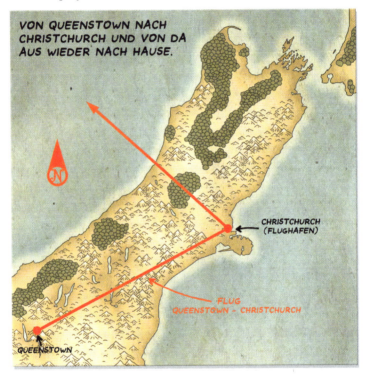

»Und es wurde mir der schönste Lohn
für alle Mühen und Gefahren: die gesunde Heimkehr.«
Herzog zu Mecklenburg, Vom Kongo zum Niger und Nil, 1912

Danksagung

Ich danke – oder sage »Ka Pa«

So ein Projekt ist natürlich unmöglich zu realisieren, wenn einem nicht so viele Menschen helfen würden.

Da ist zuallererst meiner Agentur *7 Punkt 7* zu danken. Das sind Fritz Ebeling, der während der Reise die Stellung gehalten hat und der zeitzonenüberlappender Problemlöser in Deutschland war, und Renate Dittmann, der geschnitzte Dachbalken meines Lebens, die sich auch vor Ort nicht zu schade war, mit Puderquaste und Fusselrolle mein Gesicht und meine Garderobe aufzumöbeln.

Dann danke ich Koro und HuiHeidi stellvertretend für all die Menschen, die ich in Neuseeland getroffen habe und die mir ihr wunderbares Land ein Stück nähergebracht haben.

Dem Land Neuseeland, weil ich für es Werbung machen durfte. Ich hoffe, dass ein wenig seines Glanzes auf mein Haupt scheinen wird.

Jo, der Namenlosen, für all die Mitarbeiter von TNZ, die mir ermöglicht haben, in kürzester Zeit über die beiden Inseln zu reisen.

Katie, die tapfer diese Deutschen ertragen hat und schon bei den ersten Gesprächen hier im Lande südhalbkuglische Gelassenheit ausstrahlte.

Allen Mitarbeitern der Werbeagentur, die von Deutschland aus Umfragen, Videos, Abstimmungen und Webseitencontent verwaltet haben.

Claudia, Elke und Jakob für die Idee zu dem Projekt und das Vertrauen in meine Person.

Axel, der meine filigranen Bewegungen bis zur Perfektion einfing und für die Ewigkeit auf DVD bannte.

Tommy, der es schaffte, ohne Rücksicht auf seine eigene Gesundheit auch an den entlegensten Stellen der Inseln und zu den unmöglichsten Zeiten nicht nur das Land zu zeigen, sondern auch noch eine Geschichte zu erzählen. Nein, diese Aussage wird nicht mehr relativiert!

Und natürlich Hanna, Lara und Andrea. Danke für all die Reisen, die wir hinter uns haben, und ich wünsche uns alles Gute für die, die wir noch vor uns haben.

Tobi dankt

Bruno und Steffi. Ihr seid der Weg und das Ziel meiner Reise. Mein Mana. Lasst uns doch auch aus unserer Kemenate aufbrechen zum Land der langen weißen Wolke. Ich schnitz uns ein Waka dafür. Muss nur noch im Stadtwald einen Kauribaum und im Internet ein Tutorial dazu finden ...

Wir danken

Petra Hermanns, die den Kontakt zum Bastei Lübbe Verlag aufgebaut und gepflegt und die ganze Zeit ein wachsames Auge auf das Projekt geworfen hat.

Ann-Kathrin Schwarz, die diesen Text wahrscheinlich öfter gelesen hat als wir und uns in entscheidenden Momenten immer wieder mal ein Farnblatt auf den Weg gelegt hat und somit in die richtige Richtung führte. (Über die Versionsnummerierungen reden wir dann nochmal ...)

Dem Bastei Lübbe Verlag, der uns die Möglichkeit gegeben hat, eine zeitlich viel zu kurze Reise noch einmal ausführlich und viel tiefer zu erleben.

Herrn Auer-Lopez, der sich durch unseren Sprachwust gekämpft und kleine Schnitzereien vorgenommen hat.

Guido Klütsch, der unser Geschreibsel geschnipselt und gesetzelt hat. Sehr sehr schön.

Volker Dornemann, der mit seinen Papier-Mokos auf einer drittel Seite zeigt, wofür wir Hunderte von Absätzen brauchen.

»Schockierende Erlebnisse von der Bildungsfront aus erster Hand.«

Stefan Aust

Philipp Möller
ISCH GEH SCHULHOF
Unerhörtes aus dem
Alltag eines
Grundschullehrers
368 Seiten
ISBN 978-3-404-60696-2

Heute ist Klassenausflug. Bowlen – damit die Kinder sich endlich mal so richtig austoben können. Als ich den Klassenraum betrete, stürmen die ersten schon auf mich zu.
»Herr Mülla, iebergeil!«, ruft Ümit. »Isch mache Strike, ja? Schwöre, schmache eine Strike!« Mit wilden Bowling-Trockenübungen steht er vor mir. Wenn er nachher tatsächlich so bowlt, nehme ich mir besser einen Helm mit.

Aushilfslehrer? Ein lockerer Job, denkt Philipp Möller – bis zur ersten Stunde in seiner neuen Klasse: Musikstunden erinnern an DSDS, hyperaktive Kids flippen ohne ihre Tabletten aus und zum Frühstück gibt es Fastfood vom Vortag. Möllers Geschichten aus dem deutschen Bildungschaos sind brisant und berührend, und dabei urkomisch.

Bastei Lübbe Taschenbuch

Die Freakshow des Fortschritts

Frank Patalong
DER VIKTORIANISCHE
VIBRATOR
Törichte bis tödliche
Erfindungen aus dem
Zeitalter der Technik
288 Seiten
mit zahlreichen
Abbildungen
ISBN 978-3-404-60722-8

Das frühe 20. Jahrhundert war das goldene Zeitalter der Technik: Erfinder und Tüftler warfen alles auf den Markt, was Phantasie und Produktionsmöglichkeiten hergaben. Das Tempo des Fortschritts war atemberaubend. Ob Transport, Kommunikation, Medizin oder Unterhaltung – neben vielen nützlichen Dingen dachten sich unsere Vorfahren auch eine Menge Blödsinn aus. Auf den Spuren des Fortschritts begegnen uns unglaubliche Geschichten ebenso wie haarsträubende Abenteuer. Über welche unserer heutigen technischen Errungenschaften werden wohl unsere Nachfahren eines Tages lachen? Begeben Sie sich auf eine Zeitreise der besonderen Art!

//www.viktorianischervibrator.de/:www.viktorianischervibrator.de
www.patalong.info

Bastei Lübbe Taschenbuch